● 浙江数字化发展与治理研究中心、浙江省数字化改革研究智库联盟学术支持

● 国家社会科学基金重点项目（22AZD127）

● 国家自然科学基金面上项目（72071180；72274175）

● 国家社会科学基金一般项目（22BGJ037；22BJL054）

● 教育部人文社会科学研究项目（22YJC630102；22YJC790083；23YJC630164）

《数字赋能产业转型升级：浙江探索与实践 》
撰写组

成员

曹柬　马修岩　叶许红　綦方中

曹聪　周云　童骏　刘璐

数字化改革研究系列丛书

DIGITAL EMPOWERMENT ON
INDUSTRIAL TRANSFORMATION AND UPGRADING

EXPLORATION AND PRACTICE IN ZHEJIANG PROVINCE

数字赋能
产业转型升级

浙江探索与实践

曹　柬　马修岩　叶许红　綦方中　等◎著

ZHEJIANG UNIVERSITY PRESS
浙江大学出版社
·杭州·

图书在版编目（CIP）数据

数字赋能产业转型升级：浙江探索与实践 / 曹東等
著.—杭州：浙江大学出版社，2024.1
ISBN 978-7-308-24669-9

Ⅰ.①数… Ⅱ.①曹… Ⅲ.①数字技术—应用—产业
结构升级—研究—浙江 Ⅳ.①F127.55

中国国家版本馆CIP数据核字（2024）第016764号

数字赋能产业转型升级：浙江探索与实践
SHUZI FUNENG CHANYE ZHUANXING SHENGJI:
ZHEJIANG TANSUO YU SHIJIAN

曹　東　马修岩　叶许红　綦方中　等著

责任编辑	陈佩钰
文字编辑	葛　超
责任校对	许艺涛
封面设计	雷建军
出版发行	浙江大学出版社
	（杭州天目山路148号　　邮政编码：310007）
	（网址：http://www.zjupress.com）
排　　版	浙江大千时代文化传媒有限公司
印　　刷	杭州宏雅印刷有限公司
开　　本	710mm×1000mm　1/16
印　　张	17.75
字　　数	210千
版 印 次	2024年1月第1版　2024年1月第1次印刷
书　　号	ISBN 978-7-308-24669-9
定　　价	79.00元

丛书序

数字化改革是数字浙江建设的新阶段，是数字化转型的一次新跃迁，是浙江立足新发展阶段、贯彻新发展理念、构建新发展格局的重大战略举措。数字化改革本质在于改革，即以数字赋能为手段、以制度重塑为导向、以构建数字领导力为重点，树立数字思维、增强改革意识、运用系统方法，撬动各方面各领域的改革，探索建立新的体制机制，加快推进省域治理体系和治理能力现代化。

浙江历来是改革的先行地，一直以来不断通过改革破除经济社会的体制机制障碍、打破思想桎梏，激发经济社会发展的活力。进入新发展阶段，浙江聚焦国家所需、浙江所能、群众所盼、未来所向，按照"一年出成果、两年大变样、五年新飞跃"总体时间表，体系化、规范化推进数字化改革，以"三张清单"找准重大需求、谋划多跨场景、推进制度重塑，在现代化跑道上推动共同富裕示范区建设，逐渐形成与数字变革时代相适应的生产方式、生活方式、治理方式。在"两年大变样"即将完成之际，急需社科界深入挖掘浙江数字化改革潜力，牵引全面深化改革取得开创性成效，总结数字化改革浙江经验，提炼数字化改革理论方法，寻找具有普遍性和规律性的内在动因机制。

按照构建智库大成集智工作机制的理念思路，浙江省社会科学界联合会指导并组建了以浙江数字化发展与治理研究中心为牵头单位，杭州电子科技大学浙江省信息化发展研究院等21家单位共同参与的浙江省数字化改革研究智库联盟（以下简称联盟），全面开展数字化改革研究，为浙江省数字化改革提供理论支撑和智力支持。自2021年8月成立以来，联盟一方面不断壮大规模，全面构建高水平研究团队，积极为浙江省委、省政府乃至国家建言献策；另一方面深化资源共享，创新多元化合作研究机制，构建浙江数字化改革实践创新案例数据库平台，打造展示浙江数字化改革的"重要窗口"。联盟持续发布了《浙江省数字化改革实践创新报告（2021）》《数字化需求测评报告》等系列品牌成果，其理论成果《关于数字化改革理论内涵的解读》入选2022年浙江省数字化改革"最响话语"。

党的二十大报告指出，要"以中国式现代化全面推进中华民族伟大复兴"，"扎实推进共同富裕"。浙江省第十五次党代会提出，"在高质量发展中奋力推进中国特色社会主义共同富裕先行和省域现代化先行"。数字化改革作为全面深化改革的总抓手，是实现现代化先行和共同富裕示范的"船"和"桥"，为扎实推进"两个先行"提供根本动力。站在新的历史起点，聚焦书写数字化改革浙江样本，高水平推进数字化改革，打造数字变革高地，浙江数字化发展与治理研究中心组织联盟成员单位，深入开展调查研究，剖析数字化改革实践案例，进行数字化改革理论创新，推动数字化改革探索和实践上升为理论成果，形成了数字化改革研究丛书。本丛书凝炼数字化改革智慧，传播数字化改革经验，唱响数字化改革之声，旨在为经济社会高质量发展和治理体系、治理能力现代化提供智力支持。

作为智库联盟的大成集智产品，希望本丛书的出版能够起到抛砖引玉的作用，带动国内数字化改革、中国式现代化等领域研究的持续发展，也希望以本丛书为纽带，在无边界的研究群落中为更多的学者架起沟通、互动、争鸣、协同的桥梁。

郭华巍

浙江省社科联党组书记、副主席

2022 年 11 月于杭州

序　言

　　浙江省深入贯彻落实党的二十大和习近平总书记的重要指示精神，深入实施数字经济"一号工程"和数字经济创新提质的"一号发展工程"，充分发挥数字化在产业转型升级中的赋能作用，推动互联网、大数据、人工智能和实体经济深度融合，推进产业高质量发展，打造具有竞争力的现代化产业体系，在传统产业转型升级、新兴产业培育壮大方面取得了长足发展和一定成就。本书从政策、工具和实践三方面介绍了浙江省数字赋能产业转型升级的相关探索与实践。

　　第一章绪论给出了数字赋能产业转型升级的理论意义与总体现状。第二章为政策篇，列出了浙江省在数字赋能产业转型升级方面出台的主要规划、政策部署和规章制度。第三至第五章为工具篇。第三章总结了浙江省的数字化基础设施建设经验，第四章介绍了浙江省产业大脑的建设思路与模式，第五章分析了浙江省精准画像建设的重点应用与积极成效。第六至第八章为实践篇。第六章介绍了浙江省数字赋能中小企业转型升级实践的整体状况、政策支持、发展困境和对策，第七章阐述了浙江省数字赋能农业转型升级实践现状、存在的问题与对策，第八章介绍了浙江省数字赋能贸易高质量发展的现状、要素和建设展望。

本书是对浙江省数字经济和实体经济深度融合的系统总结，同时展示了浙江省在数字赋能现代化产业体系建设中取得的最新进展。希冀本书的出版对相关领域的专家学者、政府工作人员以及企业界人士有所裨益。

目 录

第一章

绪　论

　　近年来，国际环境更趋复杂，逆全球化形势愈加严峻，全球经济危机、地缘政治冲突、环境问题等突发因素超出预期，对各行各业的平稳运行与发展带来挑战。同时，智能化数字时代正加速到来，新一代信息技术的创新充分发挥了信息基础设施的先导性和赋能作用，掀起了汹涌澎湃的数字经济大潮。2022年1月，国务院印发了《"十四五"数字经济发展规划》，其中明确了"十四五"期间数字经济创新引领、融合发展、应用牵引、数据赋能、公平竞争、安全有序、系统推进、协同高效的发展原则。数字经济是以数据资源为关键要素，以现代信息网络为主要载体，以信息通信技术融合应用、全要素数字化转型为重要推动力，促进公平与效率更加统一的新经济形态。数字赋能产业升级是利用大数据、云计算、物联网、区块链、人工智能、5G通信等数字技术，对传统产业的生产和经营等环节进行优化和完善，以实现产业的升级转型。此外，数字赋能产业升级打通不同维度之间的数据壁垒，整合运用数字资源、数字内容与数字技术，重视以数字为纽带全面推动数字时代各产业体系的质量与效率变革，为经济发展注入新动力。本章初步介绍了数字赋能产业升级的定义、内容、意义，并列举了浙江省、国内其他省份、国外数字赋能产业升级的现状，并在比较视野下提出了浙江省数字赋能产业升级发展的未来展望。

一、数字赋能产业转型升级的基本概念

（一）数字赋能产业转型升级的定义

数字赋能产业转型升级，与产业数字化转型、数字化赋能的概念有些类似，是数字经济时代产业发展的重要方向。不同机构对数字赋能产业升级有不同的理解和定义。

国际方面，欧盟委员会认为数字化转型应该聚焦三个目标：让技术为人服务，打造公平和有竞争力的经济环境，建设开放、民主、可持续发展的社会。联合国工业发展组织认为数字赋能产业升级是指将数字技术与传统产业相结合，打造数字化的生产和服务模式，提高产品和服务的附加值，以增强产业的竞争力和可持续发展能力。

国内方面，国务院发展研究中心将数字化赋能定义为："利用新一代信息技术，构建数据的采集、传输、存储、处理和反馈的闭环，打通不同层级与不同行业间的数据壁垒，提高行业整体的运行效率，构建全新的数字经济体系。"国家发改委对数字赋能转型升级的定义是："传统企业通过将生产、管理、销售各环节都与云计算、互联网、大数据相结合，促进企业研发设计、生产加工、经营管理、销售服务等业务数字化转型。"

本书结合国内外观点，将数字赋能产业转型升级定义为"利用大数据、云计算、物联网、区块链、人工智能、5G 通信等新兴技术，对传统产业的设计、生产、经营、销售等环节进行转型升级，注重整合和运用数字资源、数字内容与数字技术，打通不同维度之间的数据壁垒，重视以数字为纽带全面推动数字时代各大产业体系的质量与效率变革，为产业转型升级与经济发展注入新动力"。

对数字赋能产业转型升级的理解需要兼顾社会与市场两个维度。从社会维度看，数字赋能产业转型升级是建立在生产工具与生产要素变革基础上的一种社会行为；从市场维度看，这是一个以信息网络为市场配置纽带、以服务平台为产业生态载体的资源优化过程。数字善治则是在政府层面上对社会及市场两个维度进行有机融合的具体体现，其既是产业数字化发展的机制条件，也是驱动产业数字化发展的重要动力机制。

随着国内千行百业的不断融合，数字赋能产业转型升级被赋予了越来越多的中国化内涵。一是数字科技变革生产工具，比如云计算、区块链等成为企业转型变革性的生产工具。二是数据资源成为生产要素，国务院《关于构建更加完善的要素市场化配置体制机制的意见》明确把数据资源作为非常重要的生产要素。三是数字内容重构产品结构，对产业的结构和产品的性质带来非常深刻的变革。四是信息网络连接市场配置，信息网络的推广拉近了用户和生产者之间的距离。五是服务平台承载产业生态，服务平台是数字赋能产业转型中支撑产业生态系统的重要架构。六是数字善治保障持续发展，数字化背景下的政府建设为产业发展保驾护航。

数字赋能产业转型升级对于当今社会的意义举足轻重，也是当今数字经济时代的关键领域。对于我国大部分产业而言，数字赋能产业转型升级是必须面对的、刻不容缓的目标和任务。利用新一代数字信息技术赋能推动的产业转型升级必将深刻重塑中国经济增长的方式，为中国经济未来长期平稳高质量发展提供新引擎。

（二）数字赋能产业转型升级的内容

起初，数字赋能产业转型升级是针对传统制造企业及其相关商贸系统的数字化改造，即"传统制造企业通过将生产、管理、销售各环节都与云计算、互联网、大数据相结合，促进企业研发设计、生产加工、经营管理、销售服务等业务数字化转型"。传统制造企业及其商贸系统对企业员工和各个部门运用数据管理、数据驱动等手段进行数字化改造，以达到提高企业质量和效益的目的。

随着上述企业的实践摸索，产业内逐渐显现出成功适应数字时代、顺利完成产业数字化转型的企业，数字赋能产业转型升级后的优势使这些企业逐渐成为产业内遥遥领先的重点企业，其成功的转型经验具有重要的引领、示范作用。数字化浪潮逐渐波及能源、工业、农业、信息通信等产业，逐渐形成了立足不同产业特点和差异化需求的全方位、各产业融通的产业数字化转型。

同时，政府的政策与基建的帮扶推动了数字赋能产业转型升级的成功。数字化的公共服务既是产业数字化扩散至公共部门的必然衍生品，也反过来支撑和服务于各个产业的数字化转型升级。公共服务的数字化能够营造更完备的数字化环境以助力传统企业、重点产业蝶变，同时打造更加智慧化、人性化的政府。

1. 数字赋能传统企业转型升级

这里的传统企业主要指传统制造业及其相关商贸体系内的企业。数字赋能传统企业转型升级可分为四个阶段：一是可视化分析阶段，企业根据自身生产情况对目标业务的数据进行采集整理，在基于业务需求的基础上分析数据，进而生成报表与可视化报告。二是精益分析阶段，大数据和人工智能技术改变了传统企业的精益生产方式，编写机器学习相关算法链接历史数据与未来决策，利用高级排产系统辅助企业计划排程，依托知识图谱构建企业专属知识库，并采用数字技术为精益分析提供新可能。三是智能高阶分析阶段，针对每一种行业、每一道工艺、每一个流程节点，不同的工业应用场景尝试相应的大数据和人工智能技术，辅助管理人员快速决策，乃至解放管理人员进行自动决策。四是供应链整合阶段，当企业数字化发展达到一定程度，必然需要与全供应链的其他智能企业进行连接，实现全面的转型升级。

政府层面，针对有条件的大型制造企业，引导支持其打造一体化数字平台，全面整合企业内部信息系统，强化全流程数据贯通，加快全价值链业务协同，形成数据驱动的智能决策能力，提升企业整体运行效率和产业链上下游协同效率。针对中小型制造企业，实施数字化赋能专项行动，支持中小企业从数字化转型需求迫切的环节入手，加快推进线上营销、远程协作、数字化办公、智能生产线等应用，运用数字技术由点及面地向全业务全流程进行转型、延伸与拓展。除此之外，鼓励和支持互联网平台、行业龙头企业等立足自身优势，开放数字化资源和能力，帮助这些企业转型升级。

2. 数字赋能重点产业转型升级

数字化技术的广泛应用已经在各个领域引发了产业转型升级的浪潮，已经波及甚至普及到了农业、工业、商业、能源、信息通信等重点领域。数字化转型推动产业融通与产业互联网融通应用，培育供应链金融、服务型制造等融通发展模式，以数字技术促进产业融合发展（见表1-1）。

表 1-1   数字赋能重点产业转型升级

产业	主要内容
农业	大力提升农业数字化水平，推进"三农"综合信息服务，创新发展智慧农业，提升农业生产、加工、销售、物流等各环节数字化水平
工业	推进数字赋能工业转型升级，加快推动研发设计、生产制造、经营管理等全生命周期数字化转型，加快培育一批"专精特新"中小企业和制造业单项冠军企业
商业	大力发展数字商务，全面加快商贸、物流、金融等服务业数字化转型，优化管理体系和服务模式，提高服务业的品质与效益，促进数字技术在全过程工程咨询领域的深度应用，引领咨询服务和工程建设模式转型升级
能源	加快推动智慧能源建设应用，促进能源生产、运输、消费等各环节智能化升级，推动能源行业低碳转型，加快推进国土空间基础信息平台建设应用
信息通信	加快信息基础设施、融合基础设施、创新基础设施等新型基础设施的建设。拓展数字化发展空间：聚焦各行业各领域数字化发展需求，加大5G、大数据、人工智能等新技术应用力度，深入拓展数字化生产、生活和社会治理新应用；发挥海量数据优势，在安全可信数据空间建设、数据流通和交易规则建立、数据要素市场培育、工业大数据融合创新等方面发力，推进数据要素流动和应用创新[①]

[①] 工业和信息化部.关于印发"十四五"信息通信行业发展规划的通知：工信部规〔2021〕164号.

3. 数字赋能公共服务转型升级

重点产业数字化转型与公共服务数字化转型相辅相成。为了推进各产业数字化转型升级和社会治理数字化转型，数字化公共服务也快速发展，为我国数字经济和数字社会发展提供更优质的服务。公共部门致力于提高"互联网＋政务服务"效能，全面提升全国一体化政务服务平台功能，加快推进政务服务标准化、规范化、便利化，持续提升政务服务数字化、智能化水平，实现利企便民高频服务事项"一网通办"。数字政府建设与数字社会建设在数字治理机制、公共数据服务、系统标准规范、监管制度建设等多方面共同发力，构建互联互通、公正透明、开放共享的公共服务平台，为数字赋能重点产业转型升级提供更为便利的平台、更为便捷的服务。

以浙江省为例，浙江省政府发布了《关于深化数字政府建设的实施意见》以全面开创数字政府建设新局面，提出以数字政府建设持续创新施政理念、履职方式、服务模式、治理机制，推动公平服务普惠便利化、政府管理透明公平化、政府治理精准高效化、政府决策科学智能化。数字化改革将不断助力政府职能的转变，并通过"平台＋大脑"的支撑体系构建，助推浙江经济进一步快速发展。[①]

（三）数字赋能产业转型升级的意义

数字赋能产业转型升级对于企业、行业及宏观经济均具有极重要的意义。从企业角度，数字化赋能能够助力企业蝶变，提升企业质量和效率。从行业角度，数字化赋能能够促进行业提质增效并重塑产业分工协作格局。从宏观经济角度，数字化赋能能够孕育新业态新模式并加速新旧动能转换。

[①]浙江省人民政府.浙江省人民政府关于深化数字政府建设的实施意见：浙政发〔2022〕20号.

1. 数字赋能产业转型助力企业蝶变，促进产业提质增效

由于全球和我国经济形势的变化，大量企业面临的需求乏力、品牌效益不明显、竞争过度、产能过剩等问题日益突出，迫切需要探寻新的增长机会和模式。与此同时，数字科技日新月异，以数字科技为支撑的产业数字化实现了技术进阶并与实体产业快速融合，数字化赋能为企业转型升级带来了希望。首先，数字化赋能可以提升产品生产制造过程的自动化和智能化水平，降低产品研发和制造成本，提高生产效率。其次，依托互联网平台可以实现产用结合，供需灵活、弹性对接，降低企业的仓储、营销成本。再次，通过大数据分析，数字化赋能可以帮助企业实现精准化营销、个性化服务，实现商业模式的创新和变革，降低销售、服务环节的成本。最后，数字化赋能可以重塑产业流程和决策机制，实现产业效率的提升和成本结构的改变，并进一步形成规模效应和网络效应。①各类企业成为当前数字科技应用、创新的重要场景，通过向各行各业渗透数字化知识和技术，引导一、二、三产业融合发展。

2. 数字赋能产业转型提升要素效率，畅通经济循环，创造生产要素供给新方式

培育发展共享经济新业态，创造生产要素供给新方式，推动形成高质量的生产服务要素供给新体系。数字赋能产业转型升级依托互联网、云计算等技术，盘活空余云平台、开发工具、车间厂房等闲置资源，充分发挥市场在资源配置中的决定性作用。各类企业作为平等独立的市场主体，按市场化原则、商业化方式自主推进生产资料共享，大力推进实物生产资料

---

① 国家信息中心信息化和产业发展部，京东数字科技研究院.中国产业数字化报告2020.2020−06−30.

数字化，提高资源利用效率，推动构建数据要素有序流通、高效利用，激发数据要素流通新活力。①

3. 数字赋能产业转型激活消费市场，带动就业，改变生活方式

数字化的快速发展深刻影响着人们的生活，改变着人们传统的衣食住行方式，在极大提升生活便利度的同时也打开了新的消费市场。发挥好数字经济新引擎作用，有助于激发新的消费市场、就业形态和投资需求，进而培育强大的国内市场，推动实现经济高质量发展。产业数字化转型可以激发市场活力，开辟发展空间，鼓励创新就业模式，支持大众基于互联网平台开展微创新，发展新个体经济，探索对创造性劳动给予合理分成，降低创业风险，激活全社会创新创业创富积极性。

4. 数字赋能产业转型助推行业价值重塑，孕育新业态新模式

"从数据中来，到实体中去"是发展数字经济的根本出发点与落脚点，也是产业数字化的根本任务。数据可以打通线上与线下，产业数字化转型的过程将物理世界的多维信息数字化，产生海量数据，将大数据分析应用的结果反哺到实体场景中会释放数据红利，实现价值创造。同时，产业数字化可以打通产业链各环节的内外部连接，行业各方用共建共生替代自我封闭，实现数据和技术应用在多产业、多链条的网状串联和协同，进而创造更大的产业价值和客户价值。数据已经成为新的生产要素，以大数据、人工智能、5G 等高新技术为支撑的产业数字化转型，可以创新生产、分配、交易和消费等经济社会各个环节，加快各环节关键核心技术的创新突破，提高创新成果转化和产业化的效率。

---

① 国家发展改革委等 13 部门关于支持新业态新模式健康发展激活消费市场带动扩大就业的意见：发改高技〔2020〕1157 号．

5.数字赋能产业转型持续提升治理水平，提升教育、医疗、办公质量

数字赋能产业转型促进形成政企多方参与、高效联动、信息共享的现代化治理体系和治理能力，不断提升数字化治理水平。结合国家智慧城市试点建设，健全政府社会协同共治机制，构建政企数字供应链，以数据带动物资流、技术流、人才流、资金流，有力支撑城市应急、治理和服务。同时，数字赋能产业转型在教育、医疗、办公等领域开辟线上服务新模式。发展融合化在线教育，构建线上线下教育常态化融合发展机制，形成良性互动格局，有利于形成高质量线上教育资源供给；发展互联网医疗，支持平台在就医、健康管理、养老养生等领域发展，有助于优化就医体验，提高全社会医疗水平；发展便捷化线上办公，支持远程办公应用推广和安全可靠的线上办公工具研发，打造"随时随地"的在线办公环境，可以在部分行业领域形成对线下模式的常态化补充，为在线办公提供有效支撑。

二、数字赋能产业转型升级的现状与比较

（一）浙江省数字赋能产业转型升级现状

浙江省是中国数字经济高地。自2003年首次提出"数字浙江"这一概念，到2017年部署实施数字经济"一号工程"，再到2021年在全国率先开启数字化改革，浙江正努力实现数字赋能，以数字化改革推动流程再造、制度重构、整体优化；以"一年出成果、两年大变样、五年新飞跃"为战略目标，出台专项政策文件，推动产业数字化转型。浙江省产业数字化转型步伐加快，成效较好，国家网信办发布的《数字中国发展报告（2021年）》

显示，浙江数字化综合水平居全国第一，数字经济发展水平居全国第三。浙江省在不断发展数字经济、加强自身建设的同时，也为加快数字赋能产业转型升级积累经验、破题开路。

1. 以"1612"体系架构推进数字赋能产业转型升级

从"152"体系，到"1512"体系，再升级到"1612"体系，浙江不断迭代升级数字化改革体系架构，全方位纵深推进数字化改革。如图 1-1 所示，2022 年，浙江省委召开的全省数字化改革推进大会，将"1512"体系升级为"1612"体系构架，统一浙江省数字化改革的目标和愿景，为产业提供优质便利的涉企服务及良好的营商环境，推动数字赋能产业转型升级，促进数字经济繁荣发展。

图1-1 "1612"体系架构

如图 1-2 所示，按照"四横四纵"架构体系，统筹建设一体化智能化公共数据平台，围绕党建统领整体智治、数字政府、数字经济、数字社会、数字文化、数字法治等系统，加快打造符合现实需求的"多跨场景"应用。

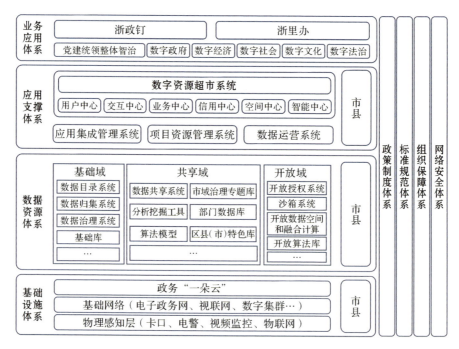

图1-2   "四横四纵"

一体化智能化公共数据平台的建设为数字赋能产业转型升级夯实了数据底座。公共数据的逐级开放推动云计算、区块链、人工智能等信息技术的应用，有助于进一步分析、挖掘产业升级转型潜力。截至 2022 年 5 月，全省共开放 19903 个数据集、62.6 亿条数据，公共数据共享需求满足率达 98.6%。平台建设成效显著，数据供给能力显著提升，为数字赋能产业转型升级培育了优质的数据土壤。

2. 数字赋能产业转型升级政策层见叠出

自 2021 年 2 月浙江省启动实施数字化改革至 2022 年 2 月，按照数字化改革理念，浙江相继制定修订数字化改革相关地方性法规 16 部，出台《浙江省数字化改革总体方案》等制度文件，发布《数字化改革公共数据目录编制规范》等地方标准。随着一系列政策（见表 1-2）出台，浙江省从基础设施建设、数据应用、发展规划等方面围绕建设数字浙江目标，为数字赋能产业转型升级及数字经济发展提供政策上的指导、规范、约束和保障作用。新的数字化转型政策体系加大对传统产业数字化转型升级的支持力度，推动数字产业化、产业数字化、数字化治理、数据价值化、数字生态化"五化"发展。①

表 1-2　浙江省主要数字赋能产业转型升级政策及其目标

发布日期	政策	目标
2020 年 12 月	《浙江省数字经济促进条例》	为了促进数字经济发展，加快建设现代化经济体系，提升核心竞争力，推动高质量发展，推进省域治理现代化，根据有关法律、行政法规，结合本省实际，制定本条例
2021 年 3 月	《浙江省数字化改革总体方案》	按照"一年出成果、两年大变样、五年新飞跃"的要求，聚焦"应用成果＋理论成果＋制度成果"，推动各地各部门各系统核心业务和重大任务流程再造、协同高效，构建整体智治体系，破除制约创新发展的瓶颈，激发经济社会发展活力，加快实现省域治理体系和治理能力现代化，打造全球数字变革高地，努力使数字化改革成为"重要窗口"的重大标志性成果

① 浙江省人民政府办公厅.浙江省人民政府办公厅关于印发浙江省数字经济发展"十四五"规划的通知：浙政办发〔2021〕35 号.

续表

发布日期	政策	目标
2021 年 6 月	《浙江省数字经济发展"十四五"规划》	到 2025 年，数字经济发展水平稳居全国前列、达到世界先进水平，数字经济增加值占 GDP 比重达到 60% 左右，高水平建设国家数字经济创新发展试验区，加快建成"三区三中心"，成为展示"重要窗口"的重大标志性成果
2021 年 7 月	《浙江省信息通信业发展"十四五"规划》	到 2025 年，信息通信业规模进一步壮大，建成高速泛在、集成互联、智能绿色、安全可靠的新型信息通信基础设施，行业转型发展和融合应用达到新水平，行业管理服务水平迈上新台阶，网络安全综合保障能力得到新提升，实现行业高质量发展，打造国际一流、国内领先的信息通信业发展高地，成为浙江省争创社会主义现代化先行省、高质量发展建设共同富裕示范区的重要力量
2021 年 9 月	《浙江省经济和信息化领域推动高质量发展建设共同富裕示范区实施方案（2021—2025 年）》	完整、准确、全面贯彻新发展理念，加快突破制造业发展不平衡不充分问题，到 2025 年全球先进制造业基地建设取得重大进展，共同富裕的产业基础进一步夯实
2022 年 1 月	《浙江省公共数据条例》	为了加强公共数据管理，促进公共数据应用创新，保护自然人、法人和非法人组织合法权益，保障数字化改革，深化数字浙江建设，推进省域治理体系和治理能力现代化，根据有关法律、行政法规，结合本省实际，制定本条例

续表

发布日期	政策	目标
2022 年 3 月	《浙江省高质量推进数字经济发展 2022 年工作要点》	数字经济综合发展水平保持全国前列，"三区三中心"和数字经济系统建设取得显著成效，全省数字经济核心产业增加值突破 9000 亿元，同比增长 12%，营业收入突破 3 万亿元
2022 年 7 月	《推进细分行业中小企业数字化改造行动方案》	到 2025 年，实现重点细分行业中小企业数字化改造全覆盖，生产方式、业务模式、组织结构加速变革，数字化创新引领作用更加凸显

3. 适度超前布局数字新基建

2018 年中央经济工作会议首次提出"新基建"，此后"新基建"成为经济社会高频词汇。如图 1-3 所示，数字化基础设施建设（即数字新基建）是指能够体现数字经济特征的新一代信息基础设施建设，涵盖 5G 基建、大数据中心、人工智能、工业互联网等领域。在传统经济整体向数字经济转型的当下，数字新基建的科学布局将提升全要素生产率，为经济增长提供内生动力，对数字经济发展起倍增带动作用。

面对数字新基建的发展机遇，浙江预先筹谋，于 2020 年 7 月发布《浙江省新型基础设施建设三年行动计划》，首次公开新基建路径图，顺应新基建浪潮，推动数字经济长足发展。一是重视信息通信基础设施发展。到 2021 年底，浙江全省光缆线路总长度为 371.5 万公里，排名全国第三，互联网普及率达 84.2%。截至 2022 年 4 月底，全省已建成 5G 基站 12.16 万个，率先实现乡镇全覆盖和行政村基本覆盖，是当前 5G 建设速度最快的省份之一。二是加快算力基础设施及数据中心部署建设。浙江省合力共建国家算力枢纽长三角节点，积极优化数据中心布局，不断推动数据中心从存储型向计算型升级。截至 2021 年底，浙江累计建成各类数据中心 202 个，其中已建成大型及以上规模数据中心 20 个，在建 15 个，数量规模居我国前列。

图1-3　数字新基建七大领域

　　浙江通过持续推进数字新基建的整体布局，为产业数字化转型夯实核心底座。因新冠疫情加剧的产业发展困境进一步倒逼我国产业生产运营方式由线下转向线上线下融合，而数字新基建下工业互联网、大数据、5G 等新兴技术的超前布局为各行各业进行产业升级转型提供解决方案、增添新动力，同时也不断激发农业、制造业、服务业对新一代信息技术的应用需求，加速产业数字转型步伐。

4.试点工作卓有成效

浙江省积极推进试点示范工作,以建设数字化公共服务作为基础支撑,拓宽应用场景,加快推动制造业、农业、电商行业、政府支撑数字化转型。

(1)浙江数字赋能制造业转型升级——温州乐清"万亩千亿"新产业平台领军企业入选国家级智能制造试点示范工厂

数字赋能制造业转型升级,推动浙江省制造企业迈向"智能设计""智能工厂""智慧供应链"新阶段,在提高工厂生产效率和能源利用率的同时,降低了运营成本与产品不良率。

2022年5月,工信部、国家发展改革委等部门发布公告,公示2021年度智能制造示范工厂,乐清智能电力物联网"万亩千亿"新产业平台领军企业——浙江正泰电器股份有限公司的低压电器智能制造示范工厂作为电气行业唯一代表成功入选。正泰低压电器智能制造示范工厂项目,总投资6.2亿元,通过数字赋能生产线技术改造,重点建设主导产品自动化生产线与数字化车间,通过工业物联网与数据采集系统,集成数字化设计、产品全生命周期管理、制造过程管理、供应链和智能仓储管理于一体的数字化平台,实现数字设计、协同制造、智慧管理。截至2022年,乐清智能电力物联网"万亩千亿"新产业平台已创建省级以上智能化工厂2个、省级以上数字化车间5个,重点打造正泰电器百亿"数字化工厂"。

(2)浙江数字赋能农业转型升级——湖州德清全力答好乡村振兴"湖州卷"

立足农业主导产业和特色优势产业,进行数字赋能农业转型升级、推进数字乡村建设,对于全面推进乡村振兴、建设数字中国、促进共同富裕具有重要意义。

近年来，浙江省湖州市主动对标建设"重要窗口"示范样本新目标新定位，持续实施乡村振兴"六大行动"，全域建设美丽乡村、全力转化美丽成果、全速推进城乡融合、全面创造美好生活，走出了一条乡村振兴的"湖州之路"。全面推动数字化改革向乡村生产、生活、生态覆盖，连续两年成为全国唯一一个"县域数字农业农村发展先进县"全覆盖的地级市。创新推出"芯片鱼""数字生态渔仓"，在全省率先开发了地市级"浙农码"应用场景安吉白茶管理系统。湖州作为"重要窗口"示范样本，立足农业主导产业和特色优势产业，探索构建农业产业大脑，创新"浙农优品"等应用场景，积极推广"网上农博"等产销对接平台，大力培育农播电商等新业态。

（3）浙江数字赋能电商行业转型升级——杭州跨境电商行业信用监管场景

跨境电商数字化信用监管平台更加成熟，融资征信数据全网统一，使跨境电子商务交易更加安全、更有效率，给予我国服务业发展可靠的保障。

中国（杭州）跨境电子商务综合试验区电商行业信用体系基于大数据、算法模型等手段，为杭州跨境电商企业进行企业画像，为轻资产的跨境电商企业获得银行融资、贸易等提供便利，在行业监管、监测预警、政策扶持等方面为政府提供决策支持。以信用评级为基础的"电商诚信"和以海外企业资信信息归集为基础的"海外征信"，分别在"浙政钉"和"浙里办"上线。2018年，杭州跨境电商综试区"六体系，两平台"模式和建设经验获商务部全国推广；杭州跨境电子商务平台商家信用评价规范成为跨境电商信用国家标准，于2020年7月经国家标准化管理委员会发布正式成为国家标准。

（4）浙江数字赋能政府支撑转型升级——嘉兴桐乡市奋力打造县域大花园数字化治理典范

政府运用以信息通信、物联网、人工智能为代表的数字经济，构建形成全覆盖、全信息"天空地一体化"的空间信息数据资源库，强化数字赋能，打造经济高质量发展示范地，成为引领桐乡绿色发展的重要公共支撑。

2020年世界互联网大会期间，桐乡市正式启动卫星遥感天眼守护工程，联合航天五院五〇八所和浙江工业大学，搭建首个县域大花园数字化治理平台。平台以卫星遥感大数据为基础支撑，集成地理信息、地面物联网观测及社会经济统计等多源数据资源，构建形成全覆盖、全信息、多尺度、多时相、多元化的"天空地一体化"的空间信息数据资源库，极大改变了以往监测以点状、断面为主的监测模式。通过卫星遥感技术对桐乡市全域范围大气环境每小时、每天、每季度监测，水环境每月监测，绿色资产和GEP每年核算的监测任务。以信息通信、物联网、人工智能为代表的数字经济正成为引领桐乡绿色发展的新红利，推动经济由要素驱动向创新驱动转变，探索数字化推动"绿水青山就是金山银山"转化新通道。

（二）其他省份数字赋能产业转型升级现状

数字赋能产业转型升级已在全国蔚然成风，各地纷纷将其列为区域发展重点，相继出台相关规划、行动方案等规划纲领性文件，旨在激活数据要素潜能，以数字化转型整体驱动生产方式、生活方式和治理方式变革。由于数字赋能产业转型正成为驱动实体经济变革的重要力量，在创新发展、生产经营、资源配置、商业模式、组织机制方面都有很好体现，各省份抓住经济新机遇，把握产业新动向，抢占产业转型升级新赛道。

1. 北京：数字驱动商业服务业转型升级

2020年6月，为加强政策引导，推动经济高质量发展，北京市委、市政府发布《关于加快培育壮大新业态新模式促进北京经济高质量发展的若干意见》，提出"五新"政策，即新基建、新场景、新消费、新开放、新服务，以推进新业态新模式发展，随后陆续出台《加快建设全球数字经济标杆城市的实施方案》《北京市数字经济全产业链开放发展行动方案》等政策法规，促进数字技术与实体经济深度融合，为数字赋能服务业转型升级提供制度支持。

多年来北京的服务业GDP比重超80%，服务贸易额体量大。在此基础上北京通过优化经济结构、转换增长动力作为发展新引擎，持续推进"两区"建设，不断优化营商环境，坚持引领服务业转型升级。2021年，仅海淀区便有超5000家商户可实现数字人民币受理；开放京台高速约10公里的自动驾驶测试道路，智能网联汽车发展驶上快车道；建设城市超级算力中心和北京国际大数据交易所，培育壮大数字经济标杆企业；开展公司型创投企业所得税优惠政策试点、技术转让所得税优惠政策试点、股权投资和创业投资份额转让试点、本外币一体化试点、跨境电商销售医药产品试点等，高新技术企业"报备即批准"试点压缩认证时间80%以上；知识产权保险试点覆盖300余家企业的3366件专利；本外币合一银行结算账户体系试点累计新开账户2000多户，"两区"政策红利不断扩大，深入推动数字赋能服务业转型升级。

2. 江苏："智改数转"

2021年12月，江苏省政府印发《江苏省制造业智能化改造和数字化转型三年行动计划（2022—2024年）》，在全省范围内正式实施推进智改数转任务，优化制造业供给结构，先后又发布了《江苏省"十四五"数字经济发展规划》《江苏省"十四五"制造业高质量发展规划》等一系列政策，促进数字赋能产业转型升级。

江苏省产业数字化转型聚焦省重点先进制造业集群和重点产业链，大力实施龙头骨干企业引领工程、中小企业"智改数转"推进工程等十大工程（见图1-4），加速推进传统产业向数字化、网络化、智能化方向延伸拓展，不断增强其对经济发展的支撑作用。截至2022年上半年，江苏省5G基站总数达15.9万个，居全国第二，新增中5G＋智慧城市、5G＋工业互联网项目分别达到518个和553个；新增5G行业虚拟专网407个；新增"5G＋工业互联网"内网改造项目286个；分行业编制智改数转实施指南，引导企业转型升级，累计培育138家省智能制造示范工厂，9家企业获评首批国家智能制造示范工厂、数量全国第一；新增上云企业3.2万家，累计达38.2万家；启动实施"智改数转"项目2.2万个，开展诊断企业数量1.5万家，均超过计划进度。

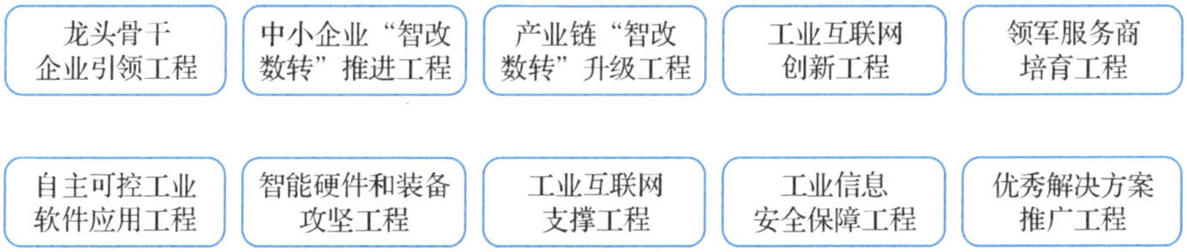

| 龙头骨干企业引领工程 | 中小企业"智改数转"推进工程 | 产业链"智改数转"升级工程 | 工业互联网创新工程 | 领军服务商培育工程 |
| 自主可控工业软件应用工程 | 智能硬件和装备攻坚工程 | 工业互联网支撑工程 | 工业信息安全保障工程 | 优秀解决方案推广工程 |

图1-4 《江苏省制造业智能化改造和数字化转型三年行动计划》十大工程

3. 广东：加快制造业数字化转型

广东省于2021年6月发布《广东省制造业数字化转型实施方案（2021—2025年）》和《广东省制造业数字化转型若干政策措施》，针对战略性支柱产业集群和战略性新兴产业集群给予引导和扶持，陆续出台《数字经济促进条例》《制造业数字化转型实施方案及若干政策措施》等法规政策促进数字赋能产业转型升级。

广东深入推动数字经济与实体经济深度融合，纵深推进"广东强芯"工程、核心软件攻关工程等，全链条构建广东省集成电路产业发展的"四梁八柱"。截至 2022 年 3 月底，广东已推动超 2.1 万家规上工业企业数字化转型，带动 62.5 万家中小企业"上线用云"。其中 6 家企业入选国家级跨行业、跨领域工业互联网平台，数量全国第一。截至 2021 年底，广东已建成 5G 基站 17.1 万个（占全国 12%），拥有 5G 移动电话用户 4096 万户（占全国 12%），规模均居全国第一，为广东数字经济发展打下良好的通信设施基础。如图 1-5 所示，数字经济增长值达到了 5.90 万亿元，连续 5 年居全国首位。

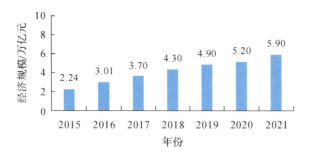

图 1-5   2015—2021年广东省数字经济规模

（三）国外数字赋能产业转型升级现状

随着 5G、区块链、云计算、物联网等新兴数字技术的飞速进步，数字化赋能正在彻底改变全球经济和社会治理模式。世界各国从早期的布局谋划进入到加速推动产业数字化转型阶段，促进传统产业转向数字化、智能化、网络化发展。各国依据产业战略优势、数字化基础设施建设状况等国情，出台一系列适合本国产业数字化转型的政策文件，确定清晰的战略路径及相关举措。整体来看，经济发展水平相对较高的国家在资本、技术方面占优势，在数字转型中具有明显的先发优势；而大部分新兴市场和发展中国家则刚刚进入数字转型初期，蕴含着巨大发展潜力。

1. 德国：工业 4.0

德国是欧盟中较早制定数字化发展战略的国家之一，工业数字化优势较大，但数字基础设施建设相对滞后，创业融资环境欠佳。

德国政府以"工业 4.0"为核心推动数字化转型。"工业 4.0"概念在 2013 年汉诺威工业博览会上被正式提出，主要目标是建设信息物理系统，并积极布局智能工厂，推进智能生产，形成高度灵活、个性化、数字化的产品与服务的生产模式，引领第四次工业革命。德国政府先后制定并发布了《中小企业数字化转型行动计划》《数字议程（2014—2017）》《数字化战略 2025》《德国人工智能发展战略》《数字化实施战略》第五版、《国家工业战略 2030》《联邦数据战略》等，搭建数字化转型框架体系，将数字化转型视为科技创新发展战略的核心，把德国建设成为数字强国。

通过以战略为引领加速推动制造业转型，不断提升国内相关基础建设水平，运用多种融资工具为企业提供多元化大规模资金支持，搭建公共服务平台提供各类服务来推动数字化转型，将数字技能、信息基础设施、创新和数字化转型、数字化变革中的社会和现代国家视为数字化转型行动领域。德国将"中小企业 4.0 能力中心"作为重点抓手举措，承载着"交流专业知识""介绍最佳实践""促进经验交流"等重任。德国成立了 27 家"中小企业 4.0 能力中心"，有按照地域划分到德国各个联邦州的，也有针对"电子商务标准"等专业主题的。此外，德国全境建设了 12 个数字枢纽（digital hub），它们根据地方的产业特点设立，将中小企业与科学和初创领域的最新创新者联系起来，建立伙伴关系以促进产业数字化转型。

2. 美国：聚焦前沿技术和高端制造业

美国是全球最早布局数字经济、数字化转型的国家，数字经济规模远超全球平均水平。

1993 年，美国颁布《国家信息基础设施行动计划》，提出要建设"信息高速公路"；1998 年，发布《浮现中的数字经济》，揭示信息对经济的作用；2009 年，发布《透明与开放政府备忘录》和《信息自由法》，开放数据源；随后几年又陆续发布《大数据研发倡议》《数字经济议程》《先进制造业美国领导力战略》《全球数字经济大战略》《2022 美国制造业网络安全路线图》等，从战略层面率先布局数字经济发展，推动产业数字化转型。

为促进数字赋能产业转型，美国调整产业政策加大对制造业支持力度。美国制造业创新研究所将各方的资源聚集在一起，采用公私合作的方法来创新和发展制造技术。2012—2020 年，美国已建立了 16 个各有侧重的制造业创新研究所，实施及成果包括顶层设计、运行模式和实际效果 3 个方面，形成了遍布全国的先进制造创新网络，并通过政府牵引、企业主导、高校和科研机构支持，打通了先进制造技术从基础研究到产业化、规模化应用的创新链条。从项目与中小企业会员的角度看，截至 2019 年，各研究所与产业界、学术界合作项目总计 561 项，是 2015 年项目数量（147 项）的近3 倍，会员总数达到 1920 家，相比于 2015 年（800 家），增长了 140%。另外，研究所还提供劳动力培训项目，满足智能制造人才需求。2015 年，3.5 万名工人、学生参与了制造业创新研究所的教育和劳动力发展培训。经过 3 年发展，各制造业创新研究所对美国劳动力培训数量增加到 20 万人。

3. 日本：社会 5.0

日本数字化提出较早，但碍于人口规模、行政系统结构等种种现实因素数字经济发展较慢，制造业数字化及数据利用相对滞后。

2016 年，日本政府发布《第五期科学技术基本计划》，首次提出社会 5.0 概念，即最大限度应用信息通信（ICT）技术，高度融合网络空间和物理空间，实现经济发展和解决社会问题，构建"超智慧社会"。随后陆续出台《科技创新综合战略 2017》《未来投资战略 2018——迈向社会 5.0 和数据驱动型社会的变革》《日本制造业白皮书》《数字化社会建设基本法》《2022 先进数字技术制度政策动向调查报告》等政策法案，并于 2021 年成立日本数字厅，统合分散的数字经济管理职能以推动数字化改革。

2017 年提出的"互联工业"一直被认为是日本制造业数字化转型最理想的发展形态，是实现社会 5.0 目标的抓手之一。日本产业界普遍认为新冠疫情的暴发为加快制造业数字化转型提供了机遇，在发展方面保持了较高的活跃度。一方面，积极探索差异化的发展路径。内部看，企业加速推进内部的信息化系统部署和应用，确保数据联动，促进 IT 和 OT（operation technology，操作技术）的融合。外部看，不同行业结合自身特色探索差异化的数字化转型路径。另一方面，加速无线技术在制造业中的普及应用。日本重点关注的无线技术包括 Wi-Fi6 和 5G，着力推动相关技术的标准研制、频率分配、网络建设等工作。与 2019 年相比，2020 年企业在部署无线技术方面的意愿有了一定程度的提升，其中 53.9% 的企业已经部署或正在考虑部署。从应用场景看，2019 年仅有 27.7% 的企业表示愿意在工厂层面引入无线技术，但 2020 年，80.5% 的企业已在生产现场部署、31.2% 的企业在仓储和物流管理中部署。从实施效果来看，56.2% 的企业缩短了机器调试时间，43.8% 的企业实现了机器的远程维护。

4. 泰国：泰国 4.0

一方面，泰国的数字经济进入加速阶段，但地区发展不均衡，仍存在数字鸿沟。

2016 年 8 月，在蓝色海洋战略国际研讨会上泰国首次提出"泰国 4.0"这一概念，通过创新和应用新技术来提高产品附加值，从而促进泰国经济转型升级。为建设"数字泰国"，先后发布《个人数据保护法》《网络安全法案》《计算机犯罪管理法案》《千兆泰国基础设施白皮书》《泰国行业数字化转型洞察：老龄化社会、农业、旅游业的数字化路线图》白皮书等政策文件，为产业数字化转型提供制度支持与保障。

泰国的数字赋能产业转型围绕宽带升级、大数据、云技术、数据中心、物联网和人工智能等领域展开，数字基建已完成从 4G 至 5G 的转换。泰国工业区管理局采取一系列措施促进产业数字化转型：Facility 4.0 项目，将数字技术应用于工业区公共设施服务；数字孪生项目，打造虚拟现实工业园区，利用 5G IOT（物联网）和人工智能系统，在将信息传送给工业区高管处理内部问题时帮助分析重要信息；综合污水处理系统（smart meter），全面跟进及控制工业区内污水处理系统的运作情况；IT 数字化人才开发项目，设立子公司，作为未来创收和集资的渠道，积极推进子公司迈向泰国证券交易所，进一步筹资和创收。坚持创新，为泰国工业数字赋能转型升级提供新引擎。

三、浙江省数字赋能产业转型升级的未来展望

浙江省数字赋能产业转型正如火如荼地进行着。确定"1612"体系构架，营造政策、制度软环境，推动数字新基建，拓展试点工作，衍生应用场景，浙江多措并举为产业数字化转型探索新路径。虽然浙江省数字经济规模总量大，数字赋能产业转型空前发展，卓有成效，但对标发达国家及国内其他先进省份，浙江省科技贡献率不高，原创性、基础性的技术成果不多，复合型管理人才匮乏等问题已日益凸显。

浙江省数字赋能产业转型与发达国家、地区相比仍然存在着一些问题，如科技创新不足、管理人才匮乏、数据资源浪费等。单论数据资源这一方面，数据要素是数字赋能产业转型的基础，欧盟在探索数据治理规则方面领先，不断完善数据经济和数据交易市场生态；美国依靠其技术领先优势，拥有庞大的数据经济体量，带动数据交易市场的发展，以市场优先为原则，在贸易利益驱动下，奉行跨境数据流动宽松立法。浙江省立法先行，数据要素市场化配置和大数据产业发展法律法规保障体系初步构建。然而浙江省的数据要素没有得到充分利用，数据要素市场运行机制尚不清晰，数据安全共享与开发平台、数据资源交易平台等建设相对滞后。基于此，浙江出台《浙江省公共数据条例》、批复成立浙江大数据交易中心有限公司，为推动公共数据的归集、共享、开放和数据要素市场化配置，促进产业数字化转型提供有力支撑，同时对标发达国家和地区不断加速数字赋能产业转型进程。

对标其他省份，浙江省数字赋能产业转型发展迅猛。《数字中国发展报告（2021年）》显示，浙江省数字化综合发展水平居全国第一，持续领

跑全国，为产业数字化营造了良好的环境。具体到数字化转型实践方面，各省份侧重点均有不同，各有所长、多点开花。

浙江省与周边省份构造了"数字长三角"协同发展的局面。浙江省以数字化改革为抓手，利用现有产业数字化优势，打造高新数字产业示范园区，为推进数字赋能产业转型提供高起点、标志性范本。上海则侧重创新策源功能，着重在集成电路等领域进行重点突破，打造 EDA（electronic design automation，电子设计自动化）产业高地，推进集成电路产业国产化。江苏省立足于制造业基础雄厚的现实背景，寻找数字赋能产业转型现实需求，推进智能制造示范工厂建设。安徽省作为长三角与中部地区的纽带，推进合肥滨湖科技城建设，成为国家实验室核心区与成果转化区。与周边省份相比，浙江省更侧重于数字化改革，推动数字产业、数字政务、数字民生发展，而在集成电路、高端装备、人工智能等高精尖数字化硬件基础开发方面仍存在不足。

京津冀地区产业数字化转型则呈现以北京为核心，以天津为次核心，"核心高、外围低"的特征。北京全面推进数字化转型，针对首都人口多、流量大、功能密等特征，在数字化背景下探索超大型城市社会治理新路，打造"物联、数联、智联"的城市基地。天津则立足京津冀辐射效应，以政府扶持、顶层设计等方式撬动产业数字化转型投资，成为全国数字经济和实体经济深度融合发展的新高地。河北省互联网平台经济发展趋势较好，2010 年至 2020 年，互联网平台型企业累计注册资本由 4.64 亿元增加至 144.25 亿元，占京津冀城市群的比重由 9.29% 上升至 42.36%。京津冀地区数字经济虽发展向好，但仍存在较为严重的发展不均衡问题。浙江相比于北京虽在资金支持、人才培养方面有一定不足，但长三角区域内产业数字化发展相对平衡，三省一市协同发展，共同打造"数字长三角"。

　　广东省内含珠三角城市群，外连粤港澳大湾区，在产业数字化转型方面也取得卓越成就。2021 全年我国数据产量达到 6.6ZB，广东排名全国第一，是名副其实的"数据大省"。产业数字化分为工业数字化、农业数字化、服务数字化，工业数字化层面，广东以工业互联网推动制造业数字化转型，2021 年，累计推动 1.7 万家工业企业"上云上平台"、55 万家中小微企业"上云用云"；服务数字化层面，围绕与人民生产生活紧密关联的八大服务领域，推动数字技术与服务领域深度融合，建设便民惠民智慧服务圈。广东省在产业数字化层面发展迅速，成为国内数字化转型的先行者之一，可以为浙江数字赋能产业转型升级提供宝贵经验。

　　数字产业逐渐成为我国经济发展的新动能。在数字赋能产业转型方面，浙江省发展势头良好，数字经济赋能效果明显，具有较好的现实基础。面对全球新一轮的科技革命与产业革命，浙江省需立足现状，保持"一城引领、全域协同"的均衡优势，协同打造"数字长三角"。

　　首先，把握数字化改革这一抓手，数字化改革就是要打破在数字化转型过程中碰到的制度障碍和政策瓶颈。但同时，面对数字化改革的热潮需要多一点"冷思考"。浙江产业数字化发展需要在几个方面进一步破题：人才支撑、财力支撑、体制突破、数据整合、安全保障。可以通过收缩战线、重点突破，试点先行、复制推广促进产业数字化繁荣发展。

　　其次，深入推进产业集群（区域）智能制造，以县域产业集群、经济开发区、工业园区等为重点，强化智能装备、工业软件、解决方案等供给能力建设，分行业推进示范项目建设，集中力量攻克一批行业关键共性技术，打造一批可复制推广的解决方案和优秀场景，推动制定一批智能制造标准规范，加快形成创新驱动企业、企业带动行业、行业促进产业集群的数字化转型智能化升级路径。

最后，做好顶层设计规划，探索体制机制数字化改革创新，统筹规划省内各城市、各产业环节之间的协同发展，全面提升数字经济产业发展质量，合力创建世界级数字经济产业集群。

政策篇

第二章

浙江省数字赋能产业转型升级政策引导

数字经济是新一轮产业转型升级的关键机遇和赋能力量。浙江省围绕数字经济发展总体要求，提出推进数字赋能产业转型升级、推动实体经济高质量发展的产业数字化总体规划，实施全省数字经济发展组织保障措施。在数字赋能产业转型升级总体规划指引下，全省先后在制造业、农业和服务业等三大产业方面推出了一系列的数字赋能产业规划和政策。本章从描述浙江省数字经济发展规划和政策入手，介绍了 2020 年至 2022 年 3 月浙江省在数字赋能产业转型升级方面出台的主要规划、政策部署和规章制度等。接着，侧重于制造业、农业和服务业三大产业，介绍了各个产业主要的数字化规划和政策内容。在数字赋能产业转型升级规划和三大产业政策规划的引导下，了解全省在数字赋能产业转型升级方面的规划和政策，对于实现产业数字化转型和高质量发展具有重要的意义。

一、浙江省数字赋能产业转型升级规划和政策总述

2020 年 6 月，中国共产党浙江省第十四届委员会第七次全体会议深入学习贯彻习近平总书记考察浙江重要讲话精神，作出《中共浙江省委关于建设高素质强大人才队伍，打造高水平创新型省份的决定》。2020 年 7 月，浙江省商务厅发布《关于实施数字生活新服务行动的意见》，指出要创新推广一批新业态、新模式，逐步形成以"一图两码三平台"为骨干的数字生活新服务生态体系。为更加深入贯彻习近平总书记考察浙江重要讲话精神，2020 年 8 月，浙江省人民政府特制定《浙江省实施制造业产业基础再造和产业链提升工程行动方案（2020—2025 年）》，切实打好产业基础高级化、产业链现代化攻坚战，加快制造业高质量发展，打造"重要窗口"标志性成果。2020 年 11 月，为进一步深化数字浙江建设，培育壮大新业态、新模式，助推全省经济高质量发展，浙江省制定《浙江省数字赋能促进新业态新模式发展行动计划（2020—2022 年）》。为进一步贯彻落实以上决定和方案，浙江省经信厅在 2020 年 12 月发布《浙江省重点产业技术联盟培育实施方案》，以加快构建以龙头企业为引领的产业创新生态，深化产学研合作。2021 年 1 月，为贯彻落实国家《关于推动先进制造业和现代服务业深度融合发展的实施意见》（发改产业〔2019〕1762 号），浙江省发布《浙江省推动先进制造业和现代服务业深度融合发展的实施意见》。

2021 年 1 月 30 日，浙江省第十三届人民代表大会第五次会议通过《浙江省国民经济和社会发展第十四个五年规划和二〇三五年远景目标纲要》。随着 2021 年 3 月 11 日第十三届全国人大四次会议表决通过关于国民经济和社会发展第十四个五年规划和 2035 年远景目标纲要的决议，浙江省各个

产业的"十四五"规划相继出炉。服务业方面，《浙江省现代服务业发展"十四五"规划》在 2021 年 5 月 18 日印发。为扩大数字技术推广应用，大力提升数字化生产力，高水平建设农业农村现代化先行省，浙江省于 2021 年 6 月 9 日发布《浙江省数字乡村建设"十四五"规划》，又于 2021 年 12 月发布《浙江省实施科技强农机械强农行动大力提升农业生产效率行动计划（2021—2025 年）》《"十四五"全国农业农村科技发展规划》等。2021 年 7 月 2 日发布《浙江省全球先进制造业基地建设"十四五"规划》，突出制造模式的优化升级，贯彻落实数字化改革的决策部署。

随着 2021 年 6 月中共中央、国务院发布《关于支持浙江高质量发展建设共同富裕示范区的意见》，浙江全省进入新的发展阶段。省委、省政府作出了以新发展理念推进制造业高质量发展的决策部署，全力建设全球先进制造业基地，并将其作为打造"重要窗口"的 13 项重大标志性成果之一。省委十四届九次全会审议通过的《浙江高质量发展建设共同富裕示范区实施方案（2021—2025 年）》于 2021 年 7 月 19 日发布，明确提出要"探索'腾笼换鸟、凤凰涅槃'新路径，加快建设全球先进制造业基地"。2021 年 10 月 23 日，提出《浙江省新一轮制造业"腾笼换鸟、凤凰涅槃"攻坚行动方案（2021—2023 年）》。2022 年，省政府办公厅提出《关于推动工业企业智能化技术改造的意见》，引导企业以智能制造为主攻方向，促进制造业提质增效升级。

图 2-1 呈现了相关政策出台的时间。

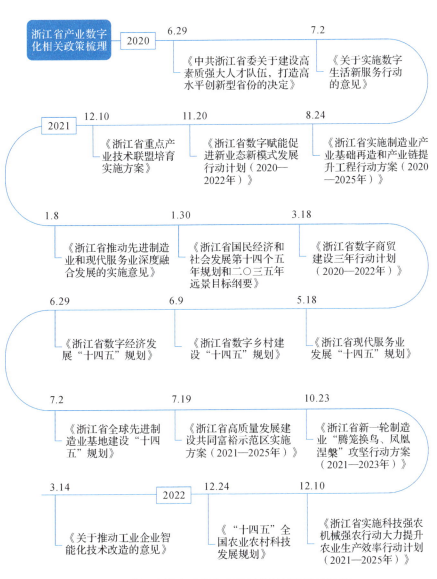

图2-1　浙江省数字赋能产业转型升级相关政策梳理

（一）浙江省数字经济发展总体要求

1. 指导思想

坚持以习近平新时代中国特色社会主义思想为指导，立足新发展阶段、贯彻新发展理念、构建新发展格局，坚持系统观念，以推动高质量发展为主题，以深化供给侧结构性改革为主线，以改革创新为根本动力，忠实践行"八八战略"，奋力打造"重要窗口"，深入实施数字经济"一号工程"，坚持发展和规范并重，加快推进数字产业化、产业数字化、治理数字化、数据价值化协同发展，着力完善数字经济发展生态和数字基础设施，加快形成以数字化改革为引领的"三区三中心"发展格局，努力建成全球数字变革高地，为高质量发展建设共同富裕示范区、建设社会主义现代化先行省作出更大贡献。

2. 定位与目标

到 2025 年，数字经济发展水平稳居全国前列、达到世界先进水平，数字经济增加值占 GDP 比重达到 60% 左右，高水平建设国家数字经济创新发展试验区，加快建成"三区三中心"，成为展示"重要窗口"的重大标志性成果。

建成全国数字产业化发展引领区。数字经济核心产业增加值占 GDP 比重达到 15%，形成数字安防、集成电路、高端软件等具有全球竞争力的标志性产业链和数字产业集群。

建成全国产业数字化转型示范区。建成多元数据融合应用的产业大脑，实现百亿元以上产业集群产业大脑应用和工业互联网平台全覆盖，产业数字化水平领跑全国。

建成全国数字经济体制机制创新先导区。多元协同、高效善治的数字化治理体系初步形成，公共数据开放、政企数据融合共享、数据资源创新应用水平全国领先，构建高效协同的数字经济系统，形成一批数字化改革创新成果。

建成具有全球影响力的数字科技创新中心。聚焦"互联网＋"科创高地建设，形成较为完备的数字科技创新体系，人工智能、未来网络、智能感知等领域自主创新取得重大突破，数字经济领域有效发明专利达到8万件。

建成具有全球影响力的新兴金融中心。打造以杭州国际金融科技中心为龙头的数智金融先行省、以钱塘江金融港湾为核心的国内一流的财富管理高地、以区域金融改革创新为基础的四大金融发展特色带。

建成全球数字贸易中心。推进传统贸易数字化和数字经济国际化，加快在线交易、数字支付和智慧供应链等平台集聚，推动贸易规则、标准、纠纷调处等制度创新，优化数字贸易生态，数字贸易进出口总额达到1万亿元。

到2035年，全面进入繁荣成熟的数字经济时代，综合发展水平稳居世界前列。数字产业竞争力全球领先，数字赋能产业发展全面变革，数据要素价值充分释放，全面形成以数字经济为核心的现代化经济体系，高水平建成网络强省和数字浙江，成为全球数字技术创新、产业创新、制度创新、理念创新重要策源地，为基本实现共同富裕和高水平现代化提供强大支撑。

（二）浙江省数字赋能产业转型升级总体规划

1. 大力推进新智造

（1）推进产业大脑建设。以工业互联网为支撑，以数据资源为核心，综合集成产业链、供应链、资金链、创新链，融合企业侧和政府侧，贯通生产端与消费端，为企业数字化转型、产业生态建设、经济治理提供集成开放赋能平台。围绕优势产业开展细分行业产业大脑建设应用试点，建成30个以上行业产业大脑，形成"一行业一大脑"发展格局。

（2）推进工业互联网创新发展。加快推进工业互联网国家示范区建设，打造"1＋N"工业互联网平台体系和产业生态，支持基础性平台输出共性技术服务，推进开源社区发展。突出行业共性支持，建设行业级平台；突出特色产业集群，建设区域级平台；突出产业链创新链协同，建设企业级平台。到2025年，建设300个以上省级工业互联网平台。

（3）培育未来工厂引领的新智造企业群体。完善建设机制，研究建立新智造标准体系，按行业分层次建立新智造企业库，打造未来工厂、智能工厂（数字化车间）1000家（个）；健全新智造服务体系，壮大工业信息工程服务机构资源池，丰富云化产品和解决方案供给，推进"上云用数赋智"集成应用，培育云上企业500家。

（4）推动中小企业数字化转型。发挥工业互联网平台作用，为中小企业提供低成本、轻量化、模块化的数字化改造服务。建设数字化转型能力中心，支持龙头企业和平台企业开放资源和能力，为中小企业提供研发设计、生产制造、物流仓储、检验检测、技术咨询等服务。推进园区数字化改造，实现园区管理服务数字化，赋能企业数字化转型。

2. 全面推动服务业数字化转型

（1）打造全球数字贸易中心。发展跨境电子商务、数字服务贸易、数字商品贸易、数字技术贸易、数据及衍生品贸易，建设数字自贸区、跨境电子商务综合试验区、全球数字贸易博览会等高能级平台，繁荣数字贸易生态。推动重点商贸企业和专业市场数字化转型，强化与集群供应链数字化融合，推动电子商务向供应链服务商转型升级。

（2）加快建设新兴金融中心。推进区块链、大数据等新技术与金融深度融合，高水平建设钱塘江金融港湾和杭州国际金融科技中心。加快"移动支付之省"建设，推动移动支付技术与支付结算服务创新，争取数字人民币应用试点。发挥金融风险"天罗地网"监测防控系统作用，完善防范化解互联网金融风险长效机制和现代金融监管体系，推进杭州金融科技创新监管试点，打造数智金融先行省。

（3）大力发展数字生活新服务。推进生活性服务业数字化转型，创新推广一批新业态新模式，培育壮大一批重点行业、平台和企业，打造一批样板城镇和标杆区域，逐步形成以"一图两码三平台"为骨干的数字生活新服务生态体系，建成数字生活服务强省和具有国际水准的新型消费中心。完善对老年人等运用智能技术困难群体的服务保障，推动公共服务流程再造、直达乡村，形成共同富裕的公共服务供给机制。

（4）推动生产性服务业数字化转型。发展智能设计、云设计等数字化设计新业态；发展总集成总承包、全生命周期管理、智能运维等服务型制造。加快物流行业数字化转型，推广智能物流装备应用，规范发展网络货运，发展共享云仓、城市末端共同配送、无接触配送等新模式。推动检验检测认证、创业孵化、科技咨询等数字化转型，推广智慧检测、共享实验室等新模式。发展在线智能社保薪税等人力资源服务，推动先进制造业和现代服务业深度融合发展。

3.着力发展智慧农业

（1）推进生产经营数字化转型。加快数字农业科技创新及推广应用，鼓励使用环境气候、土壤墒情、作物长势、灾情虫情、水肥药精准施用、农机智能调度等技术与系统，推动生产智能化、加工自动化、管理标准化，推进数字植物工厂、数字农业园区、数字农业强镇建设。推进养殖数字化转型，推广环境控制、精准上料、水产养殖生产和管理系统等技术与设备，打造数字牧场、数字渔场，积极发展数字渔业（见图2-2）。

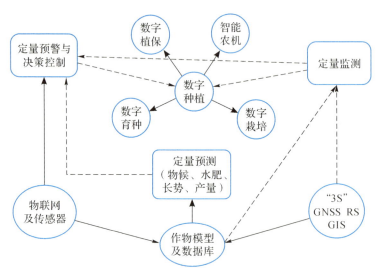

图2-2　国内数字种植体系

（2）完善网络化流通体系。深化电子商务进农村综合示范工程、"互联网＋"农产品出村进城工程，完善农产品网络销售、运营服务和支撑保障体系，打通农产品从基地到城市社区与市场的信息流、物流通道，健全农产品质量安全追溯系统和农业投入品管理系统,构建肥药数字化管理体系。支持山区 26 县开展电子商务助农,加快"网上农博"县域全覆盖。

（3）推动农文旅数字融合发展。培育数字新农人、农创客,发展体验农业、众筹农业、定制（订单）农业、共享农业等新业态新模式。推动美丽休闲乡村（渔村）、农家乐、乡村康养和文创基地等开展在线宣传与经营,加强乡村传统文化资源数字化保护和开发利用。

（三）浙江省数字经济发展组织保障措施

1. 强化组织协调

发挥省数字经济发展领导小组统筹协调作用,优化工作推进机制,做好重大决策、工作部署和指导督促。加强数字经济高质量发展督查,压实各级政府和省级有关部门责任。开展规划,实施年度监测分析、中期评估和总结评估。构建数字经济智库体系,加强领导干部、工作人员数字素养培养,强化舆论宣传引导,营造良好发展环境。

2. 加大政策支持

加大财政支持力度,统筹优化工业与信息化、科技等专项资金,发挥好省产业基金引领作用,对接国家集成电路、制造业转型升级等基金,用足用好高端软件和集成电路、高新技术及小微企业等税收优惠和金融服务政策,强化人才、能耗、土地等要素保障,支持数字经济发展。

3. 加强改革创新

争取数字经济领域国家级试点示范和重大项目部署,集聚创新资源。发挥数字化改革引领撬动作用,分领域分行业推进产业大脑、未来工厂、未来产业先导区、数字贸易等试点建设,探索形成与之相适应的理论和制度体系，总结推广最佳案例、最佳实践，发挥示范引领和辐射带动作用。

二、浙江省数字赋能制造业转型升级规划和政策

2021年，"十四五"开局，为了立足新发展阶段，贯彻新发展理念，浙江省加快数字化改革，推动制造业转型，奋力打造全球先进制造业基地，于2021年7月2日提出《浙江省全球先进制造业基地建设"十四五"规划》，突出制造模式的优化升级，贯彻落实数字化改革的决策部署，提出了建设"产业大脑＋未来工厂"、促进工业互联网创新发展、促进制造业和现代服务业深度融合、推进企业数字化转型、建设一流数字基础设施等5个方面任务举措。2021年10月23日，提出了《浙江省新一轮制造业"腾笼换鸟、凤凰涅槃"攻坚行动方案（2021—2023年）》，旨在促进制造业数字化转型的同时，淘汰落后高耗低效企业，全面实现企业数字化绿色低碳技术改造，使全省制造业智能化水平跃上新台阶、高质量发展取得新成效。图2-3梳理和展示了2020—2021年浙江省数字赋能制造业转型升级相关政策。

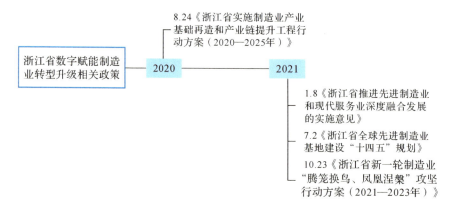

图2-3　2020—2021年浙江省数字赋能制造业转型升级相关政策梳理

浙江省制造业的发展目标是，到 2025 年，制造业比重保持基本稳定，发展生态更具活力，数字化、高端化、绿色化发展处于全国领先地位，重点标志性产业链韧性、根植性和国际竞争力持续增强，形成一批世界级领军企业、单项冠军企业、知名品牌、核心自主知识产权和国际标准，全球先进制造业基地建设取得重大进展。制造业需要加快数字化发展，从而实现全方位升级。

（一）建设"产业大脑＋未来工厂"

建设产业大脑。建设产业大脑综合支撑系统，实现产业数据标准化、智能化和业务服务化。分行业开展产业大脑建设，探索细分行业产业大脑数字化标准、制度、技术规范和建设运营机制。拓展产业大脑应用场景，推动共性技术分享、政府服务集成、要素精准配置，打造产业生态。

建设"未来工厂"。完善智能制造标准体系，建立智能制造自主创新体系，实施智能制造示范专项，健全智能制造服务保障体系。

（二）促进工业互联网创新发展

构建工业互联网平台。持续完善"1＋N"工业互联网平台体系，实施"5G＋工业互联网"专项行动，支持制造业企业建设 5G 全连接工厂。建设工业互联网标识解析二级节点及重点企业节点，推动标识广泛应用。建设环杭州湾工业互联网产业带，创建工业互联网国家示范区。到 2025 年，建设省级工业互联网平台 300 个以上，实现百亿以上产业集群工业互联网平台全覆盖。

提升平台应用服务能力。提升基础性平台赋能水平，开发集成工业知识快速建模、人工智能算法、网络安全态势感知等通用微服务组件。推动基础工艺、控制方法等工业知识软件化、模型化，加速工业软件的云化迁移，形成覆盖工业全流程的微服务资源池。打造一批可复制可推广的工业移动端应用。

强化工业互联网技术支撑。支持制造业企业和科研院所联合开展技术攻关，突破关键核心技术、工业机理模型、先进算法等。推进智能传感器、边缘计算、数据库、嵌入式应用软件等软硬件研发。

（三）促进制造业和现代服务业深度融合

培育制造新业态新模式。以现代纺织、汽车等行业为重点，打造个性化设计、柔性制造、供应链协同新模式。推广预防性维修、系统故障诊断、全周期健康管理等新模式，打造"产品＋服务"融合生态圈。支持共享型制造平台整合原材料、生产设备、生产线等资源，发展平台接单、集中采购、多厂协同的制造新模式。加快外贸转型升级基地建设。

支持服务型企业向制造环节延伸。鼓励电子商务、研发设计、物流运输、总集成总承包等企业发展制造服务业，挖掘用户需求，联合制造业企业开展研发设计、加工制造、品牌授权等合作，打造一批"超级工厂"。畅通产业供需对接渠道，健全从原材料、制成品到市场营销和售后服务的全链条服务体系。

提升制造业企业价值链水平。推动制造业企业由加工生产向研发设计、市场营销两端延伸，增强用户参与的个性化设计能力。推进工业设计基地建设，培育智能设计、虚拟设计等新业态。发展生产性金融服务、检验检测认证服务、科技服务、创意设计等现代服务业。

（四）推进企业数字化转型

加快企业数字化改造步伐。加快传统制造业改造提升，创建国家传统制造业改造升级示范区。开展企业"点线面"改造，实现规上工业企业数字化改造全覆盖。推动企业应用工业机器人、数控机床、智能检测等数字化装备，提升数控化水平。

规范数据资源开发利用。推进平台经济规范健康发展，健全平台经济治理体系，强化平台企业合规经营。推动公共数据向制造业企业有序开放。支持企业开展全流程数据采集，形成完整贯通的数据链。引导企业建立数据共享机制，探索数据脱敏和泄密保险制度。鼓励制造业企业开展工业算法创新，拓展数据应用场景。建立健全数据资源确权、资产评估、登记结算、交易流通、争议仲裁等规则和制度。开展数据跨境安全有序流动试点，构建对接全球数字贸易相关的数据治理规则。

（五）建设一流数字基础设施

构建高速泛在的网络基础设施。加快部署基于 IPv6 的下一代互联网，降低制造业企业互联网专线成本。深化国家（杭州）新型互联网交换中心建设，扩容杭州国家级互联网骨干直联点。大幅提高重点区域和园区国际通信服务能力。加快卫星互联网基础设施建设。支持制造业企业部署应用5G 新型网络。到 2025 年，建成 5G 基站 20 万个以上，5G 网络建设水平全国领先。

建设高效绿色算力基础设施。加强大型数据中心建设，加快集约化布局、绿色化改造，建设国家级区域型数据中心集群。推动乌镇之光（桐乡）超级计算中心、之江实验室智能计算中心建设。加快建设工业互联网、车联网等边缘数据中心节点。建设高性能云计算公共服务平台，构建云边协同的算力服务网络。到 2025 年，建成 10 个以上具有全国影响力的行业云平台，具备 45 万个机架的数据中心服务能力。

打造新兴技术及融合基础设施。打造一批国家级、省级人工智能平台，培育一批"人工智能＋"解决方案，拓展智能制造、智慧物流等应用。支持区块链底层平台建设，构建区块链开放生态。升级北斗时空智能基础设施。建设近海岸智慧海洋基础设施体系。开展飞联网建设试点及规模推广。建立支撑高级别自动驾驶的车联网络，开展智能路侧设施和测试场建设，实施"5G＋"智能网联汽车工程，争创智能网联汽车先行区。

三、浙江省数字赋能农业转型升级规划和政策

农业农村部 2020 全国县域数字农业农村发展水平评价显示，浙江省农业生产数字化发展水平为 59.5%，高出全国平均水平 35.7 个百分点。2021 年 6 月 9 日，浙江省提出《浙江省数字乡村建设"十四五"规划》，旨在扩大数字技术推广应用，大力提升数字化生产力，高水平建设农业农村现代化先行省。同年 12 月 10 日，浙江省人民政府出台《浙江省实施科技强农机械强农行动大力提升农业生产效率行动计划（2021—2025 年）》，通过实施科技强农、机械强农行动，加大农业科技自主创新，大力提升农业生产效率，促进农业高质量发展。为更好指导"十四五"农业农村科技事业发展，充分发挥科技对全面推进乡村振兴、加快农业农村现代化的支撑引领作用，农业农村部于 2021 年 12 月 24 日编制了《"十四五"全国农业农村科技发展规划》，通过突破农业农村关键领域重大科技问题，优化农

业科技发展布局，加快农业数字化、高级化、现代化发展。图 2-4 梳理和展示了浙江省数字赋能农业转型升级的相关政策。

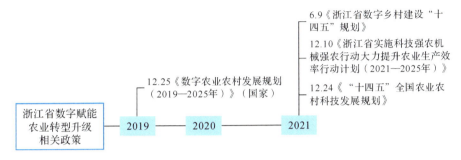

图2-4 浙江省数字赋能农业转型升级相关政策梳理

（一）数字乡村建设"十四五"规划

1. 乡村产业数字化加快转型

德清、平湖等 25 个县（市、区）纳入省级乡村振兴产业发展示范建设范围，筹措安排 28 亿元，分年落实支持乡村产业数字化发展。全省累计开展 2 批共 163 个数字农业工厂试点创建，示范带动 1184 个种养基地完成数字化改造，启动西湖龙井茶、浦江葡萄、德清早园笋、桐乡杭白菊等 50 个单品种全产业链数字化管理系统建设，智慧农业大棚（见图 2-5）、温室环境自动控制、肥药精准施用、病虫害智能监测、农用无人机作业等大范围应用。浙江省 2020 年拥有活跃的涉农网店 2.4 万家，实现农产品网络零售 1143.5 亿元。定制农业、创意农业、认养农业、云农场等新业态新模式方兴未艾，乡村分享经济逐步兴起。

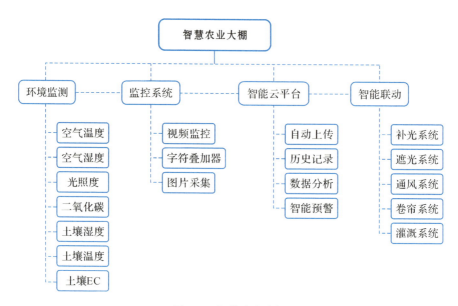

图2-5 智慧农业大棚

2.农村智慧物流体系建设

整合交通、邮政、商务、农业农村等部门现有资源，推进农产品仓储保鲜冷链物流智慧基础设施建设，打通农产品出村进城"最先一公里"和"最后一公里"。依托"浙冷链"冷链食品追溯系统，支持建设集在线交易、信息发布、位置跟踪、质量追溯、技术咨询、产业动态分析等功能于一体的区域性、第三方冷链物流资源公共信息服务平台，扩大农村冷链物流产品监控和追溯覆盖范围，提高设施利用率和流通效率。支持农产品冷链细分领域的第三方数字化服务平台向乡村延伸，整合农村中小冷链企业资源，深度应用物联网、人工智能、区块链、5G等新技术，实现冷链运输全程监控、冷链产品温控追溯和全程管理信息共享。到2025年，基本实现农村"冷链成网"。

3. 强化数字农业科技创新应用

围绕农业现代化发展需求与趋势，加快数字农业科技关键共性技术攻关，着力突破农业生产环境和动植物生理体征专用传感技术、农业信息智能分析决策技术、数字化精确育种技术等。加快智能化农机装备自主研发，积极发展农业机器人、农业无人机、数控喷药、智能采摘、畜禽智能化养殖及粪污处理等智能化装备。探索人工智能、虚拟现实、大数据认知分析、区块链、5G 等前沿技术在农业领域融合应用研究，建立健全智慧农业技术体系。

4. 推进农业生产数字化

围绕生产效能提升和人力成本下降，提高农业生产终端监测和数据分析能力，推进数字技术与种植业、畜牧业、渔业生产深度融合应用。推进数字种业建设，建设智能服务应用。建设"数字农田"，推进全省高标准农田、粮食生产功能区、永久基本农田、耕地（分水田、旱地）和农用地"一张图"管理，为农业生产力布局、粮食生产功能区"非粮化"整治等提供决策支持。推进种植业数字化，推广环境温湿度调控、土壤肥力和病虫害监测等智能设施装备，加快水稻、小麦等大田作物数字化管理、数字植保等应用建设，推动数字农业气象服务系统在现代农业中的应用，建设数字植物工厂和数字农业园区。完善林业大平台建设，推进实现统一规划、统一标准、统一入口、统一平台、统一管理，为建设以大数据为基础的林业现代治理模式夯实基础。大力推进畜牧养殖业数字化转型，建设数字牧场，推广通风温控、空气过滤、环境感知等设备应用，集成应用精准上料、畜禽体征精准监测、畜禽粪污处理、疫病疫情精准防控等技术，推进病死动物无害化处理、动物检疫防疫、屠宰管理等数字化监管，实现规模化生猪养殖场数字化改造全覆盖。积极发展智慧渔业，实施渔业领域"机器换人"行动，构建基于物联网的水产养殖生产和管理系统，打造数字渔场。以宁波、温州、舟山、台州等地的国家级海洋牧场示范区为重点，推进可视化、智能化、信息化系统建设，全面推广北斗、卫星通信等技术在海洋捕捞中的应用，积极发展渔业船联网。发展智慧农机，推进智慧农机示范基地建设，加快农机智能终端装备的配备应用，全面提升农业设施装备水平。数字赋能山区 26 县跨越式发展，构建绿色＋智慧的山区产业体系。到 2025 年，建成数字农业工厂 400 个，示范带动规模化种养基地完成数字化改造 3000 个。

5. 推进行业监管数字化

以"肥药两制"改革为切口，整合农产品质量安全追溯系统、农业投入品管理系统等，打造绿色优质农产品生产服务应用场景，实现监测预警一查即知、农业主体"浙农码"绿黄红三色管理。深化"数字畜牧"应用建设，构建"饲药两化"数字化监管模块，推进养殖场、屠宰、饲料、兽药企业动态数据库建设，加强动物疫病疫情的精准诊断、预警、防控，健全重要畜产品全产业链监测预警体系，进一步完善"浙农码"畜牧行业应用长效管理机制，实现畜牧业全环节精密智控、全行业整体智治。强化渔船精密智控能力建设，完善海洋网络基础，加快推进渔船宽带卫星终端配置，建立先进的融合涉海涉渔多源数据的智能化管理与分析平台。建设渔业综合数据库、卫星宽带通信网、海上安全生产预警网、沿岸智慧渔港网和渔船安全精密智控平台，实现渔船"全生命周期"闭环监管。

（二）数字"三农"协同应用平台建设

1. 农业农村数据仓构建

按照数字化改革协同要求和一体化智能化公共数据平台建设要求，开展数据资源规划，形成全省统一的"三农"数据资源相关标准规范。编制完善的数据资源目录，建立数据共享机制，制定数据共享交换标准规范，形成完善的数据质量管理、安全管理和运维管理机制，实现数据安全高效运行。开展数据采集、治理、归集，形成标准化、高质量的数据仓，确保数据实时归集、同步更新。

2. "三农"地理信息图绘制

通过对农业农村土地利用、农业主导产业、特色产业发展、示范基地建设、菜篮子工程、农业经济主体、水产养殖禁养限养区划定和管理、畜牧养殖主体、耕地、土壤、水环境要素等的分层次、多维度描述，集成农业农村社会经济发展要素，构建各类农业专题空间数据库，结合农业生产实时监控与农情监测体系等，对接省域空间治理数字化平台，统筹提供全省"三农""一张图"服务，实现全省农业产业、农村资源等业务信息的空间分布、图形化展示、地图定位、统计分析和监测预警等功能。按不同的类型、不同的业务，建立"三农"专题图层。

3. 数字化工具箱建设

依托一体化智能化公共数据平台应用支撑体系，构建数字"三农"协同应用数字化工具箱，抽取、整合通用业务功能，构建符合农业农村特点的通用组件，为各类业务提供统一应用支撑。

4.五大领域业务应用集成优化

紧紧围绕生产管理、流通营销、行业监管、公共服务和乡村治理等五大领域，根据工作需要，整合迭代一批实用、管用的业务系统，新开发一批急需的业务系统，有序推进乡村重要产品全产业链大数据分析、数字畜牧管理、"肥药两制"改革、智慧农机服务、乡村休闲旅游管理、产销一体化信息管理、乡村自然资源管理、农村宅基地审批、乡村生态环境管理、农村集体"三资"管理，以及"互联网＋"各类乡村公共服务等全省通用的重要业务应用系统建设，不断扩大业务应用。

5.推广应用浙农码

以二维码为标识载体，通过数字孪生，为全省涉农领域的乡村、主体、要素、产品建立统一的数字身份，为万物互联提供身份保障。从各部门、各系统中采集信息，根据不同监管、服务要求设计数字化标签，提供精准化的数据管理，实现面向主体对象的"一站式""一对一"码上查询、码上办事、码上服务、码上营销、码上监管等功能。同时，积极拓展产品追溯、畜牧养殖、渔业渔政、精准帮扶、乡村治理等行业应用，打造成为标识码、监管码、追溯码。争取到2025年，浙农码赋码量达150万次以上。

（三）数字赋能乡村产业建设工程

1.数字种业建设

滚动实施农业育种重大专项，加快光谱成像技术在动植物表型数据获取中的研发应用，加强图像数据新算法研究，提高表型鉴定的精度和速度，实现表型数据采集、传输、分析的数字化、实时化和智能化。扶持发展一批具有较强竞争力的种业龙头，加快物联网、大数据、5G、人工智能等信息技术在育种和生产经营活动中的应用。统筹利用生产经营许可、生产备案和天空地一体化监测手段，加快数字技术在制种基地、种畜禽场区、水产苗种场、交易市场监管中的应用，健全种业信息监测网络，加快浙江省农业种业数字化管理系统建设，提升种业智慧化监管水平。

2. 数字植物工厂建设

引导规模化种植基地推进农作物生产智能感知和控制系统应用，推广测土配方施肥、水肥一体化、节水灌溉、病虫害监测防治、产品分级分选等智能设施技术，广泛采用数字化技术管控生产过程，提升生产管理精准化水平。

3. 数字牧场建设

推进电子识别、精准上料、自动饮水、粪污处理和动物宰杀、产品分级等数字化设备集成应用，加强畜禽圈舍通风温控、空气过滤、环境监控等智能化改造，强化设施装备内部数字化联动，推广动物个体体征智能监测技术，提高畜禽养殖、饲养环境管控和动物疫病疫情诊断防控精准化水平。到 2025 年，全省大中型规模化生猪养殖场基本完成数字化改造。

4. 数字渔场建设

实施渔业"机器换人"行动，综合应用水体环境实时监控、自动增氧、饵料精准投放、循环水装备控制、深远海智能化养殖和养殖工船等设施装备，实现渔业生产智能感知、精准管理和安全生产，提高绿色养殖水平。

5. 智慧农机建设

推动农机装备制造业数字化改造，推进智能装备研制。建立农机大数据，搭建农机综合服务系统，基于北斗系统及 5G 网络，为拖拉机、收割机等大型农机具安装智能装备，集成推广大田物联网测控、遥感监测、智能化精准作业等技术，打造连接农机供应方、农机手、需求方的互联网综合服务网络，实现农机作业调控、农机监控和农机线上租赁等管理，完善农机分享服务机制，提高生产作业、管理服务智能化水平。到 2025 年，智慧农机示范基地数达到 500 个。

6. 农产品加工业数字化改造

推进农产品精深加工生产线、生产工艺数字化，搭建"感、联、知、控"物联网平台，系统收集生产过程工时、能耗、质量等关键数据，构建统一数字化管控体系。推动农产品加工企业"上云"，加快数字化、网络化、智能化转型，建立全数据化管控智能工厂。

7. "肥药两制"改革数字化

围绕"肥药两制"改革目标，集成农资监管与服务信息化、农产品质量安全追溯等子系统，建设农业生产经营主体库、农业投入品数据库、肥药定额标准测算、肥药施用强度监测、农业主体跟踪评价、数据化展示等核心模块，构建快速响应、高效执行、精准追溯、科学决策的执行链，实现全面推进化肥农药实名制购买、定额制施用改革，促进农业绿色高质量发展。到 2025 年建设"肥药两制"改革示范农资店 1000 家以上。

8. 数字植保发展

健全全省农作物病虫疫情监测防控体系，推广应用智能虫情测报灯、自动性诱捕器等新型调查工具，新建和提升一批智能化病虫监控站点，完善病虫害监测数据自动采集、远程诊断、实时预警、适时预防等综合性数字植保平台，推动无人机在主要农作物病虫防控中的应用，扩大社会化服务覆盖面，推进病虫害灾情信息精准管理，提高浙江省农作物病虫疫情防控治理水平。到 2025 年，全省粮食主要生产县（市、区）智能站点建设和新型测报工具应用全覆盖。

9.渔船精密智控工程

围绕海陆互联"全覆盖"、风险防控"全智能"、渔船监管"全闭环"、管理服务"全链接"的目标，集成卫星宽带通信网、海上安全生产预警网、沿岸智慧渔港网等子系统，建设风险识别、应急救助、涉外管控、伏休管理、执法监管等核心模块（应用场景），运用渔船状态、渔民行为、作业（航行）环境等大数据分析模型，构建快速感知、实时监测、超前预警、联动处置的执行链，实现渔船全过程全链条闭环监管。

四、浙江省数字赋能服务业转型升级规划和政策

服务业已成为浙江省促增长的主引擎、惠民生的主渠道、新业态新模式培育的主阵地。为进一步加快浙江省服务业高质量发展，助力浙江省"重要窗口"建设，2020年7月浙江省发布了《关于实施数字生活新服务行动的意见》。该意见在新冠疫情防控期间对促进消费发挥了重要作用。同年11月为深入实施数字经济"一号工程"，全面开展"数字赋能626"行动，浙江省人民政府办公厅印发了《浙江省数字赋能促进新业态新模式发展行动计划（2020—2022年）》。2021年1月，浙江省推出《浙江省推动先进制造业和现代服务业深度融合发展的实施意见》，旨在发挥浙江数字经济发展优势，推动先进制造业和现代服务业双向深度融合，培育发展两业融合新业态新模式，实现制造业和服务业相融相长、耦合共生。2021年2月，浙江省第十三届人民代表大会第五次会议通过《浙江省国民经济和社会发展第十四个五年规划和二〇三五年远景目标纲要》。同年3月，为进一步

推动浙江全省生活性服务业数字化转型，以新服务带动新消费，激发居民消费潜力，营造良好的线上线下商贸流通消费环境，加快建设现代消费体系，浙江制定了《浙江省数字商贸建设三年行动计划（2020—2022年）》。图2-6梳理和展示了浙江省数字赋能服务业转型升级的相关政策。

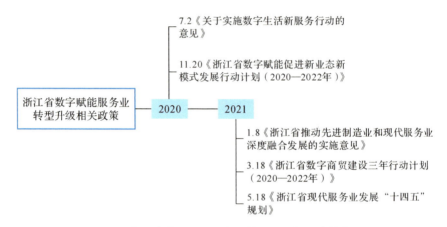

图2-6   浙江省数字赋能服务业转型升级相关政策梳理

（一）推动服务业全面转型升级 [①]

1.国际贸易数字化

深入推进中国（浙江）自由贸易试验区、浙江省数字贸易先行示范区和义甬舟陆海统筹双向开放大通道等建设，重点发展数字服务贸易、跨境电子商务、数字内容服务等贸易新业态新模式，不断提升贸易发展质量，增强国际贸易综合竞争力。引导传统贸易企业数字化转型，推动 eWTP 等数字贸易国际合作，深入探索以油气全产业链为核心的大宗商品投资和贸

---

① 浙江省发展和改革委员会.浙江省现代服务业发展工作领导小组办公室关于印发《浙江省现代服务业发展"十四五"规划》的通知：浙服务业办〔2021〕4号.

易自由化。

2.现代物流业数字化

推进物流业与制造业、商贸业深度融合，重点发展高端航运服务、多式联运服务、供应链管理服务等，推进物流设施和服务的全流程绿色化、智能化、标准化、一体化提升改造。依托宁波—舟山世界级海港、杭州和宁波国际空港、义乌国际陆港、华东联运新城、衢州多式联运枢纽港建设，推动"四港"联动、智慧物流云平台迭代升级。

物流数字化行动。加快物流园区信息化，推动仓储配送装备智能化，提升仓储、运输、分拣、包装等作业效率和仓储管理水平。加快企业物流信息系统建设，实现物流信息全程可追踪。促进物流信息平台协同化，鼓励区域间和行业内的物流平台信息共享，实现互联互通。

现代物流平台创建行动。争创国家物流枢纽经济示范区，积极打造国家级物流枢纽、国家示范物流园区、国家骨干冷链物流基地等，引进集聚物流龙头企业、重点项目，强化物流园区多式联运体系构建，加强物流设施衔接、信息互联和功能互补，打造一批产业配套型、商贸流通型物流平台。

3.软件和信息服务业

加快推进产业大脑建设，建立全省产业大脑数据中枢，重点在十大标志性产业链推广应用，并持续深化产业大脑迭代升级、试点扩面。

软件和信息服务平台创建行动。大力创建国家级软件名园、国家火炬软件基地，加大软件企业扶持力度，构建适合软件企业发展的营商环境，加快提升软件园区软件技术创新、产品开发、企业孵化、人才培训和出口创汇等能力，加快培育一批特色型软件名城、名园。

4.科技服务业

深入实施创新强省首位战略，积极发展研究开发、科技中介、知识产权、创业孵化、科技咨询、科技金融等，打造标杆型省级产业创新服务综合体，优化全过程创新创业服务，构建完善科技服务体系。深化杭州、宁波、温州国家自主创新示范区建设，加快建设杭州城西、宁波甬江、嘉兴G60、温州环大罗山、浙中、绍兴、台州湾、浙西南等科创走廊，构建新型实验室体系，大力引进培育高端新型研发机构，培育国家战略科技力量。

科技服务平台创建行动。积极建设国家自主创新示范区、国家高新区及双创示范基地、科创走廊等，加强创新研发平台、创新共享平台、成果转化平台等特色服务平台的整合，打造一批产业创新服务综合体。

5.现代金融业

深化区域金融改革和创新试点，复制推广改革经验，联动建设世界银行全球数字金融中心、钱塘江金融港湾、杭州国际金融科技中心和移动支付之省，建设数字金融先行省。推进区块链、大数据和云计算等技术与金融深度融合，引导金融机构加快数字化转型，推广浙江省企业信用信息服务平台、浙江省金融综合服务平台，促进金融科技在经济生活和社会治理等领域应用。

金融数字化行动。引导金融机构加快数字化转型，大力建设省企业信用信息服务平台、省金融综合服务平台、移动支付服务平台，完善金融风险"天罗地网"监测防控系统，推进杭州金融科技创新监管试点。

6.人力资源服务业

人力资源服务数字化行动。推动大数据、云计算、人工智能和区块链等新技术在人力资源服务领域的深度融合和全面应用，支持互联网企业跨界经营人力资源服务业务。助推人力资源服务业态和产品创新，加快人力资源服务产业数字化进程。

7. 现代商贸业

围绕扩大内需、适应消费方式转变的要求，加快城乡区域、线上线下融合，提升发展城市商业，推动农商互联，优化发展电子商务，创新发展商贸新业态。推进智慧商圈建设，促进体验消费、定制消费、时尚消费、智能消费等发展。深入推进义乌国际贸易综合改革试点、中国轻纺城等市场采购贸易方式试点等建设，开展商品市场优化升级专项行动，培育一批商品经营特色突出、产业链供应链服务功能强大、线上线下融合发展的商品市场示范基地。到 2025 年，形成便捷、安全、优质、多元的城乡现代商贸网络。

现代商贸数字化行动。鼓励生活服务业场所进行数字化改造，推动线上线下双向融合。推动核心商圈的 5G 网络、数据中心、物联网等消费领域新型基础设施建设，打造一批数字化智慧商圈。优化专业市场的数字化服务功能，加强各类管理服务数据的挖掘应用，实现针对市场服务对象的"全周期管理"和线上线下联动服务。

国际贸易平台创建行动。深化建设中国（浙江）自由贸易试验区、综合保税区、跨境电子商务综合试验区等，积极创建国家数字服务出口基地、国家级进口贸易促进创新示范区、国家级台商投资区等，着力提升国际贸易对外开放水平。

8. 文化旅游业

深入实施新时代文化浙江工程，加快推动文化产业提质增效，培育发展数字演艺、数字出版、短视频、数字音乐、电子竞技、数字创意等数字文化新业态，不断增强浙江文化软实力和文化产业综合竞争力。

文化旅游数字化行动。打造文化和旅游数据中台，通过数字高铁连接11个设区市城市大脑、重点文化和旅游感知设备，形成万物互联的网状中心，成为文化和旅游决策、现代化治理的中枢系统。与 OTA、横向部门、设区市旅游主管部门的数据开放共享，创新统计分析方法，建成基于大数据分析的文化和旅游融合发展评估决策子系统、旅游产业和市场发展评估决策子系统、风险预警子系统。

9. 卫生健康服务

以满足人民群众日益增长的健康服务需求为出发点，重点发展健康医疗、养生养老、体育健身、健康保险、健康管理等，推进建设健康产业平台和载体，促进有效投资和消费升级，丰富服务和产品供给。推动精准医疗、移动医疗等新兴领域加快发展。加强健康服务与旅游、文化、养生康复、运动休闲和食品等产业联动融合发展，大力发展"互联网＋健康"。

卫生健康数字化行动。升级全民健康信息平台，建设省医疗健康大数据中心，高质量汇集公共卫生、临床诊疗、健康管理等行业数据，强化跨部门数据共享和场景化多业务协同。完善"浙里办"国民医疗健康专区，实现线上线下全流程服务闭环，集成10个以上互联网医疗健康掌上应用。联合医院、企业和科研机构，启动20个区块链、医学人工智能示范中心建设。

10. 教育培训服务业

鼓励开发数字教育资源，大力发展在线教育和远程培训，加快构建线上线下教育常态化融合发展机制。

教育培训数字化行动。推进"之江汇"教育广场2.0建设，发展互联网学校，构建"互联网＋教育"一站式服务平台。支持互联网企业与教育机构深度合作，拓展智能化、交互式在线教育模式，开展基于线上智能环境的课堂教学等试点。

（二）服务业转型升级重点工程 [①]

1. 数字赋能工程

深入推进先进数字技术在服务业的融合应用，推动服务业全面数字化转型。运用大数据、云计算、人工智能、区块链等技术，对生产性服务业进行全方位塑造与重构，提升研发设计、生产销售、采购分销、物流配送等全链条数字化水平，加强对制造业全过程全生命周期服务能力。积极发展数字生活新服务，积极构建"城市大脑＋未来社区"核心业务场景，重点发展远程医疗、在线教育、智能交通、数字文旅等数字民生服务，推动生活消费方式向智能型转变。支持建设行业级平台，推动各平台、中心、企业数据流通、资源汇聚，提升服务业各行业各领域资源的价值和利用效率，推动产业数字化、网络化、智能化升级。

2. 融合促进工程

强化服务业对先进制造业的全产业链支撑作用，提升研发设计、物流、电商、金融等专业化服务能力，支持龙头企业向制造环节拓展业务，实现服务制造化发展。加快培育融合发展新业态新模式，大力发展智能化解决方案服务，推广柔性化定制、共享生产平台、智能工厂等模式。推进农村一、二、三产业融合发展，积极发展农村电商、乡村旅游、数字农业、创意农

---

① 浙江省发展和改革委员会 . 浙江省现代服务业发展工作领导小组办公室关于印发《浙江省现代服务业发展"十四五"规划》的通知：浙服务业办〔2021〕4 号 .

业等乡村新产业新业态，高水平建设农村产业融合发展示范园。

3. 消费升级工程

以壮大新型消费、促进国内经济大循环为主线，推动消费扩容提质，充分激发居民消费潜力。积极构建数字化消费生态体系，大力促进教育培训、医疗健康、养老育幼、家政、体育等领域消费线上线下融合，推广无接触式消费，打造沉浸式、体验式消费场景。持续优化消费供给，着力推进贴近服务人民群众生活、需求潜力大、带动作用强的医疗、养老、教育、旅游、体育等服务领域发展。深入实施"放心消费在浙江"行动，加快放心消费提质拓面，持续开展放心消费电商平台建设，深化乡村放心消费建设，积极探索放心消费创新试点。突出消费重点平台示范引领作用，进一步强化杭州、宁波打造国际消费中心城市能级，加快培育信息消费、文旅消费、时尚消费、夜间经济等各具特色的消费试点城市，积极打造高品质步行街和智慧商圈。

（三）推动新兴技术赋能服务业转型升级 ①

在数字金融、电商和新零售、跨境贸易、数字版权、港口物流和体育等领域，利用新兴技术探索数据要素市场建设、数字经济模式创新和数字经济新型生产关系，形成数据确权、定价、交易平台机制，深入挖掘数据价值，释放数据潜能，培育数字经济新产业、新业态、新模式，助力浙江省打造全球数字经济创新高地。

数字金融。发挥新兴技术如区块链技术等作为数据价值基础服务设施

---

① 浙江省发展改革委，浙江省经信厅，浙江省委网信办．关于印发《浙江省区块链技术和产业发展"十四五"规划》的通知：浙发改规划〔2021〕139 号．

的作用，加快新兴技术在支付结算、电子票据、贸易融资、证券保险、数字资产交易等数字金融领域的纵向深化和长三角一体化跨域横向协同应用。利用区块链点对点交易和价值传递的能力，协同海关、税务和各类金融机构建设统一的贸易支付平台，实现跨境支付与结算便捷化，优化数字贸易生态。推动各类票据数字化、可信化建设，从根本上解决"一票多卖"、打款背书不同步的问题，防范票据市场风险，提高票据管理水平。

电商与新零售。加强基于新兴技术的电子数据存证应用，为电商假冒伪劣产品投诉、贸易纠纷处理提供快捷、有效司法证据支持。探索利用新兴技术如区块链技术推动跨电商平台的商家和买家信用数据共享，促进网络商务诚信建设，净化网络营商环境。探索利用区块链隐私保护和安全多方计算等技术，实现快递业务数据跨企业、跨地域安全有偿共享，深度挖掘快递数据价值，构建电商行业数据应用新生态。探索利用新兴技术，打造生产端与消费端的点对点按需生产即C2M销售新模式，加强对人脸识别、配送地址等关联隐私数据保护，保障商品生产、流通过程信息可信可查，为市场监管和消费者维权提供支持。

跨境贸易。以浙江省各跨境电商综试区建设为依托，利用区块链技术建设互联互通的区块链跨境贸易联盟，联通贸易方、资金方、物流方、监管方及其他服务方等主体，促进跨境贸易数据共享和业务协同，降低多方沟通与信任成本，为跨境贸易金融模式创新提供平台支撑，助力浙江省提升跨境贸易整体服务能力和数字化水平，大幅提高跨境贸易全过程监管效率和精度，实现贸易过程主动式、穿透式监管。鼓励浙江省贸易企业利用区块链形成的技术手段拓展"一带一路"市场。

数字版权。充分发挥区块链传递价值的基础作用，基于其防篡改、可追溯等特性，积极探索其在网络游戏、网络视听、网络文艺、数字影视、数字广告、互动新媒体等领域中的应用，融合大数据与人工智能技术，建设面向数字内容产品的版权登记、确权、监测侵权、维权、交易或抵押融资的统一服务平台，降低数字版权登记及交易成本，解决数字版权登记难、确权维权难、交易结算难等问题，探索文创媒体平台与用户共赢的数据权益共享新模式，促进知识产权市场健康发展。

港口物流。探索应用区块链技术联通港口、物流、海关、保险等相关部门，建设港口物流金融数字一体化平台，实现港口物流信息安全共享和业务协同管理。通过全过程贸易信息上链和港口货物流、信息流、资金流合一，提高港口物流供应链的透明度，实现高效的便捷通关和金融业务。通过海关协同、全程监管，实现精准高效的风险防控，协同多方共同推动智慧港口建设，促进港口及上下游企业降本增效，助力甬台温临港产业带建设。

体育产业。利用区块链隐私保护、不可篡改的技术优势，将体育局、体育协会、俱乐部、检测机构等政府和民间机构中的运动员健康、竞技等数据规范化上链，为体育管理机构、赛事举办方等提供可信的运动员数据（健康、训练、比赛、药检等）服务，搭建运动员行业信用体系，为运动员选拔、监管提供可靠依据，为进一步挖掘体育大数据的应用价值提供丰富的数据基础，推动浙江省体育竞技事业健康发展。

工具篇

第三章

浙江省数字化基础设施建设

　　中国数字经济规模全球领先、数字技术能力快速提升、数字社会服务普惠便捷、数字政府治理效能显著，绘就了一幅数字化新画卷。在这些成绩的背后，数字基础设施起到了至关重要的作用。作为数字化转型的关键底座，数字化基础设施有效地支撑和推动了中国生产方式、生活方式和治理方式变革。面对百年变局，立足窗口建设和先行先试，浙江充分发挥新型基础设施建设的战略性、基础性、先导性和投资带动作用，适度超前、系统布局数字基础设施、整体智治设施、创新基础设施建设，奋力打造数字化基础设施建设领先的标杆省份。本章内容对浙江省的数字化基础设施建设工作进行系统梳理和经验总结，并结合《浙江省数字基础设施发展"十四五"规划》，提出数字化基础设施产业未来发展的方向。

一、数字化基础设施建设背景

（一）发展背景

1.国家战略部署提出新要求

2020 年 3 月，中央政治局作出了加快发展新基建的决策部署。党的二十大提出要加快建设"网络强国""数字中国"，"优化基础设施布局、结构、功能和系统集成，构建现代化基础设施体系"。中国不断通过政策引导，推动新型基础设施建设。图 3-1 为中国新基建相关政策时间轴。

新基建政策

2018年12月1日
中央经济工作会议首次提出了新型基础设施的概念，指出要加大制造业技术改进和设备更新，加快5G商用步伐，加强人工智能、工业互联网、物联网等新型基础设施建设

2019年7月30日
中共中央政治局召开会议提出：加快推进信息网络等新型基础设施建设

2020年1月30日
国务院常务会议提出，大力发展先进制造业，出台信息网络等新型基础设施投资支持政策，推进智能绿色制造

2021年3月21日
"十四五"规划提出统筹推进传统基础设施建设和新型基础设施建设，打造系统完备、高效实用、智能绿色、安全可靠的现代基础设施体系

2020年5月22日
《2020国务院政府工作报告》提出重点支持"两新一重"（新型基础设施，新型城镇化，交通水利等重大工程）建设

2020年4月20日
国家发改委正式确认新型基础设施含义，包括信息基础设施，融合基础设施和创新基础设施等三方面

2021年12月31日
《加强信用信息共享应用，促进中小微企业融资实施方案》提出：构建全国一体化融资信用服务平台网络，这不仅是我国社会信息体系建设的一项重大进程，也是构建新型金融基础设施，完善融资支持体系的重要一步

2022年2月24日
《关于促进工业经济平稳增长的若干政策》提出：启动荒漠地区风电光伏建设推进煤电机组升级，加强企业节能降碳技术改造和特高压缩变电线路建设，加强5G东数西算，北斗产业化等新型基础设施建设

2022年5月31日
《扎实稳住经济的一揽子政策措施》提出：加快推进一批论证成熟的水利工程项目，加快推动交通基础设施投资，推进城市综合信息建设和扩大民间投资等

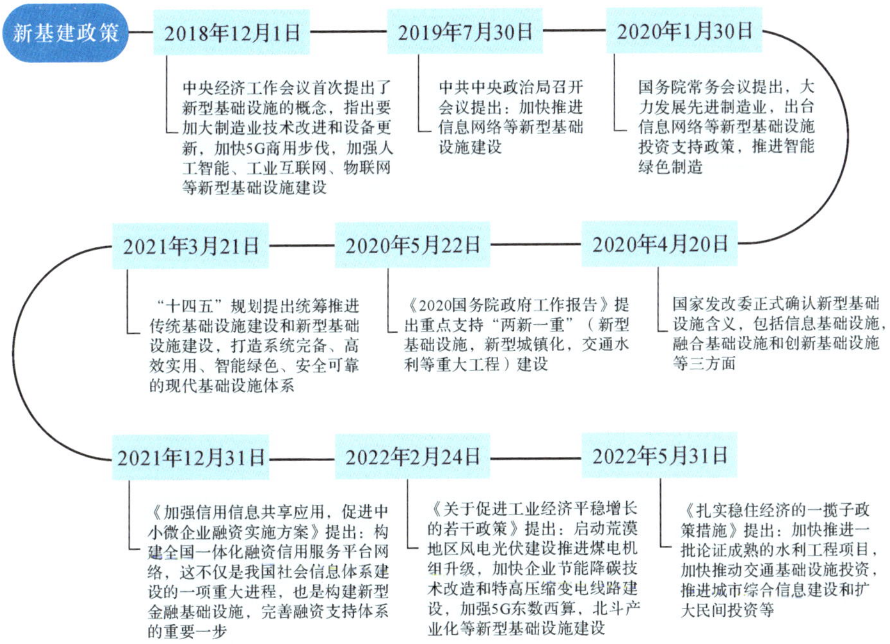

图3-1　中国新基建相关政策时间轴

与此同时，为进一步转变经济发展方式，积极落实对国际社会的承诺，中国正在扎实推进碳达峰、碳中和各项工作，势必要求通过数字赋能经济转型、推动产业升级、促进节能减排。赋能传统行业，促进大数据、云计算、人工智能、物联网等数字技术在传统行业等应用，系统提升能源与资源等利用效率，提升废物循环利用水平，这一系列战略部署对数字基础设施建设提出了新的更高要求。

2. 数字基础设施发展进入新阶段

云计算、大数据、物联网、人工智能等新一代信息技术加快发展，与各行各业的融合不断深化，开辟了更加广阔的应用领域，促进了数字基础设施的演进升级和重构，数字基础设施呈现出新的特点和形态，进一步向高速、泛在、安全、智能方向发展，数字化平台、智能终端等设施将成为重要组成部分，部署范围也将由陆地发展为主转向陆海空天全方位发展。在数字消费、数字医疗、数字教育、数字交通、数字政务、数字农业等领域遍地开花。

3. 经济高质量发展需要新动能

浙江省第十五次党代会报告指出，在高质量发展中实现中国特色社会主义共同富裕先行和省域现代化先行（以下简称为"两个先行"）。2017年浙江省实施数字经济"一号工程"，以"数字产业化、产业数字化"为主线，启动实施数字湾区、"无人车间""无人工厂"、移动支付之省、eWTP电子世界贸易平台、城市大脑、5G＋、未来社区、"掌上办事""掌上办公"等标志性引领性工程，加快推进数字产业化发展引领区、产业数字化转型示范区、数字经济体制机制创新先导区和数字科技创新中心、新型贸易中心、新兴金融中心建设。数字经济是浙江的一张"金名片"，也是浙江参与长三角一体化国家战略的优势所在，这势必要求浙江省加快部署以 5G、数据中心、下一代互联网为代表的数字基础设施，并推进其在国民经济各领域的广泛应用，为浙江省经济高质量发展提供新动能①。

4.省域治理现代化需要数字新基础

浙江省是政府数字化转型先行省份，先后承担了国家电子政务综合试点、"互联网＋政务服务"试点、公共信息资源开放试点等工作，浙江省新建设的标准化公共服务平台与公共数据一体化平台，推动了浙江地方标准管理制度重塑和流程再造，对推进中国政府数字化改革至关重要。"十四五"期间，浙江省将以数字化改革撬动各领域各方面改革，运用数字化技术、数字化思维、数字化认知对省域治理的体制机制、组织架构、方式流程、手段工具进行全方位系统性重塑，推动各地各部门流程再造、数字赋能、高效协同、整体智治，这就需要数字基础设施建设先行一步，打下良好的基础。

（二）指导思想

坚持以习近平新时代中国特色社会主义思想为指导，以忠实践行"八八战略"，奋力打造"重要窗口"为总要求，立足新发展阶段，贯彻新发展理念，构建新发展格局，以建设国内领先、国际一流的数字基础设施为总目标，高标准构建网络、算力设施、新技术设施、智能终端、融合设施协同发展的数字基础设施体系，努力打造数字基础设施标杆省，为全省数字化改革提供有力支撑，促进经济社会高质量发展，促进社会主义现代化先

---

① 浙江在线.浙江省召开全省服务业高质量大会　袁家军讲话.（2022-08-12）［2022-08-18］.
https://zjnews.zjol.com.cn/gaoceng_developments/yjj/zxbd/202208/t20220812_24652790.shtml.

行省建设。

1. 发展原则

（1）应用牵引、适度超前。聚焦社会治理、民生服务、产业发展需求，以应用为牵引，适度超前布局浙江省数字基础设施，夯实数字社会的基础。

（2）集约发展、联动建设。强化部门协同和省市县联动，推动跨区域、跨部门、跨层级、跨系统的统筹衔接和集约建设，形成"共建共享、开放合作"的建设环境。

（3）政府引导、多元参与。充分发挥市场配置资源的决定性作用，强化政府引导，畅通社会资本参与渠道，培育多元化建设运营新模式、新业态。

（4）安全可控、创新发展。树立网信安全底线思维，加强安全技术应用和制度保障，以安全可控为前提，推进数字基础设施创新发展。

2. 发展目标

到 2025 年，将浙江省打造成为全国数字基础设施标杆省，全省建成高速、泛在、安全、智能、融合的数字基础设施体系，达到技术先进、功能完善、特色鲜明、惠及城乡的要求，数字基础设施的能级得到全面提升，总体建设水平达到国际一流、国内领先，有力地支撑全省数字化改革、数字经济发展和数字浙江建设，成为浙江省新时代全面展示中国特色社会主义制度优越性"重要窗口"的标志性成果之一。

——建成高速泛在的网络基础设施。互联网核心设施进一步完善，互联网能级全面提升，成为国际互联网的重要节点。实现双千兆网络城乡用户全面覆盖，建成 5G 基站 20 万个以上，5G 网络建设水平全国领先。

——建成绿色高效的算力基础设施。形成布局合理、低耗节能、多点联动的数据中心发展格局，具备 45 万＋个机架的数据中心服务能力，新建数据中心 PUE 值不高于 1.4。建成集约高效、共享开放、安全可靠的云计算基础设施，政务云建设领先全国，建成 10 个以上具有全国影响力的行业云平台。

——建成特色鲜明的新技术基础设施。率先建成具有全国影响力的城市智能中枢和数字公共底座，完成设区市的"城市大脑"通用平台建设，建成若干具有国际影响力、全国领跑的人工智能及区块链平台。

——建成全域感知的智能终端设施。建成泛在感知、智能协同的物联感知体系，市政基础设施数字化、集约化建设水平显著提升，智能服务终端覆盖城乡。

——建成全国领先的融合基础设施。"1＋N"工业互联网平台生态体系全面建成，建成 10 个以上引领全国的工业互联网平台。车联网、船联网、飞联网建设取得明显突破，并广泛开展示范应用。

——建成优良的数字基础设施生态体系。建成技术研发、产业支撑、建设运营、服务应用各环节相互协同、良性循环的数字基础设施生态体系，形成多方参与的协同推进机制，构建国内一流的数字基础设施发展环境。①

二、数字化基础设施建设实践

（一）信息网络基础设施建设

1. 通信基础设施

据浙江省通信管理局统计，截至 2022 年底已建成 5G 基站 17.1 万个，

---

① 浙江省发展和改革委员会，浙江省经济和信息化厅. 浙江省数字基础设施发展"十四五"规划.（2021－05－08）［2022－08－18］. https://www.zj.gov.cn/art/2021/5/8/art_1229203592_2283976.html.

全国排名第三，每万人拥有 5G 基站数达 26.2 个，建成 10G-PON 端口 72.8 万个，6 个地市获评全国千兆城市。固定宽带接入用户普及率全国排名第一，移动电话普及率全国排名第三。此外，千兆光纤宽带网络覆盖和服务能力持续提升。截至 2022 年 11 月末，浙江省互联网宽带接入端口数量达 6479.7 万个，同比增长 2.7%，比上年末净增 241.9 万个。图 3-2 为 2021 年 11 月末—2022 年 11 月末互联网宽带接入端口数发展情况[①]。

图3-2　2021年11月末–2022年11月末互联网宽带接入端口数发展情况

浙江省通信基础设施建设及产业应用具有如下特色：

（1）云网融合，夯实新型信息基础底座。浙江电信积极落实国家新基建要求，充分发挥网的基础优势，把握云的发展趋势，坚持"网是基础、云为核心、网随云动、云网一体"，打造高速泛在、天地一体、云网融合、智能敏捷、绿色低碳、安全可控的智能化综合性数字信息基础设施。

（2）数智相生，助力数字化改革实战实效。2021 年，中国电信浙江

---

① 浙江省通信管理局. 2022 年 1–11 月浙江省通信业经济运行情况（2022–12–22）［2023–02–07］. https://zjca.miit.gov.cn/zwgk/xysjtj/art/2022/art_f67a9e80a2c440cf902c17038b243e0b.html.

公司充分发挥信息化资源禀赋优势，聚合超 5000 人的设计研发运营专家队伍，打造超 8000 人的专业化属地化产数工程师队伍，省市县三级联动，在党建统领、数字政府、数字社会、数字文化、数字法治等方面，为数字化改革提供管用好用、实战实效的电信智慧、电信方案。[①]

（3）为民服务，推进公共服务优质共享。浙江上线职务科技成果转化"安心屋"数字化场景应用，以"数据跑路"代替"线下跑腿"、以规范促免责，进一步突破职务科技成果转化中的重重关隘，让更多科技成果从"书架"走向"货架"。"安心屋"已面向全省高校院所、科研机构、公立医疗卫生机构、国资企业等国有企事业单位推广开放。[②]

2.空间信息基础设施

2019 年 1 月 1 日"浙江省卫星导航定位基准服务平台"向全社会免费开放，浙江成为全国首个向社会提供"跑零次"申请注册、全免费卫星导航定位基准服务的省份。浙江省卫星导航定位基准服务系统为浙江省高精度的 CGCS2000 坐标框架的维持提供连续观测数据，作为现代化测绘基础设施，由基准站网、数据处理中心、服务发布平台构成，简称"一网、一中心、一平台"，为用户提供实时差分服务与后处理服务，同时支持地壳运动监测、大气层水汽含量反演等科学研究。[③]浙江省与中国航天科技

---

① 浙江省通信管理局.浙江电信：云网融合 数智相生 全力助推共同富裕示范先行.（2022-05-18）［2022-08-18］.https://zjca.miit.gov.cn/xwdt/gzdt/qydt/art/2022/art_346d46ab2a1c4beda281209715ce01a8.html.

② 浙江日报.浙江推出数字化应用助力职务科技成果转化.（2022-06-10）［2022-08-18］.https://www.zj.gov.cn/art/2022/6/10/art_1229603977_59712112.html.

③ 观察者网.实时厘米级！浙江高精度卫星定位服务免费开放.（2018-12-30）［2022-08-18］.https://baijiahao.baidu.com/s?id=1621279482720798367&wfr=spider&for=pc.

集团有限公司五院 508 所合作，从天基维度，利用空间信息技术助力"新基建"建设，全方位支持浙江省生态文明建设和空间治理能力数字化转型升级。

浙江省空间信息基础设施建设及产业应用具有如下特色：

（1）北斗卫星保卫浙江生态。金华运用北斗建立了数字河湖管理平台，提升水利管理水平，以"云监管"构建美丽生态。丽水基于北斗高精度服务，运用无人机对仙侠湖全域进行监测，解决了以往人工巡检的诸多问题。此外，浙江研发了船舶生活污水接收装置，装置结合北斗定位技术和物联传感技术，实现对辖区港内作业船舶生活污水收集、排放实时监测。①

（2）实现空间信息数字化与一体化。浙江瑞安局建成空间基础信息"最强大脑"，该系统聚合了现状、规划、管理、社会经济四大主题，覆盖农转用、供地、征地、不动产、林业、海洋等资源信息。截至 2021 年 7 月，该系统平台已同包括法院在内的 10 多个部门实现数据共享，完成 160.3 万次数据调用和共享。②

3. 物联网

物联网的应用领域涉及方方面面，在工业、农业、环境、交通、物流、安保等基础设施领域的应用，有效地推动了这些方面的智能化发展，使得有限的资源被更加合理地使用分配，从而提高了行业效益。③ 当然，产业变革伴随着的信息安全问题日益凸显，主要存在于数据存储、设备安全、数

---

① 中国青年报. 天上看、网上管、地上用 空间信息技术助力"新基建". （2020-11-25）［2022-08-18］. https://baijiahao.baidu.com/s?id=1684316948288474457&wfr=spider&for=pc.
② 孙欣娜. 浙江瑞安局建成空间基础信息"最强大脑". 中国自然资源报，2021-07-22（4）.
③ 无线电管理局. 什么是"物联网"？（2020-06-02）［2022-08-18］. https://www.miit.gov.cn/jgsj/wgj/kpzs/art/2020/art_1fe17450914a429ebc4858c225a1331d.html.

据传输、隐私保护等方面。信息安全不再是简单的病毒感染、网站被黑、数据盗用等问题，很大程度上影响了物联网技术在城市管理、民生服务、工业制造等方面的应用。[①]

浙江省的物联网起步早。2004 年，浙江联合中国科学院在嘉兴成立了中国科学院嘉兴无线传感网工程中心。经过近 20 年的发展，浙江已拥有一大批全国领先的网络传输、存储、控制设备研发和生产制造企业，集聚了一批富有竞争力的软件服务企业。浙江拥有大容量程控交换、光纤通信、数据通信、卫星通信、无线通信等多种技术手段的立体化现代通信网络，不断推进中的 5G 通信网络又为物联网信息传输增添了强大的新平台。

浙江省物联网的基础设施建设及产业应用具有如下特色：

（1）微纳智造小镇增添"芯"动力。浙江省青山湖微纳智造小镇（见图 3-3）由青山湖科技城、中电海康集团、上海微技术工业研究院、浙江省物联网产业协会等共同打造。国家智能传感器创新中心青山湖中心、国家科技重大专项 02 专项光刻机浸液系统研制与中试基地等 10 个项目入驻小镇。浙江致力于将青山湖科技城打造成国家级传感器与物联网产业应用示范中心、国内领先的传感器科技创新中心和长三角传感器高智人才集聚地。[②]

---

① 陶冶. 对浙江物联网产业发展的思考. 中外企业家，2011（3）：92-96.
② 钱江晚报. 微纳智造是啥？临安青山湖边的这座小镇告诉你.(2018-01-16)［2022-08-18］.https://baijiahao.baidu.com/s?id=1589740076817734932&wfr=spider&for=pc.

图3-3　青山湖微纳智造小镇①

（二）算力基础设施建设

1. 算力网络

截至 2021 年底，浙江累计建成各类数据中心 202 个，其中已建成大型及以上规模数据中心 20 个，在建 15 个，数量规模居全国前列。2021 年 12 月 28 日，位于浙江省杭州市临平区的中国（杭州）算力小镇正式开园，算力小镇围绕芯片设计和人工智能两大领域，构建产业生态集群，吸引相关企业入驻，打造全球一流算力产业创新区、长三角算力应用端枢纽中心和杭州东部数字经济创新谷。②

---

① 杭州城西科创大走廊委员会. 青山湖微纳智造小镇.（2019-11-08）［2022-08-18］. http://cxkc.hangzhou.gov.cn/art/2019/11/8/art_1228970135_39980538.html.

② 光明网. 中国（杭州）算力小镇在杭州临平开园.（2021-12-29）［2022-08-18］. https://difang.gmw.cn/zj/2021-12/29/content_35415368.htm.

2022年5月18日浙江省大数据联合计算中心成立。该中心将以浙江省数据安全服务有限公司搭建的浙江省大数据联合计算平台为技术基座，运用多方中介计算等创新技术，破解"数据不会共享""数据不愿共享"难题，实现"数据可用不可拥、安全可见又可验、结果可控可计量"，以场景化方式推动数据融通，实现数据计算的合规进行。

浙江省算力网络的基础设施建设及产业应用具有如下特色：

（1）政务＋算力。浙江通信业充分发挥技术优势，将擅长的云计算、人工智能等新技术与改革结合，有效支撑起了改革所需的数据共享需求，从"群众跑腿"变为"数据跑路"，创新了以"最多跑一次"改革为代表的政务云的服务新模式。[①]

（2）城市治理＋算力。如"社区智治在线"平台依托杭州"城市大脑"全面构建"1＋8＋X"数字驾驶舱体系——1个区级数字驾驶舱、8个街道数字驾驶舱、多个"社区智治在线"和园区数字驾驶舱。平台实现了与"城市大脑""基层治理四平台"等数字化平台之间的信息快速流转，构建了动态实时基础数据库，使得数据"一次录入、多方共享"。在交通枢纽杭州东站，打造了基于数字孪生、智能视频的综合数智化应用，通过视频，可以对旅客的情况进行智能分析，还具备了实时人员搜索跟踪等能力，更能快速发现异常情况。[②]

---

① 浙江省通信管理局.浙江通信业协力支撑"最多跑一次".（2018-07-24）［2022-08-18］. https://www.miit.gov.cn/xwdt/gxdt/dfgz/art/2020/art_57014d8035a84c40a850e9f76ad9e5f1.html （%E5%B7%A5%E4%BF%A1%E9%83%A8.

② 浙江省人民政府.杭州下城创新"社区智治"新模式.（2020-12-21）［2022-08-18］. https://www.zj.gov.cn/art/2020/12/21/art_1554470_59062485.html.

2. 云计算

2020 年 7 月 10 日，浙江云计算数据中心正式开工建设，该项目采用阿里巴巴最新的设计、建设、运营标准体系，总投资 158 亿元，成为中国最节能的数据中心和全国单元区计算能力最大的项目之一。同时，项目建设还将推动杭钢半山基地产城融合，为全国城市钢厂转型升级提供杭钢样板、浙江经验。

2021 年 9 月 16 日，全球规模最大的全浸没式液冷数据中心——阿里巴巴浙江云计算仁和数据中心在杭州余杭落成揭幕，并正式开启服务。这是目前全球规模最大的全浸没式液冷数据中心，也是中国首座绿色等级达 5A 级的液冷数据中心。得益于高效的散热效率，浸没式液冷数据中心无需风扇、空调等大型制冷设备，可在任何地方部署，可节省空间 70% 以上。[①]

浙江省云计算的基础设施建设及产业应用具有如下特色：

政务＋云计算。2021 年，丽水市"智慧政务"试点被列入全省智慧城市试点布局，着手全面建立基础平台层、数据平台层、开发平台层、应用系统层，以及具备针对性的业务操作平台、云计算平台工具和为用户提供应用展示和操作环境的用户展示层。2022 年 1 月，丽水市政府和阿里云、杭州市政府签署了智慧政务云平台大型软件综合试点责任书。2022 年 5 月，丽水市政府将政府门户网站、OA 办公迁移和云环境下的并联审批系统开发等内容纳入了全市年终考核。随后，市政府与阿里云、中软国际签订了"智

---

① 数字经济联合会. 全球规模最大的全浸没式液冷数据中心！阿里巴巴浙江云计算仁和数据中心正式在杭落成！.（2020-09-18）［2022-08-18］. https://mp.weixin.qq.com/s?__biz=MzU5MDc0NjU4Mg==&mid=2247500164&idx=2&sn=76abe410363a588a791295db9251df67&chksm=fe3b073dc94c8e2bdb326b1426d7c8c67060ab34487df8cc55885fa7c75a23fcb253fe5b0a0f#rd.

慧政务"项目全面战略合作协议，承担全省"智慧政务"试点的重任。

3.AI 算力网络

AI 算力网络的作用与价值可以概括为"一网络三汇聚"（如图 3-4 所示），即一张人工智能算力网络，汇聚算力、数据和生态，打造人工智能产业聚集效应，奠定中国实现人工智能产业全球领先的基座。2020 年 8 月，vivo 全球 AI 研发中心项目落户杭州。该项目建成后将作为 vivo 全球人工智能的研发总部，主要研究开发手机 AI 算法、AI 技术能力、推荐搜索算法能力、云端 AI 训练 / 推理平台等基础算法的云端工程。2022 年 5 月，浙江首个人工智能计算中心——杭州人工智能计算中心上线，该中心以"1＋4＋3＋N"的模式建设，即依托"一中心四平台"，面向科研、企业、政务三个重点领域，辐射构筑 N 个产业联盟，打造繁荣密集的人工智能生态产业集群。

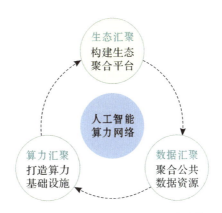

图3-4　AI算力网络的作用与价值[①]

---

① 中关村在线 . 细讲人工智能算力网络 .（2021-12-03）［2022-08-18］. https://news.zol.com.cn/782/7822921.html.

（三）新技术基础设施建设

1.区块链

区块链最早主要被应用在以比特币为代表的数字货币上，区块链技术经历了十年左右的发展，才进入大规模应用阶段。图 3–5 为区块链的发展阶段。区块链自诞生起主要经历了三个阶段。第一个阶段是 2008—2014 年的加密货币阶段。当时区块链主要被应用在以比特币为代表的数字货币上；第二阶段是 2014—2018 年智能合约阶段，这一阶段的开始以以太坊的诞生为标志。第三阶段是 2018 年以后的大规模应用阶段。区块链技术逐渐成熟，被广泛应用于各行各业。

图3–5　区块链的发展阶段

2017 年 4 月 28 日，杭州市政府开先河，正式推出国内首个区块链产业园——西溪谷区块链产业园，产业园区所在地——西湖区政府还出台了《关于打造西溪谷区块链产业园的意见（试行）》，根据政策，入驻企业可享受房租补助、税收优惠、科技成果奖励以及人才扶持政策。截至 2022 年 3 月，浙江省共有 9 家区块链产业园区，区块链产业园区数量居全国首位，具体如表 3–1 所示。杭州市基于互联网时期积累的产业、资本、人才优势，着力发展区块链。

表 3-1　浙江区块链产业园

城市	产业园	成立时间
杭州	西溪谷区块链产业园	2017 年 4 月
杭州	中国（萧山）区块链创业创新基地	2017 年 5 月
杭州	中国杭州国际区块链产业园	2018 年 7 月
宁波	宁波保税区金融科技（区块链）产业园	2018 年 7 月
杭州	杭州（余杭）经略新创产业区块链孵化器	2018 年 11 月
杭州	杭州区块链产业园	2018 年 11 月
嘉兴	嘉兴区块链产业园	2019 年 1 月
杭州	中国（杭州）未来区块链创新中心	2020 年 11 月
宁波	宁波市产业赋能中心	2020 年 11 月

浙江省推出的食品安全追溯闭环管理系统（浙食链）用区块链来进行商品溯源，记录每种商品的信息，消费者可以清楚地了解商品的来源、生产过程等。2021 年底，浙江省通信管理局多次组织行业反诈专班、省内重点互联企业以及区块链平台技术专家等讨论联动治理方案，首次尝试将区块链技术运用在涉案卡注册账号核查、处置，交易支付提醒等综合整治工作中。[①]

浙江省区块链基础设施建设的特色：

（1）区块链提单。宁波出口正本提单的流转采用了区块链技术的提单，将原来的纸质提单改为了电子信息，利用区块链技术不可篡改、可追溯、可信任的优势，为正本提单文件的真实性和安全性提供了保障。它实现了提单的签发、流转、交付的全程可见性，全程安全、高效、便捷、可信、零接触。

（2）区块链助力慈善。2022 年 7 月，浙江省首张区块链捐赠证书落

[①] 浙江省通信管理局. 浙江通信管理局推进省内重点互联网企业开展反诈联动治理工作.（2021–12–14）［2022–08–18］. https://www.miit.gov.cn/xwdt/gxdt/dfgz/art/2021/art_66ad3ddaf6aa418387eee78a44c4b831.html.

地台州。"浙里办"APP 中的"浙里捐赠"功能，已接入全省慈善组织和互联网募捐信息平台，方便个人进行公益捐赠的同时，便利地获取财政捐赠电子票据办理税收抵扣，形成善款上链、过程存证、信息溯源的捐赠生态闭环，利用区块链技术，极大方便了相关职能部门对慈善捐赠的综合监管，增强了慈善事业透明度，助推社会公益事业发展。

2. 人工智能

浙江人工智能产业基本覆盖了基础层、技术层和应用层三个层面，形成了从核心技术研发、智能终端制造到行业智能化应用的完整产业链，已和医疗、交通、制造、教育、农林、金融、司法、安全等行业深度融合，并在多项应用领域形成一定先发优势。[①] 表 3-2 列出了 2020 年浙江人工智能产业规模统计情况。

表 3-2　2020 年浙江人工智能产业规模[②]

类别	企业数/家	营业收入		研发费用		利润总额	
		数值/亿元	增减/%	数值/亿元	增减/%	数值/亿元	增减/%
人工智能产业	721	2693.43	11.99	223.92	15.10	337.41	14.84
人工智能产业（行业内）	305	827.41	14.19	43.75	28.40	44.00	−12.79
人工智能产业（行业外）	416	1866.02	11.04	180.17	12.28	293.41	20.56

注：行业内指人工智能相关的电子设备、电子信息、软件等行业，行业外指人工智能相关的智能汽车、智能家电等制造业和服务业。

---

① 浙江省发展规划研究院（浙江人工智能研究中心）课题组，周华富，徐伟金. 浙江人工智能产业建设举措与发展成效. 浙江经济，2021（10）:32-36.
② 浙江省发展规划研究院（浙江人工智能研究中心）课题组，周华富，徐伟金. 浙江人工智能产业建设举措与发展成效. 浙江经济，2021（10）:32-36.

　　《2022 年浙江省人工智能产业发展报告》显示，2021 年全省人工智能企业实现总营业收入 3887.42 亿元，同比增长 30.96%，实现利润总额 446.32 亿元；研发投入达 244.42 亿元，占营业收入比重的 8.2%。全省人工智能产业基本覆盖了基础层、技术层和应用层三个层面，在智能芯片、智能软件、智能安防多个应用领域形成了先发优势。[①]2022 年 6 月，人工智能产业制造业增加值增长了 11.9%，拉动规模以上工业增加值增长 0.3 个百分点。[②]

　　浙江在人工智能创新机构上多点布局，有力支撑了人工智能产业在浙江的蓬勃发展。其中省实验室方面，有之江实验室、湖畔实验室等；国家重点实验室方面，有计算机辅助设计与图形学国家重点实验室等；省重点实验室方面，有浙江省大数据智能计算重点实验室、浙江省软体机器人与智能器件研究重点实验室、浙江省脑机协同智能重点实验室等；省重点企业研究院方面，有阿里云计算研究院、网易大数据省级重点企业研究院、浙江省大华视频大数据技术及应用省级重点企业研究院等。[③]

　　浙江省人工智能发展的特色之一为打造人工智能产业圈。2021 年，杭州获批创建国家人工智能创新应用先导区。为有效推动先导区建设落地，杭州正以杭州城西科创大走廊、杭州高新区（滨江）为核心，推进中国（杭州）人工智能小镇、萧山信息港小镇、萧山机器人小镇、浙江大学科技园、

① 人民网．杭州竞争力居全国第二　浙江发布 2022 年人工智能产业发展报告．（2022-08-31）［2023-02-10］．http://zj.people.com.cn/n2/2022/0831/c228592-40105020.html.

② 浙江省发展规划研究院（浙江人工智能研究中心）课题组，周华富，徐伟金．浙江人工智能产业建设举措与发展成效．浙江经济，2021（10）:32-36.

③ 浙江省统计局．6 月份浙江规模以上工业生产加速恢复．（2022-07-25）［2022-08-18］．http://tjj.zj.gov.cn/art/2022/7/25/art_1229129213_4956853.html.

工业互联网小镇、大创小镇等六大园区协同发展，打造极具前瞻效应和创新示范价值的国家级人工智能产业集群引领区。[①]浙江人工智能产业已形成以杭州为核心，宁波、嘉兴、温州、金华等地区快速发展的态势。表3-3为浙江各地市人工智能重点领域与平台情况。

表 3-3   浙江各地市人工智能重点领域与平台情况[②]

地区	重点领域	主要平台
杭州	智能芯片/传感器、智能机器人、计算机视觉、语音/语义识别、智能医疗、智能教育、智能金融、智能制造、智能商业、智能安防等	杭州未来科技城（海创园）、杭州高新区（滨江）、杭州钱塘新区
宁波	智能网联汽车、智能家电、智能信息产品、智能机器人等终端产业和自然语言处理、智能芯片、集成电路、工业物联网等核心产业	宁波国家高新区、余姚经济开发区、慈溪滨海经济开发区
温州	智能制造集成应用、工业机器人、新型智能传感器、智能仪器仪表、终端感知设备	温州国家高新区、温州浙南科技城
湖州	大数据、云计算、智能驾驶、智慧物流装备	德清智能生态城、湖州科技城、莫干山国家高新区
嘉兴	智能芯片、大数据分析、智能网联汽车、柔性电子、光电显示、智能传感器	嘉兴科技城、中新高善智能传感产业平台、桃园数字小镇、嘉兴智慧产业创新园
绍兴	智能芯片、智能传感器、智能制造装备、智能安防、智能机器人	绍兴集成电路"万亩千亿"新产业平台，E游小镇，柯桥恒生凤凰数字产业园、诸暨数智安防产业园、新昌数字产业园

---

① 浙江省人民政府. 杭州获批创建国家人工智能创新应用先导区.（2021-02-22）［2022-08-18］.
https://www.zj.gov.cn/art/2021/2/22/art_1554469_59084294.html.

② 浙江省发展规划研究院（浙江人工智能研究中心）课题组，周华富，徐伟金. 浙江人工智能产业建设举措与发展成效. 浙江经济，2021（10）:32-36.

续表

地区	重点领域	主要平台
金华	智能制造、智能芯片、工业机器人、智能家居	金义新区信息技术应用创新产业平台、金华国家高新技术产业开发区
衢州	智能制造、智慧健康	衢州国家高新园区
舟山	智慧海洋、智能船舶制造	舟山智慧海洋科学城、船舶高新园区
台州	无人机与通用航空、智能汽车、智能家居等智能终端及零部件产品	台州通用航空产业平台、沃尔沃小镇、浙江大学台州研究院
丽水	智能制造	丽水经济开发区

3. 数字孪生

浙江在数字孪生领域也力争先行先试。例如，2022年5月，浙江省9个数字孪生流域建设先行先试项目全部通过水利部审核。2022年6月，绍兴市《数字孪生曹娥江建设先行先试实施方案》和台州市《数字孪生椒江建设先行先试实施方案》通过水利部太湖流域管理局的审核，正式纳入水利部数字孪生流域建设先行先试工作。充分运用云计算、大数据、人工智能、物联网、数字孪生等信息技术，构建数字化、网络化、智能化的智慧水利体系。

此外，截至2022年6月底，衢州市累计开放数据集1011个、数据项6287项、数据5.4亿余条，以"一件事"的方式处置占道经营，摄像头抓拍的画面、网格员巡查的信息以及群众举报等都实时汇总到一起，结合数字孪生城市构建的数据"底座"来加强道路管理。①

浙江省数字孪生技术基础设施建设的特色：

（1）开展数字孪生技术研修班。2022年6月，由宁波市人力资源和

---

① 金春华，施力维，梅玲玲．数字孪生，为省域治理插上隐形翅膀．浙江日报，2021-07-27（8）．

社会保障局主办，宁波市计算机学会承办的数字孪生技术应用高级研修班圆满举办。多位专家围绕"数字孪生"作主题报告，报告包含《数字孪生安全可信基础》《当蓝图遇到数据库》《大数据、人工智能和数字孪生》《智能制造和数字孪生》《从数字孪生到元宇宙未来》等主题。[①]

（2）孪生平台让"建管养运"一体化、直观化。2022年7月，浙江交通集团下属高信公司正式发布综合交通一体化孪生平台。该平台以数字孪生技术构建"数字平行世界"，可以将现实高速公路以三维方式进行1:1数字化还原。高速公路全量时空数据、感知数据、业务数据同时汇聚，实现"建管养运"一体化，道路管理直观化。

（3）桥梁健康监测模块助力"实时"＋"预警"。在桥梁健康监测方面，综合交通一体化孪生平台的桥梁健康监测模块在常规功能的基础上，还实现了"实时"和"预警"两大核心功能。该模块还可以根据现实需要，自动生成任意时段监测数据分析报告，有效提升电子化归档管理能力。

（四）终端基础设施建设

1. 智能终端

通过建设智能服务终端补齐服务短板、创新服务提供方式。绍兴市上虞区上线了六大应用场景，涵盖社会基层治理、企业管理、民生实事等多个方面。截至2022年11月初，工业全域治理"一码管地、双码治企"平台录入工业企业4042家、工业用地2594宗，占地面积5.88万亩，累计完成1506家企业、11928亩土地整治提升工作，腾出用能3.7万吨标煤，助推"腾

---

① 宁波市计算机学会.2022数字孪生技术应用高级研修班圆满收官.(2022-06-21)［2022-08-18］.
http://www.nbast.org.cn/art/2022/6/21/art_6005_636372.html.

笼换鸟、凤凰涅槃"攻坚行动在全市领先。[①] 浙江大学医学院附属第一医院庆春院区上线的"未来医院"信息系统，以服务患者为出发点，不断改善群众的就医体验并提高获得感。数据显示该平台上线以来至 2022 年，每月提供近 30 万人次的检查项目预约服务，智能化预约率已达 100%。平台打通了各院区之间的医疗资源，将 850 余项检查项目集中于统一平台，所有检查项目预约时间精准到 30 分钟，医疗服务提质增效立竿见影。

　　浙江省智能终端基础设施建设的特色之一为智慧医疗服务终端。2017 年 7 月起，杭州地区全面推广"母子健康手册"APP，通过数据流转，相应部门提供联办服务，实现"出生一件事""一次都不跑"。此外，还有智能药房、智慧物流、云桌面、云影像等各类"互联网＋妇幼健康"全程智慧服务。浙江大学医学院附属邵逸夫医院，依托"互联网＋"健康云平台，搭建了"互联网＋药学服务平台"——"智慧药师"，致力打造区域协同的医疗健康服务体系。

　　2. 智慧支付

　　浙江将民生领域作为"移动支付之省"建设工作重点，联合各地政府共建推动民生领域应用覆盖。在便民生活领域，2021 年上半年全省县级以上公交车和地铁线路均实现移动支付全覆盖，40.3% 的农贸市场、8400 余个停车场、57 个 4A 级以上景区支持移动支付应用。在医疗健康领域，创新试点"医后付"项目，实现就诊零付费、零排队，实现电子健康卡和电子社保卡（医保卡）"两卡融合、一网通办"。在政务服务领域，"浙里办"平台社保缴查、交通违章罚款，线上线下缴税等全部支持移动支付方式办理。

---

① 浙江新闻客户端. 深化数字化改革 谱写智治新篇章 上虞六大数字应用场景集中上线.（2022-06-23）［2022-08-18］.https://zj.zjol.com.cn/news.html?id=1881347.

在教育领域，全省普通高校、中小学校和幼儿园学杂费缴纳、高校校园商贸和外包食堂全部支持移动支付。此外，浙江完善"移动支付＋助农惠农"功能，开展"一县一特色"移动支付场景深化、"云闪付数字乡镇"建设等活动，全面推广移动支付方式办理银行卡助农服务。[①]

浙江省智慧支付基础设施及产业应用具有如下特色：

（1）"支付为民"。在浙江"移动支付之省"建设中，浙江银联大力推进公交地铁、交通罚没、医疗健康、菜市场、公共缴费、校园、食堂、自助售货、超市便利、餐饮等"十大便民支付场景"实现移动支付应用。杭州成为全国第一个公交、地铁银联移动支付全覆盖的省会城市。

（2）"多码合一"。如新冠疫情期间杭州支付宝率先上线应用健康码，并且不断利用技术手段优化体验。2022年4月22日开始，杭州"健康码"扫码核验界面实现了"四码一屏"显示。健康码与"云闪付"中"去付款""去就医"等功能实现联动，一次完成健康状况验证及扫码支付。

（五）融合基础设施建设

1. "1＋N"工业互联网

"1＋N"即建设"1"个基础性平台（supET平台）和若干个行业级、区域级、企业级平台，推进"1"和"N"两类平台间的互联互通、资源共享。浙江以"1＋N"工业互联网平台体系为核心，以推动传统制造业数字化转型为重点，探索融合"工业互联网＋消费互联网＋金融服务"的新制造模式，培育引进工业互联网服务商，丰富云计算产品和工业APP供给；依托杭州、

---

① 《金卡生活》杂志.【便民工程12张面孔之十一】浙江：高质量建设"移动支付之省"为"重要窗口"增色添彩.(2021-09-02)[2022-08-18].https://www.163.com/dy/article/GITLMNAF05509NOJ.html.

宁波等地优势资源，打造国家工业互联网应用创新中心。[①] 图3-6为工业互联网转型结构。

工业互联网：数字化网络化智能化转型的方法论和路径

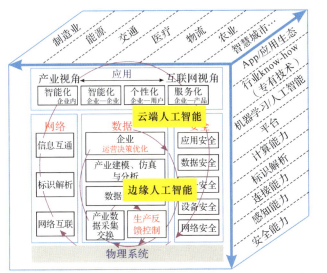

图3-6　工业互联网转型结构[②]

国家网信办发布的《数字中国发展报告（2021年）》显示，浙江省产业数字化指数位居全国第一。例如，浙江宁波北仑政府联合宁波创元打造的"动态云脑"工业互联网平台，实现模具行业生产进度跟踪、动态排产、数据实时采集与共享等。模具行业"动态云脑"工业互联网平台通过

① 经信."一核两链四支撑"提升制造业数字化水平——浙江"1＋N"工业互联网平台体系建设发展情况.信息化建设，2020（3）:18-21.

② 浙江省经济和信息化厅数字化处.中国信通院余晓晖：加快构建中国特色的工业互联网技术创新路径.（2022-05-10）[2022-08-18]. http://jxt.zj.gov.cn/art/2022/5/10/art_1657982_58928550.html.

"Neural-MOS 生产操作系统＋工业 APP ＋数据链指挥系统"的方式构建企业数字化体系，助力北仑区模具行业数字化全面转型升级。[①]浙江工企信息技术股份有限公司开发了"GongqiOS"工业操作系统，可以实现简单高效的企业内部互联、外部互通，助力制造企业高效融入工业互联网世界。[②]

浙江省融合基础设施建设及产业应用具有如下特色：

（1）构建现代服务业"1＋N"政策体系。为进一步做大做强现代服务业，杭州提出构建现代服务业"1＋N"政策体系。"1"是《推进杭州现代服务业高质量发展的实施意见》，"N"是聚焦现代服务业重点领域配套的若干个政策。

（2）出台专项政策。例如，在《推进杭州现代服务业高质量发展的实施意见》基础上，杭州还配套出台了一批专项政策，包括数字服务、科技服务、商务服务、金融服务、文化服务、旅游休闲、健康服务、物流服务等诸多领域。[③]

2. 车联网

车联网在浙江省的基础设施建设和产业发展以德清为代表。自 2018 年首届联合国世界地理信息大会在德清召开后，德清县围绕"地理信息"和"全域开放"两大特色，谋划"地理信息＋车联网"跨界融合发展。[④]依托全国领先的车联网基础设施公共环境，德清县聚焦智能网联和规制创新，围绕

---

① 浙江省经济和信息化厅数字化处. 工业互联网平台赋能北仑模具行业数字化转型. （2020-09-15）［2022-08-18］.http://jxt.zj.gov.cn/art/2020/9/15/art_1657981_57916023.html.

② 南湖区人民政府区经信商务局. 嘉兴：乘风破浪，打造"互联网＋"高地金名片. （2022-07-19）［2022-08-18］. http://www.nanhu.gov.cn/art/2022/7/19/art_1583893_59040237.html.

③ 加快建设现代服务业标杆城市 杭州发布现代服务业"1＋N"政策体系. 杭州日报, 2022-06-25（1）.

④ 浙江省经济和信息化厅办公室. 湖州市无管局：探索频率管理新领域 助推车联网产业新发展. （2021-09-23）［2022-08-18］. http://jxt.zj.gov.cn/art/2021/9/23/art_1229563682_58927393.html.

专用车自动驾驶、车联网、路侧感知（雷达、边缘计算）和智能终端等领域，已吸引车联网上下游核心企业 24 家。

浙江省车联网基础设施建设及产业应用在发展的同时不忘保障。随着车联网的飞速发展，为贯彻落实《中华人民共和国网络安全法》等相关法律法规及工业和信息化部相关部署要求，浙江省通信管理局同步推进浙江省车联网卡实名登记工作和车联网网络定级备案工作。截至 2022 年 5 月，浙江三家基础电信企业均已成立车联网卡实名登记工作专项小组，完成业务系统关于车联网专属号段、专属 IP 的受理能力等需求改造。[①]

3. 船联网

船联网即船舶物联网，以船舶为主要对象，借助新一代信息通信技术，实现船与各要素（船、人、海岛、航线、平台等）的网络连接，为航运管理精细化、行业服务全面化、出行体验人性化提供网络支撑。[②]跨区域航运数据交换共享是船联网技术的核心。浙江船联网的各项数据，包括船舶基本信息、船舶进出港签证信息、船员信息、船舶 GPS 动态信息等已整合，并与上海、江苏、安徽连接，三省一市共享船联网数据资源。

浙江省船联网的基础设施建设和产业应用的特色之一为舟山智慧港航公共信息平台。浙江舟山智慧港航公共信息平台面向企业和政府，采用云服务的方式，主要包括公共服务、政务服务和智慧物流等内容，并基于云服务平台，建立企业与政府部门之间信息共享互联机制，同时与交通运输

① 浙江省通信管理局.浙江通信管理局推进浙江省车联网网络安全管理工作.（2022-07-04）［2022-08-18］.https://www.miit.gov.cn/xwdt/gxdt/dfgz/art/2022/art_1534f984fe274f7fb6cd9c65712051f2.html.

② 浙江省发展和改革委员会,浙江省经济和信息化厅.浙江省数字基础设施发展"十四五"规划.（2021-05-08）［2022-08-18］.https://www.zj.gov.cn/art/2021/5/8/art_1229203592_2283976.html.

部、交通厅、省港航局、智慧舟山海洋云、大宗商品交易中心等平台对接，提升数据影响力，从而增强港口的竞争力，延伸港口产业链，带动城市经济、港口经济的转型升级。图 3-7 为该平台框架示意。

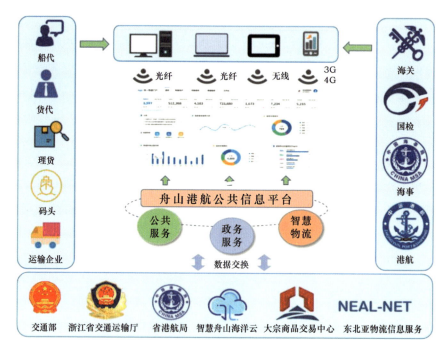

图3-7　平台框架示意[①]

4. 飞联网

飞联网是指低空航线监视网络，利用新一代信息通信技术，实现 900 米以上低空航线通信监视信号的有效覆盖，为低空飞行器、无人机提供精确、实时的动态信息，达到实时有效监控通航飞行的目的。[②] 早在 2014 年，中

---

① 浙江易舠软件有限公司.智慧港航.（2016-12-06）［2022-08-18］.http://lmtw.com/mzw/content/detail/id/139173/keyword_id/-1.

② 浙江省发展和改革委员会，浙江省经济和信息化厅.浙江省数字基础设施发展"十四五"规划.（2021-05-08）［2022-08-18］. https://www.zj.gov.cn/art/2021/5/8/art_1229203592_2283976.html.

国移动就首次提出了飞联网概念。

2019 年 11 月，位于建德航空小镇的浙江省低空飞行服务中心，在建德千岛湖通用机场实施了国内首次航空器起降远程指挥。在浙江省通航公司的协助下，航空小镇的省低空气象服务中心搭建了通航气象智能服务系统，还建设了一个"航空情报系统"，为省内通航用户提供机场资料、航图、航行通告等数字情报服务，全面提升低空飞行服务保障能力，为成为全国低空飞服体系建设领域的"标杆"工程和行业典范奠定坚实基础。

浙江省飞联网基础设施建设及产业应用具有如下特色：

（1）建设一站式数字运行平台。2022 年，浙江本土民营航空企业长龙航空积极落实浙江省数字化改革总体方案和智慧民航发展要求，全力推进"智慧航空大脑"建设，落地了"飞行技术评价数字化""航班调整决策智慧化"等六方面具体应用场景，建设一站式数字运行平台。

（2）打造航空智造产业基地。航迅信息（丽水）航空智造产业基地项目是丽水市首个航空智造基地项目，能与丽水机场形成通航产业支撑，成为丽水对接全球通航市场的"窗口"，为浙江特色通用航空全产业链的发展起到示范引领作用。

5. 医联网

医联网是指以互联网、物联网、无线通信和云计算等技术为依托，充分利用有限的人力和设备资源，在疾病诊断、监护、治疗、药品流通和医保等方面提供移动医疗服务，包括互联网医疗、互联网医药和互联网医保三方面。[1]浙江省是中国综合医改试点省份和"互联网＋医疗健康"示范省

---

[1] 赛迪顾问物联网产业研究中心，新浪 5G.2020"新基建"之物联网，医联网产业开发建设及投资机会白皮书 . （2020-06-09）［2022-08-18］. https://tech.sina.com.cn/5g/i/2020-06-09-doc-iircuyvi7575075.shtml.

之一，在医疗信息化领域的主要工作是推进以健康档案、电子病历和公共服务信息平台为基础的区域卫生信息化试点。网络医院等互联网医疗创新服务模式不断涌现。浙江省医疗信息化工作取得较大进展，主要体现在社区卫生服务信息化建设、合作医疗信息化建设、医院业务管理信息化、公共卫生信息化等方面。例如，浙江省预约诊疗服务平台提供254家医院统一、便捷的预约挂号服务。"诊间结算""床边结算""移动支付"等服务有效地缓解看病难、看病烦等问题。

浙江省医联网基础设施建设及产业应用具有以下特色：

（1）建设互联网医院。在浙江省医联网建设前期，浙江大学医学院附属第一医院于2016年成立"浙一互联网医院"。打造全国首个公立三甲线上院区，探索医疗新模式，从而为广大患者提供更加便捷的医疗服务，这标志着对"互联网＋医疗健康"的探索实践进入新阶段。

（2）强化法律和政策保障。《浙江省医疗保障条例》是国内首部医疗保障领域的综合性地方性法规，该条例指出，浙江省将实行部门间信息实时共享、医疗费用即时联网结算，实现基本医疗保险、大病保险、医疗救助等费用的"一站式"办理和经办事项线上办理全覆盖。①

三、数字化基础设施产业未来规划

浙江省在数字基础设施建设方面取得显著成效，但仍存在不少问题和不足，主要如下：

---

① 中新网.《浙江省医疗保障条例》出台推医保、医疗、医药联动改革.（2021-04-20）［2022-08-18］. http://ybj.zj.gov.cn/art/2021/4/20/art_1229007100_58828777.html.

1.统筹建设有待加强。各地、各部门基础设施建设缺乏统筹规划，共建共享程度偏低，存在盲目建设、重复建设、资源浪费等现象。

2.落地实施存在困难。数字基础设施建设在土地供给、用能保障、电力接引、公共资源开放共享等方面仍存在明显制约。5G网络建设及运营成本偏高，基站站址协调困难，数据中心建设需求与用能等建设条件保障仍存在不匹配问题。

3.技术与产业支撑不足。浙江省与数字基础设施相关的技术、产业还存在短板，核心芯片、基础软件、系统装备的供给能力弱。

4.市场环境有待优化。多元共建的市场氛围尚未形成，社会资本参与基础设施建设的机制体制有待进一步完善，部分新型数字基础设施缺乏成熟的商业模式，网信安全保障尚未形成体系。

针对以上不足，《浙江省数字基础设施发展"十四五"规划》提出："到2025年，将浙江省打造成为全国数字基础设施标杆省，全省建成高速、泛在、安全、智能、融合的数字基础设施体系。"

根据《浙江省数字基础设施发展"十四五"规划》，未来浙江省数字化基础设施产业发展着眼于六个方向：建设先进泛在的网络基础设施、建成绿色高效的算力基础设施、建设特色鲜明的新技术基础设施、布局全域感知的物联基础设施、打造数智赋能的融合基础设施、建设合作开放的数字基建生态体系。

（一）建设先进泛在的网络基础设施

1.高水平建设信息通信网。具体包括：开展通信网络提升工程，有序推进行政村以上地区5G网络布局建设，完善新型城域网建设部署，推进万兆到楼、千兆到户，推进智慧广电传播体系转型等。

2.高标准提升互联网能级。具体包括：开展互联网能级提升工程，全面部署基于 IPv6 的下一代互联网，深化国家（杭州）新型互联网交换中心建设，提升国际互联网出口专用通道建设水平，强化互联网域名根镜像服务器建设等。

3.高起点建设量子通信网。具体包括：对接国家及长三角区域量子通信商用干线网络，在省内有条件的地区布局建设量子通信专网及城域网，推动量子通信的领域应用，鼓励省内先试先行，培育量子通信技术创新和应用生态。

（二）建成绿色高效的算力基础设施

1.打造云边协同的绿色数据中心集群。具体包括：建设长三角国家级区域型数据中心集群和国家级超算中心，加强大型以上数据中心布局建设，加快老旧小散数据中心淘汰升级，强化绿色节能设计，加快数据中心节能新技术研发。

2.建设安全可控的云计算服务平台。具体包括：开展媒体云平台提升工程，推动安全可控的云计算基础设施建设，完善全省政务"一朵云"建设，推动各领域行业云平台建设，建成 10 个以上具有全国影响力的行业云应用示范平台。

（三）建设特色鲜明的新技术基础设施

1.打造高效精准的时空智能服务平台。具体包括：开展时空智能基础设施升级工程，构建城市级北斗时空网，建设基于北斗的城市时空智能操作系统，打造北斗精准时空服务平台，推动北斗与新兴数字技术的融合创新和应用。

2. 打造分类分级的城市信息模型（city information modeling，CIM）基础平台。具体包括：构建集多元数字要素于一体的城市"一张图"，打造感知、计算、仿真、学习等数字能力，形成"可视—诊断—预测—决策"一体化的三维数字底座，在有条件的城市建立表达和管理城市三维空间全要素的城市信息模型基础平台。

3. 打造智能开放的数据中枢赋能平台。具体包括：开展城市大脑建设和应用工程，完善省市两级一体化智能化公共数据平台，打通跨行政层级数据交换通道，为城市数据治理各个环节提供安全、可信、智能的数据运行环境，建设数据工具模型开源平台。

4. 打造全国领先的人工智能、区块链服务平台。具体包括：开展人工智能及区块链平台示范工程，建设城市大脑体系，打造一批具有国家影响力的人工智能服务平台，迭代完善区块链技术架构，打造多个行业级区块链服务平台等。

5. 打造可靠可控的网信安全设施。具体包括：开展网信安全防护工程，构建新型网络安全综合防控体系，构建公共数据安全防护平台，建立数据治理的安全监督管理机制，开展网络信息安全相关领域的科学实验研究等。

（四）布局全域感知的物联基础设施

1. 部署泛在互联的物联感知设施。具体包括：建设若干个物联网公共服务平台，开展智能物联管理平台建设工程，推进物联感知设施在多个领域的规模部署，在公安和交通等领域重点部署机器视觉设施等。

2. 部署便民服务的城市服务设施。具体包括：推动城市服务终端向多功能融合终端发展，建设智能取物柜和无人配送站等智能末梢配送设施，以及智能售货机、智能回收站等智慧零售终端，智能水表、智能燃气表等智能计量终端等。

3. 部署集约共享的市政应用设施。具体包括：开展市政数字化示范工程，推进具备条件的杆塔资源共建共享和"多杆合一"，有序改造存量杆塔和部署智慧杆，推进电网变电站、充换电站（储能站）和数据中心站"三站合一"建设，开展综合管廊智慧化试点建设等。

（五）打造数智赋能的融合基础设施

1. 建成深度覆盖的智能制造基础设施。具体包括：深入推进"1＋N"工业互联网体系建设，统筹发展行业级工业大脑，推进各类场景云化软件的开发和应用。推动国家工业互联网标识解析节点建设，推进企业开展内网升级改造、5G 专网建设。引导大中型企业搭建基于云架构的数据中台等企业级平台等。

2. 打造智能网联的车路协同基础设施。具体包括：开展智能网联汽车示范工程，对交通基础设施进行数字化改造和智能化升级，推进智能路侧设施和测试场建设，打造一批 5G＋网联车试点示范工程，推进网联汽车智能管理平台、智能网联驾驶测试评价和监管平台、城市级共享停车平台建设等。

3. 部署融合创新的智慧海洋基础设施。具体包括：统筹部署海洋及船体相关智能传感设备，建设近海岸智慧海洋基础设施体系。构建涵盖技术研究转化、通信设备制造、网络建设运营、解决方案开发及推广等方面的船联网产业生态，积极开展海洋船联网示范工程，支持有条件的沿海地区

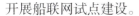

开展船联网试点建设。

4. 建设全国领先的飞联网基础设施。具体包括：借助北斗卫星网络、地面 5G 网络开展低空飞联网示范工程，推进低空电子围栏、地面增强站等飞联网基础设施建设。鼓励杭州及其他有条件的地区开展飞联网建设试点及规模推广。

（六）建设合作开放的数字基建生态体系

1. 打造要素完善的数字基建产业生态。具体包括：围绕数字基础设施相关产业链，补齐通信芯片、关键射频器件、高端光器件、操作系统等技术短板，培育发展一批 5G、数据中心、卫星通信、量子通信等领域的骨干企业。推动数字基础设施与云计算、大数据、物联网等技术的融合应用。

2. 开展深度融合的数字基建应用示范。具体包括：围绕生产制造、交通物流、民生服务、政府治理等重点领域，促进数字基础设施与应用场景的深度融合。加快推进工业互联网平台在各重点行业的深度应用，为打造数字化社区、数字化园区建设"浙江样板"提供支撑。

第四章

浙江省产业大脑的建设思路与模式

21 世纪的互联网已发展成包括社交网络、云计算、大数据、物联网、工业互联网、工业 4.0 以及人工智能等概念的类脑结构。在产业转型发展的重要时期，推进数字经济改革，培育围绕大数据展开的数字化产业，是产业能够实现高质量发展目标的关键一步。为借助互联网技术和大量数据资源从而实现产业智能化发展，浙江省数字化改革大会提出了产业大脑这一概念。

产业大脑是基于系统集成和经济调节智能化的理念，将资源要素数据、产业链数据、创新链数据、贸易流通数据等汇聚起来，运用新一代信息技术，对数字产业发展和产业数字化转型进行即时分析、引导、调度、管理，实现产业链和创新链双向融合，构建新型数字经济产业生态，推动数字经济高质量发展。[①]

---

① 浙江省数字化改革数字经济组 . 浙江省数字化改革数字经济组关于公布 2022 年产业大脑信息业分区细分行业产业大脑名单的通知 .2022-06-29.

一、产业大脑的内涵与价值

产业大脑包括数据中枢系统、政府端数据仓、企业端数据仓等。在政府方面，以政务"一朵云"为基础，促进政府各部门共享数字经济运行中的公共资源信息；企业方面，以工业互联网为基础，构建全要素、全产业链、全价值链的全面联结，提高经济社会的运行效率和资源要素的配置效率，如图4-1所示。

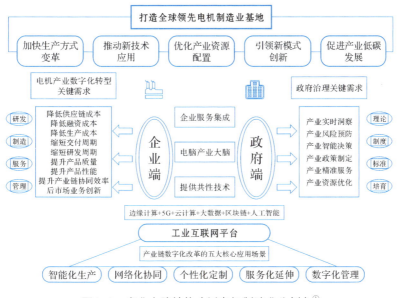

图4-1　产业大脑结构（以电机制造业为例）①

从产业大脑定义及构成，可以看出发展产业大脑应把握以下因素。首先，数据以文字、数字、图片等多种方式记录了大量信息，产业大脑运行离不

---

① 绍兴市工商联. 卧龙集团在浙江省数字化改革推进会上作电机产业大脑典型应用发言. （2021–11–11）［2022–07–07］. http://sxgcc.sx.gov.cn/art/2021/11/11/art_1481509_58883354.html.

开企业以及市场的真实数据。通过统计分析各类所需数据，可以了解到产业发展现状，从而对产业发展趋势进行预测，能够制定相应政策及规定促进产业优化。其次，产业大脑的发展离不开相关算法，在收集到大量数据后该如何处理分析，比较行业过去与现在的变化，并判断将来可能发生的行业变化，有了贴合产业链、供应链的智慧算法，能够使得政府以及企业作出更合理科学的决策。最后，产业大脑的运行必须保证安全性，保护好数据的安全，建立合理有效的机制，制定相应的法律保护体系，运用安全技术支撑产业大脑更好地为政府、企业服务。

产业大脑建设是数字化经济时代重要发展途径，需要不断推进、完善，从而助力社会经济高质量发展。

（一）产业大脑与数字化的关系

数字化将复杂多样的大量信息量化为简易数字以及数据，以此为基础建立数字化模型，转为代码后在计算机中储存、处理。数字化技术能够推动企业组织转型升级，促进企业了解顾客消费需求以及消费倾向等，能够促进以顾客为中心的服务体系，促进组织管理体系扁平化，提高管理效率。在 2021 年浙江省数字化改革大会上，时任浙江省委书记袁家军提出，要将经济发展、社会治理等领域视作数字化改革的主战场，建立新的工作体系，即"1 ＋ 5 ＋ 2"体系。其中"1"为一体化的智能化共享数据平台，它是智慧化平台中枢，支撑各级、各系统的数字应用；"5"即 5 个数字化综合应用，党政机关整体智治综合应用、数字政府综合应用、数字经济综合应用、数字社会综合应用和数字法治综合应用，全面推进相应领域的数字化进程；"2"则是数字化的理论体系和制度规范体系。改革的核心就是运用数字化技术、数字化思维对省域治理的体制机制、组织架构、方式流程、手段工具进行全方位重塑，以构建治理新平台、新机制、新模式。[①]

数字化在社会生活方面产生了巨大影响，产业大脑就是数字化发展环境下的产物。在人体中大脑想要发挥作用，必须借助神经系统，而产业大脑要想正常运行也必须借助数字化这一工具。政府收集数据，组建形成政府端的大数据库，各级政府间相互交流分享数据资源平台，不断丰富数据库内容。在企业端，企业加快建设不同重点的工业互联网相关平台，使得各个平台收集共享创新、服务、制造等资源。各个行业在各自领域中利用数据中台使所拥有资源的价值和利用效率得以提升，从而实现数字化、智能化转型升级。企业端与政府端两端数据库中的数据进行有序沟通，使双方能够得到更多有效数据，从而推动产业创新升级。在企业端和政府端双方作用下，产业数字化持续发展，在大量数据支持下，发展出云计算、操作系统、大数据、人工智能等共性技术服务能力，进而建立多个工业互联网平台，结合金融、物流等供应链功能。产业大脑的构建必须考虑到企业赋能以及产业治理的实际情况，通过数据库数据反映出产业现状，对未来发展趋势进行合理的预测。以数据化的方式分析企业，根据其自身的独特性，建立合理的生产发展机制，组织科学的部门分工。

相对应地，产业大脑的建造对数字化改革创新发展起着有力的作用。产业大脑有助于改善资源配置，利用数据资源推动产业发展，重点关注人工智能、区块链、北斗、第三代半导体等重点方向，结合深化改造和环境改造，研究开发未来产业先导区建设，为推动发展数字产业、形成新的发

---

① 朱培梁 . 产业大脑：赋能发展的"最强大脑". 决策，2021（6）：52-54.

展结构提供思路方法。从根本上说，产业大脑作为基础性社会性的投资建设，满足各产业数字化转型升级共性需求。基于此，各个行业企业均可建设产业大脑，越来越多行业企业参与到数字化改革进程中，对于数字化改革来说既提高了普及性又能创造更多发展机遇。此外，由于不同行业有不同专业属性，所以构建产业大脑必须符合相应行业技术规范以及技术要求。产业大脑以企业实际需求为核心，积累了更多更加详细的数据资源，丰富政府端、企业端的数据库。一方面，帮助不同类型的企业进行精准研究，形成个性化的数字化转型方案。另一方面，帮助政府端了解各个行业数字化转型发展遇到的困难以及所需要的资源支持，更好为产业服务，优化产业结构，积累相应经验，提高治理能力，创新制订更符合产业需求的发展方案，为各行业企业数字化改革提供助力。

总而言之，产业大脑与数字化是相辅相成、相互渗透、缺一不可的。多方共同努力，在产业大脑与数字化之间搭起桥梁，进一步优化提升产业大脑，让"大脑"功能更加智慧有效。全面推进数字化改革，形成"1＋5＋2"的工作体系，为数字化改革"四梁八柱"打下坚实基础。双方配合推动产业产能提升，优化产业结构，提高经济活力，实现高质量发展。

（二）产业大脑建设的意义

1. 助力实现"双碳"目标

基于工业互联网的"产业大脑和未来工厂"建设，一定是遵循降低成本、提高质量、增强效果的原则，围绕着绿色、低碳的主题打造一批新的引领性的实践样本，将过去的高风险的劳动场景，逐渐转换为无人工厂，或者机器人代替工人的低风险环境。随着全球新技术革命，产业链重组和"双碳"

计划实施，"未来工厂"的行业特色、组织模式、技术要素正在不断被探索和演进当中。工业互联网与数字孪生、5G、人工智能等网信技术深度融合，推动着产业数字化的进程，实现从生产端利用数字化工具进行低碳生产，到智能分类和处理垃圾，利用产业大脑的人工智能算法，与自动控制技术相结合，让工厂实现自动运行，大幅度提高稳定性。据悉，2022年初，阿里云已为全国30个城市的100座垃圾焚烧炉装上工业大脑，人工智能技术日处理生活垃圾已达5万吨，通过提升单位垃圾发电量，全年可多发3.6亿千瓦时"绿电"，相当于一个中型水电站的发电量。由此可见，迈入"十四五"时期，环境质量改善和产业发展并行，生态优先、绿色低碳的高质量发展道路任重而道远。

2. 推动产业集群高质量发展

产业集群，是指产业链相关联企业、研发和服务机构在特定区域集聚，通过分工合作和协同创新，形成具有跨行业跨区域带动作用和国际竞争力的产业组织形态。产业集群发展既是区域竞争的优势所在，也是产业竞争的内在必然，正成为各区域经济发展的"增长极"和"发动机"。产业大脑构建了多尺度、多维度、多形态的集群创新网络，营造了一个有利于创新的集群生态，推动产业集群成员以新的形式聚合，能有效解决城市产业集群上下游协同能力弱、产业数字化平台投入高、中小企业数字化程度低、产业精准治理手段欠缺等问题，例如京东云产业大脑一体化解决方案以产业数据仓为基础构建产业数智化底座，通过安全互信的技术与机制，发挥数据要素价值，支撑产业应用与创新。在产业数智化底座基础上打造服务于产业精准治理、产业数智化、产业生态开放共生的三类产业大脑创新应用，并通过技术＋产业服务的完整运营模式支撑细分行业产业大脑建设。有效地帮助地方政府掌握产业发展态势、预测产业发展趋势、监测产业风险、评估产业发展质量，助力区域科学谋划产业布局、构建智慧化招商体系，形成资源要素的高效配置与精准的产业服务。

3. 提高政府决策能力

产业是地区经济发展的基石，而产业大脑作为实现产业数字化治理的智能平台，是推进政府高效治理的有效工具。以往政府依靠人力走访或者是企业自主报告的形式获取数据很困难，而且存在滞后性、维度少等问题，难以精准定位产业链的关键环节。通过智能技术平台建立产业大脑，政府就能通过平台系统掌握产业态势、产业底数、产业结构情况，促进政策链、产业链与服务链深度融合，掌握产业发展态势、预测产业发展趋势、监测产业风险、评估产业发展质量、科学谋划产业布局、精准引导招商引资、高效配置资源要素、方便精准服务企业、着力打造政府机关的高频高效工作前台，以提升政府数治能力。以产业大脑为支撑，以数据供应链为纽带，以"未来工厂"、数字中心及未来产业先导区等建设为引领，推动创新链、产业链、供应链融合应用，实现工厂—企业—运营中心—政府的管控治理多级联动，实现企业侧和政府侧的融合，通过大数据的汇集，贯通生产端和消费端，链接产业上下游，全面打通企业信息和数据资源，建立新型政府侧决策能力体系，实现资源要素的高效配置和经济社会的高效协同，形成全要素、全产业链和全价值链全面连接的数字经济运行系统，推动经济高质量发展。

（三）产业大脑发展的机遇

1. 产业大脑和数字孪生技术的结合

数字孪生是以数字化方式创建物理实体的虚拟模型，借助数据模拟物理实体在现实环境中的行为，通过虚实交互反馈、数据融合分析、决策迭代优化等手段，为物理实体增加或扩展新的能力。作为一种充分利用模型、数据、智能并集成多学科的技术，数字孪生面向产品全生命周期过程，发挥连接物理世界和信息世界的桥梁和纽带作用，提供更加实时、高效、智能的服务。①数字孪生技术在"未来工厂"的建设中起着重要作用，其为工业生产建立起了可以投射物理设备的虚拟空间，仿真复杂的制造工艺，实现产品设计、制造和智能服务等闭环优化。比如在工业产品世界中，虚拟的数字孪生空间可以预先完成产品的部件设计修改、尺寸装配等模拟工作，不需要实际生产和验证，从而大幅降低产品的验证工作和工期成本。

如图 4-2 所示，数字孪生技术可以融合产业生产过程，利用 3D 模型、全景拍摄技术、神经网络和大数据等技术，搭建生产过程的"孪生"过程，通过孪生技术将数字模型与经验数据进行匹配、孪生模型与应用培训进行匹配、物联感知与技术指导进行匹配、业务服务与科学管理进行匹配，结合产业大脑应用程序，实时指导生产过程。因此，一套完整的数字孪生的制造系统，能够实现人机物自主通信、数据可支撑决策，可以统筹协调产业大脑系统内外部变化，实现资源能源优化配置。

---

① 陶飞，程颖，程江峰，等．数字孪生车间信息物理融合理论与技术．计算机集成制造系统，2017（8）：1603-1611.

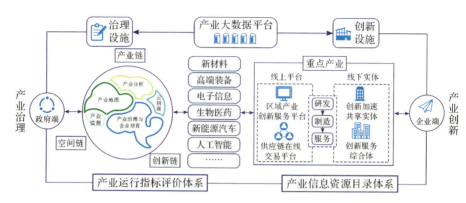

图4-2　数字孪生呈现产业链云图①

2.产业大脑和5G技术的结合

第五代移动通信技术（简称5G）是具有高速率、低时延和大连接特点的新一代宽带移动通信技术。5G有一个很重要的关键词，叫"切片网络"，5G能把一张电信网切片成非常多的子网或者说切片网络，满足不同应用、不同企业的需求，它有大量不同形式的传感器，耗能非常低，大量物理的设备、产品都能跟一个网络相连，每个生产公司都能知道自己的产品谁在用、用了多久，什么时候开发下一代应用，不同企业基于不同的企业需求通过5G技术做成一张张高覆盖、高穿透、低功耗的网络，实现万物互联，这也为产业大脑的实行打下坚实的基础。

5G将奠定产业大脑智能化认识的底座，可以在正确的时间和正确的地点将正确的数据、信息、知识甚至是建议结果传送给需要的人，实现空间信息的实时智能服务。企业可以利用结构化的企业级和行业级知识，也可

---

① 数字经济协会.火石创造金霞：数据驱动产业发展.数字新浙商 No.52.（2021-01-28）［2022-07-13］.https://nimg.ws.126.net/?url=http%3A%2F%2Fdingyue.ws.126.net%2F2021%2F0202%2Fcaa3d26cp00qnvul90049d200n400big00hx008w.png&thumbnail=750x2147483647&quality=75&type=webp.

以融合记录的数据，实时掌握、反馈和优化体验；政府可以更加全面、客观、准确地掌握相关信息，为企业提供更加便捷、个性、精准的服务，将服务型政府建设提高到新的高度。5G＋工业互联网平台和云网算力服务体系，为政府和企业提供管云一站式服务，共同建设产业大脑，助力产业数字化提升改造。

3. 产业大脑与智慧城市的结合

智慧城市是指通过运用各种信息技术或创新概念，将城市的系统和服务打通、集成，从而能够提高资源运用的效率，优化城市管理和服务，并且能够改善市民生活质量。智慧城市充分利用新一代的信息技术，将其运用在城市中各行各业，是基于知识社会下一代创新（创新2.0）的城市信息化高级形态，实现信息化、工业化与城镇化的深度结合，从而减轻"大城市病"，提升城镇化质量，实现精细化和动态管理，并优化城市管理效果和提升居民生活质量。

产业大脑与智慧城市相结合，聚焦于以下三方面从而贯通智慧城市"产业—招商—服务"全环节。首先是产业招商引资，收集外部企业各项营业数据，对企业实力进行全方位细致评估，利用知识图谱技术，探究企业业务，根据产品相似度找到同行竞争企业，将各企业的实力进行比较，给出最优选择。其次是产业与经济分析，基于产业标签管理，了解城市产业结构，在有利于国家发展战略目标的情况下，了解分析产业发展状况以及前景趋势，收集宏观经济与区域经济数据，并进行对比，掌握经济发展差距，有助于宏观调控。最后是企业主动服务，对企业进行全生命周期管理，根据收集到的信息数据预判企业发展可能遇到的问题以及预想解决措施，也可通过向政策管理用户提供政策匹配企业列表、企业兑现情况清单帮助企业，以此实现产业发展和城市治理可视化、数字化、智能化。智慧城市和产业大脑平台推动城市资源要素配置优化，有利于更好管理国土用途，提高城市治理水平。

二、浙江省产业大脑建设的政策与总体进展

产业大脑是通过加工政府、企业、行业等数据，提炼生成可重复使用的、数字化的工艺技术、运营管理、行业知识与模型等组件，汇聚成知识库和能力中心。针对不同的场景，通过运用数字技术和网络，对土地、劳动力、资本、技术等要素进行跨组织、跨区域融合，形成个性化解决方案，助力企业创新变革、产业生态优化、政府精准服务。2022年初，浙江省经信厅会同发改、商务、科技、金融监管等部门，制定了《浙江省数字经济系统建设方案》，明确2022年底前，实现产业大脑迭代升级、试点扩面。方案制定以来，除省经信厅牵头建设省级产业大脑外，各地市也积极响应，建成一批区域特色产业大脑。

加强产业大脑建设，政府有为、市场有效，行业龙头企业带动大小企业融通发展、集群发展，形成有机一体的产业基础和创新生态，完善产业生态全景图，引领模式变革、产业升级，浙江跑出了产业大脑建设"加速度"。

（一）浙江省产业大脑总体情况和建设机制

1. 总体情况

2021年，浙江省公布了第一批行业产业大脑建设试点，包括30个产业〔数字安防、生物医药、化学原料药、智能电气、数控机床、五金（电动工具）、电机、轴承、泵阀（泵业）、泵阀（水暖阀门）、泵阀（工业阀）、模具（金属）、

模具（塑料）、缝制设备、智能光伏、动力电池、化工、化工（氟硅与电子化学）、化学纤维、合成纤维、服装、服装（童装）、织造印染、织造（棉纺织）、皮革制鞋、生态合成革、智能家电、现代家具、文体用品、快递〕。计划到 2025 年，产业大脑生态体系基本建立，建成 30 个以上行业产业大脑，全面建成重点优势产业的产业链数据中心。

2. 建设机制

产业大脑建设机制如图 4-3 所示。

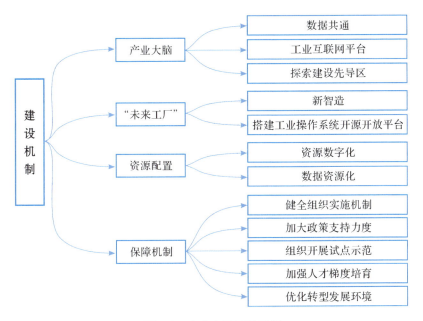

图4-3　产业大脑建设机制

（1）"产业大脑"建设机制

①数据共通：包括推动政府、企业端数据汇聚，推动政府与企业之间的数据交换。以"产业大脑"推出的各大应用数据为基础，汇聚形成政府端的数据仓；以企业为主体，十大产业链为重点，加快工业互联网的建设，

推动资源共享。依托省产业大脑数据中枢，打通政府端和企业端数据仓，实现数据的互联互通，有力支撑技术、业务与数据的融合，实现跨平台协同管理与服务。做到实时监控数据变化，不断创新建模以及管控，实现对重点行业和区域的经济运行监测、产业链创新链重大项目布局和实施、土地电力等资源要素科学配置等功能，支撑多样化的经济数字化治理、产业数字化服务、数字产业化发展应用场景，提升政企协同能力。

②工业互联网平台：包括建设基础性工业互联网平台、建设"N"个（行业级、区域级、企业级）工业互联网平台。支持基础性平台企业加强与工业企业、互联网企业、行业性平台企业、金融机构等合作，输出共性技术服务能力，提供开发、算法、组件以及工业APP的共享、交易、分发等服务。突出行业共性支持，依托龙头企业建设行业级平台，融合金融、物流等供应链功能，增强行业内企业抗风险能力，选择部分行业开展试点。突出特色产业集群，由地方政府主导，依托专业服务商建设区域级平台，面向区域内中小企业提供数字化解决方案，归集各部门数据，选择相关产业集群开展建设。突出产业链创新链协同，依托龙头企业，打造产业链上下游企业共同体，建设企业级平台，可在智能家居等标志性产业链开展试点。

③探索建设先导区：依托产业大脑优化资源要素配置，推动数据资源开发利用，坚持深化改革与环境营造相结合，探索未来产业先导区建设。赋予地方更多自主权，给予企业更大支持，为科技成果转化提供更多便利。加大财税扶持和金融支持，完善容错激励机制，加大对重大项目、技术、资金、人才等的招引力度，促进产业链、创新链、资金链、人才链有效贯通。

（2）"未来工厂"建设机制

①新智造：包括建立新智造标准体系、完善新智造自主创新供给体系、

实施新智造示范专项、健全新智造服务保障体系。分行业从不同层面开展技术标准制订，搭建标准化试验验证平台，在部分环节先行先试，推进新智造综合标准化试验验证。推进政府、高校、科研院所、企业联动创新，重点突破重大短板技术和装备，引导新智造产业链供应链关键环节集群式发展。按行业分层次打造以"未来工厂"引领、智能工厂（数字化车间）为主体的新智造企业群体，全面推动企业智能化转型。建设新智造公共服务平台，为企业提供诊断、评估、培训等系统化服务；建立重大项目与人才引进联动机制，积极引进人才，支持高校联合企业探索产融合作人才培育途径，开展校企联合招生、联合培养试点。

②搭建工业操作系统开源开放平台：支持行业龙头企业联合高校院所，引入与工业操作相关的单位，共同建设工业操作系统开源开放平台。培育壮大具有核心创新能力的一流企业，努力建设成为支撑新智造发展的创新策源地。推广工业互联网科研成果和成功应用案例。

（3）资源配置机制

①资源数字化：包括推进公共资源交易数字化整合、推进科技成果转移转化数字化建设。坚持数字化方向，推进公共资源交易全流程电子化；坚持协同化推进，基本形成以省公共资源交易服务应用为核心的全省公共资源交易体系，构建"一张网"；坚持公共资源定位，推进阳光交易，强化智慧监管。强化技术资源在数字经济系统建设中的支撑作用，健全科技成果转移体系，加快国家科技成果转移转化示范区建设。

②数据资源化：数据资源化的本质是实现数据共享与服务，而数据共享是数据资源化的基础。现阶段，构建数据共享服务体系，促进数据与业务应用快速融合，是助力中国经济从高速增长转向高质量发展，推动数字

中国建设的重中之重。大数据走向资源化是大势所趋，在数据资源化的过程中，必须建立高效的数据交换机制，实现数据的互联互通、信息共享、业务协同，以成为整合信息资源，深度利用分散数据的有效途径。

（4）保障机制

《以"产业大脑＋未来工厂"为引领 加快推进制造业数字化转型行动方案》中提到五条保障措施：

①健全组织实施机制。充分发挥各级数字经济发展领导小组作用，统筹协调制造业数字化转型工作。省领导小组办公室负责具体实施的组织、协调和督导，强化省级部门、省市县协作，开展争先创优，建立激励机制，加强评估考核。建立规上工业企业数字化统计指标体系，开展数字化发展水平评估。加强工业智能制造智库建设，发挥科研院所、行业组织、产业联盟等多元主体作用，强化协同联动。

②加大政策支持力度。充分利用工业与信息化、发展改革、科技等相关财政专项资金，加大对中小企业数字化改造、工业互联网、产业大脑、数字化共性技术研发等的支持力度。鼓励有条件地区设立专项资金，探索建立多元化、多渠道社会投入机制。落实好税收优惠、减税降费政策，为制造业数字化转型创造良好发展环境。

③组织开展试点示范。加快浙江省工业互联网国家示范区建设和长三角工业互联网一体化国家示范区建设，支持地方依托国家新型工业化产业示范基地工作，开展工业互联网产业示范基地建设和数字化转型企业试点。适时总结推广各类好的经验做法，加强标杆示范引领，形成以点带面的良好局面。

④加强人才梯度培育。实施"鲲鹏行动"等引才工程，着力引进海内

外高层次数字化人才和领军团队，加强中高级管理人才队伍建设。实施卓越工程师培养行动，推进现代产业学院建设。依托互联网平台工程实训基地、应用创新推广中心和创新合作中心等载体，打造产学研融合、区域协调联动和公益商业配合的人才培养模式。

⑤优化转型发展环境。多形式开展宣传推广和培训交流，提升各类主体对数字化转型的认识水平。推进长三角产业数字化合作，促进省内外资源整合，开展产需对接，优化数字化公共服务。办好世界互联网大会、中国工业互联网大赛等重要活动、努力打造品牌，推动数字化领域优质产业项目和企业落地。

（二）浙江省产业大脑建设路径

1. 建设思路

产业大脑是一个复杂巨系统，必须运用系统观念和系统方法，加强顶层设计，持续创新迭代。遵循"政府引导、企业主体、价值导向、社会共建"的总体思路，聚焦解决企业实际问题，以企业应用效果为导向，建立"改革为先、服务为重、合作共赢、争先创优"的赛马机制，通过"揭榜挂帅"等方式，鼓励省内注册的领军型平台企业、链主型企业、产业链上下游企业共同体等主动承担产业大脑的分行业建设应用试点，积极吸纳各类科研机构、专家学者和社会组织广泛参与、出谋划策。

产业大脑采取资源共用、多方共建的模式，聚焦产业生态、新智造应用、共性技术、服务企业等需求，以企业或企业共同体为主，基于"1＋N"工业互联网平台和统一标准，建设细分行业产业大脑，推动形成"一行业一大脑"的发展格局，最终集成全省整体产业大脑的创新生态体系。以经济领域数字化改革为牵引，以产业大脑为引擎，用数据流加速技术流、资金流、人才流有机循环，构建全要素、全产业链、全价值链的全面连接，支撑智能新产品、个性化定制、网络化协同、智能化生产、服务化延伸、数字化管理等新模式新业态的发展，形成"产业大脑＋未来工厂"的发展格局，推动生产方式、产业链组织、商业模式、企业形态重构，提高经济社会的运行效率和资源要素的配置效率，补齐浙江省产业发展短板，加速经济高质量发展。

产业大脑综合支撑系统采取整体统筹的模式，以政府为建设主体，在省一体化智能化公共数据平台（政务"一朵云"）基础上，全省统一建设产业大脑综合支撑系统，帮助各级政府掌握产业发展态势、预测产业发展趋势、监测产业风险、评估产业发展质量、科学谋划产业布局、精准引导招商引资、高效配置资源要素、方便精准服务企业。各地基于地方一体化智能化公共数据平台，建设地方专区，分建地方产业数据仓、产业中台、产业服务目录，创新地方应用场景。

2.建设原则

（1）整体规划、集约共享

坚持整体性规划与一体化设计，全省产业大脑统一建设、多级应用，推动数据汇聚汇通、系统融合联动、应用协同创新。通过产业大脑基础支撑平台集约建设、共性能力整合复用，以及与已有相关应用系统和平台的对接利用，降低产业大脑建设应用的投资成本。

（2）政府引导、生态共建

政府牵头，搭建统一平台，制订统一标准规范，建立评价与激励机制，推动产业大脑在各地的应用，引导各地因地制宜创新产业大脑应用场景。

鼓励生态共建，激发企业与社会创造力，通过行业产业大脑实现协同创新，为相关产业链上下游企业数字化转型提供高质量共性支撑，提升行业综合竞争力。

（3）数据为基，安全为要

建立标准化数据体系，支持政府与各行业数据的综合接入、一体化整合与组件化输出，建设高质量、高可用、高价值的行业大数据中心。开发覆盖"云、网、边、端"的一体化安全解决方案，建立安全防护机制，实现终端、网络、数据、运营、运维等安全。建立数据安全使用机制，保障企业隐私，保护知识产权。

（4）试点为先，公共为本

在若干细分行业产业大脑试点成熟的基础上集成为行业产业大脑，由各行业产业大脑集成为总体产业大脑，做实做稳产业基础。探索成立第三方运营公司，建立市场运营机制，确保公共属性，实现产业大脑的常态化运维运营、长期性迭代升级，持续撬动产业高质量发展。

3. 建设路径

（1）统筹产业数字化发展

各地要遵循全省产业大脑总体框架及统一标准，结合本地产业基础和特色，确定本地重点推动产业数字化发展的细分行业，摸清行业发展底数、发展现状、存在问题、企业需求，理清发展思路，围绕工业互联网平台建设及产业大脑建设应用推广，科学合理制订本地产业数字化发展计划。在谋划产业大脑地方专区及地方特色应用建设时，与省一体化智能化公共数据平台等标准规范保持一致，强化与省产业大脑综合支撑系统对接协同。行业产业大脑运营所在地探索建立对相关行业产业大脑的运行管理机制。

（2）推进工业互联网平台建设

各地要充分利用全省基础性工业互联网平台能力，加快建设行业级、区域级、企业级工业互联网平台，兼顾原有工业互联网平台升级扩展和应用推广，避免重复、低效建设。推动园区和企业上平台、用平台，扩大工业互联网和产业大脑的应用普及。以平台为核心，推动创新资源、制造资源、服务资源的集聚共享和业务协同。组织条件成熟的本地重点行业级、区域级工业互联网平台部署到数字经济综合门户企业侧地方特色应用。

（3）推进新智造

各地要大力推进新一代信息技术与制造业深度融合，通过产业大脑场景应用，加快企业内部数字化转型，努力建设一批以"未来工厂"为引领的"数字化车间""智能工厂"等新智造企业群，提升本地企业全流程数字化水平，为全省数字经济"产业大脑＋未来工厂"的发展模式夯实基础。

（4）开展产业大脑试点

根据《行业产业大脑建设应用试点工作方案》，针对浙江省主导产业发展的迫切需求，各地应发挥块状特色产业比较优势，结合先进制造业基地建设，从细分行业入手，小切口突破，开展行业产业大脑的试点工作，及时发现问题，总结经验，迭代升级。同时对接省级已建的行业产业大脑，开展应用试点，加快行业企业全覆盖。揭榜主体为各市、县（市、区）人民政府，省内地方人民政府可以联合揭榜；建设主体可为浙江省内注册的企事业单位或其他单位。

①鼓励各地结合本地产业基础和特色，组织相关行业企业开展应用试点，对接省行业产业大脑已建的产业生态、新智造、共性技术等应用场景，实现本地企业应用的全覆盖；引导当地园区、企业基于"1＋N"工业互联

网平台体系，创新地方特色场景应用。

②鼓励地方出台产业大脑推广应用政策，支持行业产业大脑服务本地企业，组织开展应用试点推广活动。

③加强对行业产业大脑推广应用的评价考核，将各地应用推广情况纳入年度全省数字经济系统建设的目标考核。

三、浙江省产业大脑建设的典型行业实践

在数字化改革的背景下，浙江省围绕数字经济系统建设，创造性提出产业大脑的建设思路，这既是建设数字经济系统的重要内容，更是数字赋能产业生态融合重塑的创新性举措。产业大脑"一脑治经济，两端同赋能"的建设思路，标志着浙江将以挖掘数据价值、提供数智服务为核心构建平台，打通政府和市场，贯通生产和消费，既为企业发展提供数字化服务，也为经济治理提供数字化工具，全面助推产业发展的数字化、高端化、创新化进程。

为推动前瞻构想走向实践落地，2021 年开始，浙江从工业领域出发、从细分行业切入，开启了产业大脑试点建设的探索。一年后，行业产业大脑建设已经取得明显的进展与成效，同时也凸显了一些问题。了解产业大脑建设典型建设案例的发展现状、突出问题、应对措施、未来机遇，既能总结其模式、经验供其他领域产业大脑借鉴，也能够梳理清楚实践过程中的问题、解决措施，更高效、更精准、更专业地推进信息化和工业化深度融合国家示范区建设。

（一）浙江省绿色化工产业大脑发展实践

化学工业是国民经济基础产业之一，化学工业在国民经济中是工业革命的助手、发展农业的支持，为工农业生产提供重要的原料保障，其质量、数量以及价格上的相对稳定，对农业生产的稳定与发展至关重要，也肩负着为国防生产配套高技术材料的任务。在国民经济中，农业是国民经济的基础，工业是国民经济的主导。

2021年，浙江省宁波市镇海区人民政府网站发布了《化工产业大脑运营主体落地镇海》，化工产业大脑将由宁波市本级牵头，11个设区市联合共建，镇海区等浙江省化工园区共同承担。针对上下游协同程度低、产业资源配置效率低、共性技术难以获取、企业数字化水平参差不齐等行业痛点，化工产业大脑着力于推进政府决策更精准更科学、园区管理更安全更绿色、企业发展更智能更高效。①

1. 发展现状

（1）迭代升级场景应用，建立产业"数字中枢"

镇海区化工产业大脑的建设遵循"1＋5＋X"的路径规划，"1"即每个园区1张驾驶舱，"5"即安全、应急、环保、能源、封闭5个基本模块，"X"即结合各园区产业特点选定场景。该建设方案不仅有效统一智慧园区平台的建设模式和规范，还统一了园区平台与化工产业大脑之间的数据对接规则，精准提升数据归集的效率和质量。截至2022年2月，化工产业大脑上线企业侧场景应用14个、政府侧场景应用10个，上线工业APP超2000个，引入生态合作伙伴400余家。例如，物资联储联备应用，为企

---

① 宁波市经济和信息化局.化工产业大脑——助力绿色石化产业集群高质量发展.(2022-02-24)〔2022-07-15〕.http://jxj.ningbo.gov.cn/art/2022/2/24/art_1229607298_58934234.html.

业提供全生命周期管理一站式服务，注册企业超 10000 家，交易额突破 14 亿元，采购效率提升 60%，采购成本降低 20%。

（2）强化数据综合集成，绘好产业"数字云图"

化工产业大脑致力于加强场景应用数据融合和跨部门数据对接，建立多跨数据共享机制，绘制石化产业集群数据云图，帮助政府掌握产业发展态势、监测产业风险、优化产业布局等，省级、市级、区级、企业层面数据需求满足率均达到 95% 以上。同时，结合产业云图，实施危化品运输行业产业调整等重大生产力布局，引入百亿产业链项目 3 个。2021 年 6 月 28 日，位于镇海区的全国最大炼化一体化产业基地建成，在全国首次实现数字工厂和物理工厂同步建设、同步交付。

（3）统一数字建设规范，高效布局"智能工厂"

为了加快布局石化行业数字化车间、智能工厂项目，探索数字化设计、智能化生产、绿色化制造等新智造模式，形成化工园区数字化平台建设指南、综合评价指标体系、数据规范标准等制度成果，化工产业大脑启动智慧化工园区平台建设，实施石化企业上云、工业互联网建设、5G 智能改造等配套数字化项目。截至 2021 年 11 月底，宁波市镇海区石化企业技术改造覆盖率达 100%、智能改造率超 50%、SupOS 工业操作系统部署率达 40%、数控化率和上云率均达 100%，数字化水平全省领先。

（4）推动应用四级贯通，联动产业"数字链条"

化工产业大脑接入博汇化工等一批智能工厂，初步构建了以"产业大脑＋未来工厂"为核心的产业生态。化工产业大脑构建了"政府＋园区＋企业"的"三切面"体系，横向牵引业务管理，纵向打通数据资源，描绘产业、园区、企业"三画像"，深度结合园区认定、园区评级、企业入园、产业链分析等全业务流程，实现政府对全产业链的智慧监管、辅助决策与精准服务。[①]与此同时，化工产业大脑打造了线上大脑统筹、线下实体运作、全行业覆盖的石化产业链中心，根据国际环境、市场需求、产品价格动态等要素，为企业把握行业风向标、调整生产决策提供支撑。例如，2022年1—5月，根据产业大脑作出的"国际化工产品市场出现供应不足"预判信号，镇海区推动高端树脂等精细化工产品一举开拓美、德等10多个海外市场，出口量全国石化系统第一。

2.突出问题

（1）"三低三不足"现状无法积累优势，产业内部发展缺乏动力

省内化工产业呈现"三低"共存的现象，即企业智能化程度低、园区创新力低以及园区集群效应低，部分化工工业园区缺乏对产业分工的具体原则和关联产业经济效应的规划，产业集群不集中、优势不明显。同时，企业缺乏智能化、信息化系统又使得企业间缺少统一数据标准和接口，政府又对各个企业缺少数字化监管手段，产业结构调整政策也因此缺乏科学依据。

此外"三不足"现象，即各自内部联动、产业大脑和"未来工厂"之间联动、建设运营机制探索等三个方面存在不足，使得浙江省化工产业在面临主要下游行业对化工产业提出了更多新产品、新性能、新应用要求的局面时，缺乏有效的持续性发展动力。

（2）行业前景不明，产业总体发展遭遇瓶颈

2020年9月，中国明确提出2030年"碳达峰"与2060年"碳中和"目标，

---

① 宁波市经济和信息化局.化工产业大脑——助力绿色石化产业集群高质量发展.(2022-02-24)
〔2022-07-16〕.http://jxj.ningbo.gov.cn/art/2022/2/24/art_1229607298_58934234.html.

随着国家"双碳"目标落地，化工龙头企业纯粹产能扩张已进入瓶颈期，转入下游新能源新材料行业又遭遇行业壁垒问题。与此同时，石化市场疲软，价格持续低迷。[①]

3. 应对措施及未来机遇

化工新材料及高端专用化学品领域是一个市场巨大、产品附加值高的前沿领域，其发展也将成为我国化工行业转型升级期间的重要驱动力。2019 年，我国化工新材料表观消费量接近 3000 万吨，自给率约为 60%，总体来看我国化工新材料产品中，中高端产品比例较低，产品附加值不高，与世界先进水平差距较大。因此，浙江省化工产业大脑未来的建设发展应当聚焦于当前我国、浙江省的化工产业基础，继续立足于数字化、智能化、信息化策略，寻找可行的可持续发展道路。

（1）政府统建与试点结合，促使产业大脑"专、精、快"地服务企业

浙江省各级政府应当在优化营商环境上下功夫，推进简政放权，抓好政策标准、政策执行、法治环境、政务环境建设，把力气用在营造良好环境和做好服务上。此外在产业大脑的全省布局中，先落地的试点地区需要主动作为，依据当地特点，寻找创新发力点，持续发挥地方试点对于产业数字化、生产智能化等方面的倒逼作用。

而从产业的角度来看，园区化是化工行业的必然趋势，园区化管理可以最大化地发挥化工行业的规模集群效应，同时也能有效地规避化工生产中的安全及环境风险。作为产业园区的主要管理方，浙江省各级相关政府部门需要进一步优化布局，提升管理水平，促进园区企业协同创新，共同

---

① 中国化工信息周刊. 全球化工行业发展的五个特点和四大趋势. （2020-01-01）［2022-07-18］.https://www.sohu.com/a/364052296_806277.

推进省内化工园区朝着又大又强的方向前进。

（2）长远目标与短期破题相兼容，聚焦化工产业新方向

化工产业大脑建设，短期需要完成基础设施建设，将传统生产模式与管理模式数字化、智能化，对全产业链进行改革。而想要化工产业大脑长期运转，则需要化工产业高起点规划（顶层设计），指引整个产业发展。

行业交叉和技术交叉将成为未来化工行业的前沿创新点，化工新材料、化工新能源和高端化学品等高端化工行业是化工行业未来发展的重要推手，代表着整个化工行业未来发展的方向。因此，浙江省产业大脑的未来建设，也需要集中力量于化工产业未来的发展方向，对进行前沿技术研究的企业、研究所、高校等，提供充足的数据、技术、资金等多方面、多渠道的支持。

（3）合理赋能产业数据，有效推进化工产业数字化之路

数字化、智能化是大数据时代的战略和运营策略，作为传统行业的化工行业，在大数据时代同样在数字化、智能化转型方面面临着巨大的机遇。如何利用好浙江省化工企业在生产、运营和销售端的海量数据，合理地运用数据科技赋能，如利用大数据进行原料价格预测，利用大数据在生产端建立起线性网络优化模型，利用数字化精准调控生产流程和管理流程，运用大数据分析、细化下游需求端、个性化定制产品等，将成为浙江省化工行业拥抱数字化、智能化转型的必经之路。

（二）浙江省动力电池产业大脑案例分析

动力电池产业是长兴县的特色产业和支柱产业。长兴以"产业大脑＋未来工厂"为核心促进全产业加快转型升级，加快打造世界级动力电池先进制造业基地。例如，在天能动力能源"未来工厂"数据大屏上跳出了总

部产业大脑发来的订单，工作人员点点鼠标、输入指令，这个任务就直接下派到了生产一线。总部可以实时向全国各地的工厂下派订单，接收到订单后，直接将任务下派至生产线，后续的入库、出库、交货等都可以在这个平台一键完成。

"未来工厂"聚焦的是生产和销售环节，而让整个产业稳定运行的原因是其背后强大的产业大脑。在天能集团总部"未来工厂＋产业大脑"的平台上，除了销售和生产以外，还通过构建供应链金融、电池回收、物流运输等十大场景，聚合四方资源，实现高效协同发展。

截至2022年7月，动力电池行业"产业大脑"服务全产业链企业20810家，其中绝大部分都是中小企业，甚至是个体工商户，通过共享数据和资源，小企业也能做成大生意。据统计，"产业大脑"供应链金融已放贷70.2亿元，节约中小企业融资成本2045万元，研发周期缩短50%，电池回收率提高超30%，企业生产效率平均提高25%，单位能耗平均降低23%，动力电池产业竞争力明显提升。

1. 发展现状

（1）以"产业大脑＋未来工厂"为核心，聚合四方资源，实现高效协同

①方案联动，协同设计。成立数字化改革专家咨询委员会，按照"未来工厂支撑产业大脑，产业大脑赋能政企两端"的总体思路，聚合政府、企业、研究机构、第三方服务等四方资源，通过问需于企业、问策于基层、问计于智囊，科学制定《动力电池行业产业大脑实施方案》，围绕行业全要素整合、全产业链提升、全价值链开发，制定基于电池赋码标准体系形

成的数据流通规则，成功揭榜全省第一批行业产业大脑试点建设。①

②围绕核心，协同建设。考察取经国内外"未来工厂"标杆企业，建立"企业主体＋专家咨询＋第三方支撑服务"的"三位一体""未来工厂"建设模式，按月扎实推进方案实施。同时，采用政府主导、链主型"未来工厂"参与、第三方服务公司支撑的混合所有制模式成立大脑平台公司，负责建设运维与技术功能迭代升级。截至 2022 年 4 月，获评省级未来工厂 1 家，入选省级未来工厂试点 2 家。

（2）以唯一电池码为"密钥"，构建绿色体系

①生产端统一赋码。聚焦行业流通堵点，推进"产业大脑＋未来工厂"深度融合，开发电池码这一"密钥"，从生产源头统一赋码，让每块电池拥有独立的"数字身份证"，制定电池行业赋码标准，让不同企业共享同一套"话语体系"，推动行业内部数据通过标准体系互联互通，为全链制造"智能化＋标准化"、服务"可追溯＋可管控"打下坚实基础，实现生产成本更低、效率更高。

②消费端优化服务。围绕行业全闭环监管目标，消费者通过扫码，即可实时掌控每块电池的充放电、性能参数等情况，实现运维在线可视、快速修复，提升电池工作效率，延长电池寿命。创新打造智慧换电模式，通过点面结合、城市联动，实现电动车用户出行需求云端响应，为终端消费者提供"车—电—柜"一站式电动车换电服务，10 秒即可完成能源补给，有效解决充电困扰、里程焦虑两大现实难题。

---

① 湖州市经济和信息化局. 长兴县破题"产业大脑＋未来工厂"赋能动力电池产业　加快打造世界先进制造业基地.（2022-04-16）［2022-07-22］. http://hzjx.huzhou.gov.cn/art/2022/4/16/art_1229208209_58923366.html.

2. 突出问题 [①]

（1）国内外碳足迹和回收的政策转变

在欧盟等国外市场相关环保政策转变的大背景下，客户已经给浙江省的动力电池企业提出了非常明确的减碳和回收的要求，比如宝马、大众、奔驰、雷诺、沃尔沃等整车企业，对低碳生产、材料回收、LCA（电池全生命周期的碳排放）都有了非常明确的要求，如2024年以后，在材料回用的比例中，钴达到25%、锂10%、镍10%。

而国内的能耗控制政策则在进一步加强。在"十四五"开局之年，国内的能耗双控制度已经开始实施了。国内现在已经实施了绿色金融政策，如中国人民银行和深圳特区公布绿色金融条例，还有金融机构环境信息披露的指南，对于企业开展绿色投资、绿色项目，以及降低高耗能、高排放项目的投资，都给出了非常明确的指引，也是非常现实、会影响到企业下一步发展的政策。

（2）供应链安全问题有待解决，产品安全问题仍然存在

2021年起动力电池主要材料大幅涨价，三元材料比2020年涨了58%，电解液涨了2倍多，其他的包括铜、铝各种材料都涨了价。这让大家意识到产业链安全的重要性。以锂资源为例，国内缺乏大规模的资源储备，会对浙江省动力电池产业的发展带来巨大的挑战，而且现在全球锂资源主要集中在北美洲和南美洲，浙江动力电池产业要实现可持续发展，确实要考虑资源的可获得性等供应链保障问题。

---

① 新材料情报 NMT. 全球动力电池需求缺口不断扩大，未来动力电池战场硝烟何时消？. （2021-10-25）［2022-07-22］. https://xincailiao.ofweek.com/news/2021-10/ART-180400-8500-30531218.html.

与此同时，2020 年我国新能源汽车召回 45 次，共涉及 35.7 万辆，很多时候都是电池安全的问题。2021 年美国通用召回 14.1 万辆的电动汽车，据报道电池供应商 LG 需要承受大概 18 亿美金的费用，这为浙江省动力电池企业开拓海外市场敲响了警钟。

3. 应对措施及未来机遇

（1）扩展产业大脑应用场景，多场景协同赋能

随着行业大脑的启用，浙江长兴动力电池产业大脑已成功打通省市各级"未来工厂"、智能工厂和数字化车间及原材料供应商、销售门店间的数据壁垒，形成动力电池大数据平台。在产业生态、新智造应用、共性技术、政府服务、政府应用等方面建成"未来工厂"、数字赋码、远程运维、智慧换电、供应链金融、供应链集采、供应链物流、云回收、低碳乡村、运行监测十大应用场景，为全产业加快转型升级提供急需、好用、实用型赋能。

（2）共谋绿色发展，创造电池发展新路径

浙江省动力电池产业需要积极应对国内、国外的绿色产业政策，制订企业"双碳"战略规划，启动碳足迹管理和减碳行动计划。企业、政府可以借助产业大脑的数字化、信息化功能，更好更快地实现能耗双控，加强企业内部的节能降耗，确保单位产值的能耗递降，满足国内政策的要求。

依托产业大脑平台，也可以打通遍布全国的动力电池终端分销网络，形成"正向分销＋逆向回收"一张物流网，逐步实现分销回收渠道共享，让每块废旧电池及时"回家"，健全绿色制造供应链体系。例如，截至 2022 年 4 月，天能电池已在国内 10 个省份建立 650 个网点，年可回收处理废旧电池 25 万吨以上，产出再生铅 20 万吨以上、塑料 2 万吨以上、硫酸 3 万吨以上，真正实现生产资源的循环再利用。

（3）建立健全供应链体系，完善动力电池安全保障

在产业供应链安全方面，利用产业大脑的数字信息，摸排供应链弱、难、差环节，强化全产业链战略布局，提高核心资源的掌控能力。同时以产业消费者为中心，依托互联网、物联网、大数据、云计算等现代信息技术，联动商流、物流、资金流、信息流，为线下业务场景优化整合配置资源，提供原材料采购、加工、分销、物流、信息、金融等高效率动力电池供应链集成服务。①

与此同时，在电池安全方面，建议推行全生命周期质量管理，实施以产业大脑数据为基础的系统化安全管理方案。推动行业内部数据通过标准体系互联互通，为全链制造"智能化＋标准化"、服务"可追溯＋可管控"打下坚实基础，实现生产成本更低、效率更高。

（三）浙江省数字安防产业大脑发展实践

数字安防行业是利用视频监控、出入口控制、实体防护、违禁品安检、入侵报警等技术手段，以及云计算、大数据、人工智能等新一代信息技术，防范应对各类风险和挑战，构建立体化社会治安防控体系，维护国家安全及社会稳定的安全保障性行业。②

浙江省数字安防产业在大安防范围内着重突出浙江优势，以音视频等数据资源为核心，以算法、芯片等为基础，综合运用先进传感网、信息处理、通信、计算机、软件等技术，涵盖视频监控、入侵报警、出入口控制、

---

① 浙里督. 长兴县以"三通法"重构产业链供应链生态圈实现新能源产业逆势上扬（2020-11-23）〔2022-07-26〕. http://zld.zjzwfw.gov.cn/col/col1659722/index.html.
② 中国安防行业网. 中国安防行业"十四五"发展规划（2021-2025 年）（2022-04-25）〔2022-07-26〕. http://news.21csp.com.cn/c899/202106/11407482.html.

安检防爆、应急救援等领域。浙江省数字安防产业自 2001 年开始不断发展，其产业规模、发展模式、技术储备、行业标准等方面都拥有显著的优势，经过 20 余年的发展，浙江省的数字安防产业处于全球领先地位，核心领域视频监控占国际市场近一半份额，已形成较为完整的体系，因此，分析研究浙江省的数字安防产业，不仅对于数字安防产业的发展具有总结价值，还对于浙江省"产业大脑"的建设具有重要的意义。

1. 发展现状

（1）平安城市建设推进国内数字安防市场

在全国不断推进的平安城市建设带动了安防行业的发展，"十一五"期间（2006—2010 年），国内安防行业年复合增长率超过了 23%，而到了 2011 年，随着"3111"试点工程进入整体推进阶段，围绕平安城市进行的直接投资接近 1000 亿元。在看到平安城市经济效益和社会效益双丰收的效果后，2016 年，作为平安城市建设的外延，对乡镇、农村进行无死角安全防范的雪亮工程也开始了全面推进，给安防行业的发展又助了一把力。根据统计数据，2017—2019 年，我国安防行业市场规模从 6016 亿元增长至 7562 亿元，年均复合增长率达 12.01%。

（2）浙江省数字安防产业在国内具有领先地位

浙江数字安防产业领跑全国、领先全球，塑造强劲经济发展新优势。数据显示，2020 年，浙江省数字安防产业营业收入达 2556.7 亿元，同比增长 18.9%，高出规上工业 16.9 个百分点。省内数字安防产业主要分布在杭州、宁波、温州、嘉兴、台州等地，拥有海康威视、大华股份和宇视科技等龙头企业，以及虹软科技、大立科技、舜宇光学、雄迈科技、银江股份等特色优势企业，在芯片和算法研发、安防设备制造、系统集成应用等方面具有较强竞争优势。① 此外，根据统计，2020 年全省共有数字安防规模以上企业 460 家，其中年营收超 100 亿元企业 4 家，超 50 亿元企业 5 家，单项冠军企业 11 家。

浙江数字安防产业省内多地协同发展产业布局，加快突破图像传感器、中控设备等关键零部件技术，补齐芯片、智能算法等技术短板，加快人工智能、虚拟 / 增强现实等技术融合应用，预计到 2025 年浙江数字安防产业产值达到 4000 亿元。其中，杭州作为全国数字安防产业发展核心区，已创建有国家先进制造业集群、国家电子信息（物联网）产业示范基地、国家级战略性新兴产业集群、国家创新型产业集群试点（数字安防产业）等国家级试点示范。为逐步实现数字安防产业向视觉智能产业跃升，杭州提出打造"中国视谷"，加快建设国内领先、全球重要视觉智能高新技术策源地、视觉智能高端产业集聚地、视觉智能产业环境最优地。

与此同时，浙江省数字安防产业已形成较强的技术创新能力。2020 年，全省数字安防领域新增专利 4000 余件，位居全国第一。省内有城市大脑国家人工智能开放创新平台等 43 家国家级创新载体、浙江智慧视频安防制造业创新中心等 186 家省级技术创新载体。浙江大学、杭州电子科技大学、北大信息技术高等研究院等高校或研究机构设立了多个国家级、省级实验室与技术研发平台，为数字安防技术创新发展提供良好支撑。

2. 突出问题

（1）在当下的泛安防时代，安防行业呈现碎片化、场景化大趋势

随着 5G、AI 等新一代信息技术的快速发展，视频分析、人像识别、数

---

① 中国网 . 风劲帆满图新志，杭州力建"中国视谷"产业地标 .（2022-02-11）［2022-08-10］.https://city.cri.cn/20220211/7d9f81d3-52fb-9bed-420f-b9f17204679b.html.

据分析等技术不断完善，安防产品功能越来越丰富、边界越来越模糊。安防逐步与多领域进行融合，向更广泛的领域推进，已经进入泛安防时代。泛安防时代，行业呈现"碎片化"特征，长尾效应明显，众多细分领域市场需求的出现，打开了安防市场的成长空间。

（2）传统安防迈向智能化，新的利润微笑曲线将出现

安防赛道进入数据智能时代。"十三五"安防行业的基础建设以采购摄像头等硬件设备为主，"十四五"期间软件平台和业务系统的建设比重将会明显提升，AI＋安防的"数据智能"时代将会来临。AI＋安防新的利润微笑曲线将出现：之前安防行业的供应商最擅长的视频数据结构化、识别等业务面临行业的激烈竞争，逐步沦为利润洼地，未来的优先选择是面向"视频数据中心"建设或者面向更高层的垂直业务系统开发拓展——前者定制化程度低，容易复制，更加被巨头青睐；后者偏向于长尾需求，竞争压力较小，但是需求尚不明显，需要仔细研究，选择适合的垂直领域进行深耕，形成护城河。

（3）当前数字安防产业缺少标准化体系，兼容性低

数字安防产业链的高速发展，对已有产业链标准体系提出了新的需求。数字安防领域网络视频设备互联和视频编解码等关键技术标准仍然被国外垄断，国内各安防企业缺乏核心技术；同时，数字安防产业存在智能终端设备标准不统一、智能安防联网平台不兼容的问题，各家数字安防公司由于竞争关系在技术标准上存在巨大的差异性；此外，当前数字安防企业也存在数据信息安全有待加强等突出问题。

（4）海外供应链不确定性增加，遭受不合理制裁可能性出现

当前全球地缘政治不确定性大大提高，数字安防产业公司在冲突所在

国家与地区的经营可能受到政治冲突的不利影响，遭受不合理、不公正的处罚或者限制。同时，在供应链方面，全球供应体系正在遭受大宗商品价格上升、全球生产与物流受限、大国科技竞争等多种不利影响冲击，供应链体系的不稳定性在大幅增加。各家数字安防企业尽管可以利用管理手段、数字化模式调整供应链、合理调控库存等，但如果全球供应链发生系统性风险，仍可能影响其经营能力。

　　3. 应对措施及未来机遇

　　2021年，浙江聚焦加快建设数字安防等世界级先进制造业集群，相继出台《浙江省数字经济发展"十四五"规划》《浙江省全球先进制造业基地建设"十四五"规划》等文件，并于12月发布《浙江省数字安防产业链标准体系建设指南（2021年版）》，对数字安防（视觉智能）产业发展形成了系统指引。2022年初，《行动计划》作为浙政办函〔2022〕1号文件重磅发布，意味着数字安防产业大脑的建设正式步入高速发展"快车道"，将为全国人工智能创新发展提供"浙江样本"和"浙江经验"。并且，作为浙江省数字安防产业的领军城市，杭州发布了《杭州市人工智能产业发展"十四五"规划》《"中国视谷"建设方案》等重要文件，针对数字安防产业编制了"一链一团一方案"和"五图五清单"，全面推动视觉智能相关产业战略布局和规划实施，在数字安防产业链提升、标准体系建设、实体项目攻关、产业大脑建设、融媒体宣传等方面取得了显著成效。

　　（1）产业促进机构凝聚生态，打响产业集群名声[①]

　　浙江省依据产业政策、市场需求，建立了一批数字安防产业的研究机

[①] 中国网. 风劲帆满图新志，杭州力建"中国视谷"产业地标.（2022-02-11）［2022-08-16］. https://city.cri.cn/20220211/7d9f81d3-52fb-9bed-420f-b9f17204679b.html.

构，在数字安防领域发挥了技术研判、信息交流、标准评估等一系列作用。例如，北大信息技术高等研究院作为杭州视觉智能产业集群促进机构，围绕"技术研发孵化组织、集群枢纽组织、治理核心组织"的定位，探索出一条有益于产业冲击"世界冠军"的集群运营模式，积累了可供借鉴的发展经验。期间，积极牵头和参与《浙江省数字安防产业链标准体系建设指南 2021》等方案的编制，并连续两年出版《浙江省数字安防产业发展白皮书》；2021 年 7 月，数字安防产业大脑入选省首批行业产业大脑建设试点"揭榜挂帅"项目名单，其承担数字安防产业大脑的建设重任，于 12 月在全省数字经济综合门户测试上线数字安防产业大脑 1.0 版本，并迭代上线"1 ＋ 4 ＋ N"典型应用。

（2）集群企业协同创新，携手融通发展[①]

以杭州为例，以海康威视、大华股份、宇视科技、阿里云、新华三等龙头企业为引领，在产业链关键环节则涌现了虹软科技、大立科技、雄迈科技、博雅鸿图、银江技术、当虹科技等"专精特新"和"单项冠军"企业，形成了大中小企业融通发展的格局。其中，海康威视、大华股份、宇视科技、新华三、当虹科技、银江技术、博雅鸿图等 10 家集群企业在政府和促进机构的组织下开展 4 个公共服务平台项目和 14 个实体项目的"攻坚突围战"，取得"卡脖子"技术攻关成果 5 个，申请 / 获得专利 78 个。

例如，大华充分利用视频感知、大数据、云计算、人工智能等方面的技术积累和丰富的业务落地经验，积极承接智能物联感控一体化智能平台项目。相关项目负责人表示，"杭州视觉智能产业集群已在推动企业集聚

---

① 中国网 . 风劲帆满图新志，杭州力建"中国视谷"产业地标 . （2022-02-11）［2022-08-20］. https://city.cri.cn/20220211/7d9f81d3-52fb-9bed-420f-b9f17204679b.html.

和产业转型上表现出了强大的发展活力，在推进产业链上下游协同创新、带动区域协同发展、加速'数智城市'建设等方面的成效也将持续显现"。

另外，海康威视视频感知国家新一代人工智能开放创新平台、阿里云城市大脑国家新一代人工智能开放创新平台、之江实验室工业互联网安全平台、智慧视频安防制造业创新中心智慧视觉应用信息安全检测平台等集群项目也在稳步建设，将成为行业数据集成、资源汇聚的重要工具，为视觉智能技术广泛应用、赋能千行百业提供重要服务支撑。

（3）开展数字安防产业的标准化建设

浙江省数字安防产业链具有良好的标准化工作基础。省内数字安防企业主导、参与研制国家标准、行业标准多项。浙江省已发布了《安全技术防范（系统）工程检验规范》等多项浙江省地方标准，拥有国家物联网智能安防及交通产品质量监督检验中心、国家安防质检中心滨江实验室、浙江方圆检测等数字安防相关检测认证服务机构。

开展数字安防产业链标准体系建设，对进一步提升浙江省数字安防产业链的竞争力具有重要意义。一是能够摸清产业链各领域标准现状，为填补标准空白、修订滞后标准、打通产业堵点断点提供支撑，确保"稳链"发展；二是能够从全局出发，在公共安全、智慧交通、应急救援等关键领域，主动布局核心数字经济技术攻关和关键标准制修订，促进技术、产品、标准"三同步"，破解"卡脖子"问题，助推"强链"发展；三是能够引导科研院所、企业研究院等平台载体加快将技术创新成果转化为标准，保障"畅链"发展；四是能够促进数字安防产业集群协同攻关，围绕新技术、新应用，打造行业应用示范，促进相关标准落地应用，发挥标准对产业发展的引领作用。

第五章

浙江省精准画像建设的思路与模式

　　大数据时代，数据体量呈爆发式增长，为数据分析工具的创新奠定了基础。精准画像是一种用于全面细致刻画人、事、物信息全貌的分析工具，在电子商务、健康医疗、旅游管理、市场营销等诸多领域中有着十分广泛的应用。精准画像对于我国不断提升政府决策科学化、社会治理精准化水平，逐步形成现代化治理体系有重要意义。浙江省是率先探索精准画像建设模式的省份之一，2018年，在推进"亩均论英雄"改革任务时提出了精准画像的建设思路。浙江省依托共同富裕示范区建设和数字化改革两大历史使命，将精准画像建设重点用于摸清"扩中""提低"人群结构和体系化建设产业大脑，在多个细分场景中取得积极成效，本章对此进行梳理和总结。

一、精准画像建设的内涵与价值

（一）精准画像建设的内涵

精准画像是用户画像技术的延伸和创新，是用户画像技术在政府治理体系中的创造性应用。这项技术最早由交互设计之父阿兰·库珀（Alan Copper）提出，他将其定义为真实用户的虚拟代表，根据用户行为、动机等因素从真实数据中抽取出每类用户的共同特征，并使用名字、照片、场景等要素对其进行描述。这一概念一经提出，便受到业界和学术界的广泛关注。早期主要用于企业的顾客行为分析，其目的是帮助企业更好地寻找和管理目标客户群，后被迅速推广至其他应用领域。在学术上，不同时期的学者对用户画像技术有不同的理解，比如有的认为它是消费者在网上的浏览、点击、留言、评论等全方位、立体性的消费者的数据集合；有的认为它是参考用户性别、受教育程度等人口统计学特征、社交关系和行为模式等标准而分析、总结和构建出来的一种标签化了的用户模型；而有的则认为用户画像的过程包括搜集用户数据，分析用户相关的业务特色以及可视化数据分析结果等，目前尚未形成共识。

从构成要素来看，精准画像由目标对象的属性、特征和标签构成。其中，目标对象属性既包含诸如姓名、性别、职业等相对稳定的属性，又包含诸如访问频次、访问时长、浏览记录等动态属性。目标对象特征是通过数据挖掘、统计分析等方法从目标对象属性中抽取出来的特性或共性。而目标对象标签是对所提取的目标对象特征赋予标签化的文本，用来表达和区分目标对象特征，方便使用者理解与应用。

精准画像既可以用于对单个人、事、物等微观个体进行数字画像，也可用于团体、企业、产业、地区甚至更宏观的群体对象的数字画像。比如，浙江省乐清市借力数字化技术开发的刻画碳效等级的"碳画像五色图"，以及杭州市高新区（滨江）提出的"企业创新积分"，构建了企业"梯队式"培育画像。再如，绍兴海关利用中国海关"云擎"大数据平台建立"企管大脑"系统，根据企业的基本属性、经营状况、业务规范、守法情况、外部信用等5个维度，精准勾勒辖区进出口企业的"画像"[①]。可见，精准画像已经突破了用户画像原本"用户"自然人属性的束缚，延伸至实体企业和虚拟对象。

精准画像的构建是一个在整体设计的基础上收集处理基础数据、研究目标对象信息、细分标签、丰富画像描述的过程，大致可分为三个基本步骤。一是多方位采集数据，数据是精准画像的基础，通常包含从平台数据库中直接获取相关数据和通过访谈、问卷等方式间接采集数据，数据越全面准确，画像越接近于真实情况。二是抽取特征，它包含人工抽取和技术抽取两种方式，人工抽取方式主要依赖专业人员通过查阅资料、调研访谈等方式在专家建议下给出主要特征，通常主观性较强，仅适用于数据量较小的场景。而技术抽取则运用统计分析、数据挖掘、机器学习等技术手段，借助数学模型并通过计算机来抽取目标对象特征，通常适用于海量数据的场景。三是设置标签或者画像表示，搜索符合场景需要的个体或群体的过程，并通过可视化技术展示其有价值的信息。具体步骤如图5-1所示。

图5-1　精准画像示意

① 2.5万余家进出口企业有了精准"画像".绍兴晚报,2020-07-06(2).

（二）精准画像的应用价值

精准画像的应用十分广泛，在政府治理的方方面面都有很高的应用价值和广阔的应用前景。比如，由于不同产业之间既存在差异又相互关联，政府要做好精准施策与服务，一方面，必须要先准确识别和掌握服务对象各方面情况，避免过去采取"一刀切"和"撒胡椒面"式的产业发展政策，减少人力、物力、财力的过度消耗；另一方面，必须要精准把握产业经济运行规律，及时跟踪国内外发展态势，根据不同产业不同企业自身的发展阶段和特点制定"一产一策""一企一策"，为调整完善产业政策体系，发挥不同产业的比较优势，以及促进各类要素资源合理、高效配置奠定基础。这些都离不开对目标对象的精准画像。从这个方面讲，精准画像为政府精准决策提供基础性保障。

（三）精准画像建设的现状与挑战

浙江省各级政府越来越重视精准画像建设，已涌现出一批有代表性的应用。例如，浙江正在着力打造的产业大脑，通过贯通公共数据、企业数据、市场数据和社会数据，驱动形成政府治理体系的整体智治和高效协作，所推出的一系列举措极大地促进了精准画像建设。除此之外，精准画像技术还在"亩均论英雄"改革、"扩中""提低"改革、"全面覆盖＋精准画像"群体结构数据库建设、精准施策、产业链健康发展、精准营销等众多领域中发挥着重要作用。

然而，当前精准画像建设尚处于起步阶段，在许多方面面临着不小的挑战。在数据采集方面，一是由于缺乏统一规范的数据采集流程，数据缺失、不准确等数据质量问题层出不穷，严重影响精准画像的精准度；二是数据获取难的问题比较突出，制约了精准画像的全面性。在人才储备方面，从海量数据中抽取特征不仅需要掌握相应的技术工具，还需具备一定的业务水平，而很多政府部门重业务轻技术，不利于精准画像推广实施。因此，打造既懂技术又懂业务的复合型人才是精准画像建设面临的又一个挑战。

二、浙江省精准画像建设的模式与路径

（一）精准画像建设模式

1. 以"统计大脑＋应用"系统为代表的系统升级改造模式

"统计大脑＋应用"是由浙江省统计局牵头打造的新一代系统，它是在原有统计数据库系统的基础上集成统计智能分析与应用等数据分析和展示功能，目的是为政府部门精准决策提供精准画像服务。截至2022年7月，在该系统支撑下已经打造了共同富裕统计监测、碳排放智能统计核算、浙江民调在线等10个重大应用。

该模式总结起来有三个典型特征。一是建立专门的部门负责组织、统筹和协调其他有关部门和单位，能够就数据资源整合共享、数据库建设架构、组织技术保障等关键问题开展交流合作，形成高效合作机制，把精准画像建设各项工作持续不断向前推进。二是该部门除收集部门数据外，能够广泛收集社会数据、行为数据等多源数据，具有专业整合能力，能够深度挖掘和整合数据资源。三是已经有比较成熟的数据集成系统，具有较强的技术储备，能够在原有技术储备基础上进行扩展和完善。

2. 以"一网统管"系统为代表的多维融合模式

多维融合模式指的是精准画像与现有系统深度集成，融合成一个新系统。比如，杭州市萧山区统计局多方位、多渠道、多维度推进共同富裕重点群体"精准画像"基础数据库建设试点工作，多方位制定方案，不断优化。多部门配合，密切联合公安、人社、民政、医保等部门，加强数据库的库内数据与萧山区一体化智能化公共数据平台内数据的比对匹配。通过数据库的分析规则和算法优化，从海量的数据库中查找存在于人、群、企之间的频繁模式、关联、相关性或因果结构，实现数据的深度挖掘，并将复杂、海量数据分析快速转化为直观易懂的图形分析，呈现数据背后的深层次逻辑，并通过"一网统管"系统进行模块化展示。

多维融合模式具有三个基本特征。一是由专班组长负责统筹规划，组织相关部门和单位协同推进工作，就数据采集、整合、指标体系建设等问题开展交流讨论，组织调研、细化任务，建章立制压实责任，确保精准画像顺利推进。二是自身数据不足，需要通过多渠道收集数据，根据"抽样＋全样"原则建立重点主体对象抽样与部分主体对象全体相结合的方式建立多源数据采集渠道，重视数据审核，对存在异常的数据及时指导修正，保证数据质量。三是将部门数据集成到政府一体化智能化公共数据平台，打通精准画像系统与政府一体化平台之间的壁垒，对部门内数据与平台数据进行比对匹配，通过数据挖掘等大数据分析手段综合分析海量数据，并在政府一体化平台进行展示。

（二）精准画像建设路径

1.基础数据库建设

《浙江省高质量推进数字经济发展 2022 年工作要点》明确指出"促进公共数据与社会数据深度融合，夯实数据底座"。在现实应用中，一方面，

　　规模庞大和质量参差不齐的海量数据对于精准画像建设提出了更高的要求，如何更好地汇聚多源异构数据成为精准画像建设亟须解决的问题；另一方面，对于一些不易获取的数据，数据源可能存在总量相对较小、数据质量不高的问题，如何合理科学应用数据挖掘等方法是另外一个重要问题。浙江省在数据采集方面的做法是推动全量归集，强化多维集成。全量归集是一种对数据进行整合、归纳、收集的手段，是指既要对各类数据实现完备、全部数量的收集，又要妥善地归纳与整合到统一的环境里，从而做到数据收集与归纳"不留余地、应归尽归"。这种做法有以下两方面的好处①。

　　从微观层面来说，推动全量归集有利于打破信息孤岛，形成数据共享，实现数据的及时性、完整性。推动全量归集可以打破各个部门之间存在的"数据壁垒"，通过细化和规范归集数据的相关要求，提高数据的汇聚和辐射能力，强化数据溯源，提升归集数据质量，让数据资源变成有质量、有标准的数据资产，实现数据可信共享。

　　从宏观层面来说，推动全量归集有利于提升"大脑"的各项能力，为打造智慧城市创造良好的条件。"大脑"本质上是将政府各项工作职能进行数字化集成，实现业务、决策、执行的流程再造，切实破解发展瓶颈。"大脑"的核心在于数据，没有数据，"大脑"就无法运行。推动全量归集，使"大脑"能够拥有各类数据，随时使用各类数据，构建数据生态系统，让其更好地为政府提供更加有效的政策指导，把数据服务变成价值创新，进而为构建全域感知、全局洞察、精准决策的智慧大脑提供高质量的基础支撑。

---

① 浙江在线.解读新思维｜什么是全量归集.（2022-04-11）〔2023-11-30〕.https://china.zjol.com.cn/pinglun/202204/t20220411_24065701.shtml.

2. 指标体系建设

指标体系是精准刻画对象的主要衡量工具，指标体系越全面多样，主体对象特征表达得越丰富，主体对象也越接近真实情况，从这个角度讲，构建全面准确的指标体系是精准画像建设的前提基础。从浙江省各地实践经验来看，精准画像指标体系具有多层次多维度的特征。多层次指的是指标所刻画的特征颗粒度大小不同，可划分为宏观指标和微观指标。宏观指标刻画主体对象的全貌特征，而微观指标则描述主体对象的具体特征。为提高精准画像的全面性和准确性，浙江省在构建精准画像指标体系时，通常委托高校、研究所和商业公司等专业机构进行论证设计。

3. 组织保障体系建设

为加强组织工作保障，各地普遍建立专班化运作机制，比如萧山区精准画像由局级主要领导担任专班组长，分管领导担任副组长，抽调各业务科室骨干作为专班成员，以召开工作部署会、业务对接会以及现场走访调研等形式，细化分解任务，形成数据库建设重点任务清单并明确时间节点，压实各级责任。

三、浙江省精准画像建设的具体实践与启示

浙江省一直坚持数字化改革理念，致力于推动产业数字化，基于精准画像技术，创新开发了许多应用场景，充分利用大数据为政府精准决策施政提供依据，有力促进完成"扩中""提低"改革任务和浙江省共同富裕示范区的建设。本节主要通过介绍精准画像在浙江省数据库建设和产业链的具体实践案例，对各地政府机关应用精准画像的实践经验进行梳理与总

结，为相关人员提供启示与借鉴。

（一）精准画像数据库建设实践经验与启示

1. 精准画像数据库建设实践经验

（1）浙江省统计局经验[①]

2021 年，为了更好地促进完成"扩中""提低"改革任务，浙江省统计局召开构建"全面覆盖＋精准画像"群体结构数据库座谈会，会上提出"要明确职责分工，加强对接配合，不断迭代深化顶层设计和系统谋划，按照数字化改革的理念、方法和机制，充分整合挖掘现有数据资源，促进统计数据与大数据技术有机结合，强化数据互联互通、共治共享。要明确清单化闭环化工作措施，集中精力，全力攻坚，确保高质量完成数据库建设各项工作任务"。

2022 年，根据《浙江省统计局 2022 年工作要点》，为了摸清全省社会群体结构特征、精准识别"扩中""提低"重点对象底数，浙江省统计局始终致力于"全面覆盖＋精准画像"基础数据库的建设，以打破不同部门之间的数据壁垒，推动部门数据互联互通和个体数据有条件共享。同时，不断完善数字化改革顶层设计，迭代优化以"大脑＋应用"为基本型的全省统计局系统数字化改革体系架构，持续健全统计数字化改革共同话语体系。

正如浙江省统计局负责人所说："作为浙江省第一批领域'大脑'，我们让数据成为生产力，助力党委、政府科学决策，减轻企业基层统计负担，提升统计履职能力现代化。"经过一年多的建设，浙江省统计局不仅

---

① 浙江在线.让数据成为生产力 浙江高质量推进省域统计现代化.（2022-07-23）［2023-11-30］.
https://www.zj.gov.cn/art/2022/7/23/art_1229664479_59731165.html.

构建了"全面覆盖＋精准画像"群体结构数据库，还打造了"大脑＋应用"为基本型的全省统计局系统数字化改革体系架构，为浙江省经济高质量发展提供基础性保障。其中，"统计大脑＋应用"自2022年3月整体上线以来，推进收集全省统计数据、部门数据、社会大数据和行为数据等，已形成海量的统计数据库和多维的统计智能工具箱。在"统计大脑"支撑下，浙江统计局已打造共同富裕统计监测、碳排放智能统计核算、浙江民调在线等10个重大应用。

"全面覆盖＋精准画像"基础数据库的建设。针对农村居民"提中扩低"底数不够清的问题，按照省委、省政府的部署，浙江省统计局充分运用数字化技术思维认知，聚焦"人"的特征和活动属性，贯通公安、人社、民政、住建等部门数据，统筹就业、产业、职业、收入、分配和消费等信息，重塑统计履职方式、业务流程、体制机制、制度方法，开展"全面覆盖＋精准画像"基础数据库建设。截至2022年4月底，归集到位171类、数据资源总量16.3亿条，清洗8.0亿条。其中，70万左右低收入农户基本信息、工作信息和收入信息已基本明确，形成低收入农户专题子库。按照"面—线—点"研究路径，已基本摸清低收入农户各细分子群体底数和特征，及时掌握了"提低"重点人群基本状况，为上下联动、精准施策提供依据。

共同富裕统计监测的开发。浙江省统计局增量开发共同富裕统计监测重大应用场景，可以及时掌握共同富裕进程、评价共同富裕实现程度、分析共同富裕影响因素，解决统计调查各类人群从业人员覆盖不全面、"扩中提低"对象群体底数和群体特征识别不精准、数据共享不到位等问题。全面感知场景，紧扣"共同"和"富裕"两大关键词，瞄准城乡、地区和收入三大差距，综合评价共同富裕实现程度，反映群众对共同富裕的获得感、幸福感、安全感和认同感。同时以基础数据库和统计联网直报系统为依托，开展群体精准画像和企业精准画像，使共同富裕统计监测更为精细化。针对低收入农户，开发了"低收入农户"群体精准画像子场景，可全面直观展示浙江省低收入农户基本情况、群体特征，为精准施策提供依据。

碳排放智能统计核算系统的开发。碳排放统计核算是一项重要的基础性工作，为科学制订国家政策、评估考核工作进展、参与国际谈判履约等提供必要的数据依据。而绿色是浙江发展的底色，浙江省第十五次党代会指出，坚持不懈推动绿色低碳发展。在"统计大脑＋应用"中，一个极具特色的应用便是"碳排放智能统计核算"。从规模看，该应用归集了统计、发改、经信、交通、电力等相关部门数据，形成了包含5万余家规模以上的工业企业，涉及煤、电、油、气等39类主要能源品种以及六大领域行业数据的数据仓。与此同时，这一应用可以对各地区、领域、企业碳排放开展统一规范的统计核算工作，持续监测、全面反映全省碳排放指标完成情况及影响因素。在大数据的快速响应下，每家企业的碳排放核算成本能从两三万元降至零元，核算时间也将从两三个月缩短至"一键即时"，为浙江推进"双碳"、主管部门控碳、重点企业节能减碳提供精准统计服务。

"浙江民调在线"平台。该平台是浙江省统计局数字化改革1＋3＋N架构中的重大应用之一，旨在打造数据安全、流程规范、过程可靠、结论权威的官方调查调研平台。该应用通过"一平台、一规范、多场景"的综合解决方案，以"智调赋能"为基层"智慧减负"，着力破解各级党委、政府调查问卷报表数量多、管理难现状，解决基层重复报送、多头参与和"指尖上的调查任务重"等问题。2022年初，该平台已贯通人口普查、经济普查、农业普查、基本单位名录库等多个数据库系统，归集浙江省内253万条法人单位数据和 2000 万自然人数据，支持通过标签字段对调查样本进行精细画像，系统根据样本画像需求，通过可用不可见技术抽取样本，并通过 12340 短信平台进行精准推送，快速触达目标人群，大大提升调查效率。"浙江民调在线"自上线以来，在大数据支撑下精准推送调查问卷，改被动收集为主动汇集，让群众呼声一键直达党委、政府。截至 2022 年 7 月，已开展调查项目 320 余项，收集成功样本超 207 万个，为基层减负 9 万人次以上。据悉，该应用已走出浙江、服务全国，被国家统计局及西藏、新疆等其他省份复制推广到社情民意调查中，充分贡献了浙江智慧。

（2）嘉善县统计局经验[①]

作为县级单位，近年来嘉善县统计局迭代升级统计数字化改革理念、思路、方法和手段，全面建成"善统数智＋应用"，聚焦统计生产、统计服务、统计监督三大统计核心业务，综合开发集成基础数据库、投资项目边界管理、企业统计人员数据库、一键报表、基层网格智治等多领域跨场景重大应用。

建设"全面覆盖＋精准画像"基础数据库，打造共富监测"嘉善路径"。

嘉善县统计局选取"科研人员"群体，围绕常住人口基本信息、工作信息、特定收入支出及相关信息三个核心要件选取属性指标，通过收集行政管理信息和统计调查信息综合集成，归并整合成初代群体结构数据库，实现"精准画像"。依托群体结构数据库，开展对界定标准、测算方法、规模及结构的研究，科学识别"扩中""提低"重点对象，开展"精准监测"，科学评价政策执行情况和综合效果，在共同富裕统计监测中全力输出可复制、

---

① 嘉兴在线.全面推广应用"善统数智"！嘉善做好"双示范"建设的"数库智库".（2022-08-05）[2023-11-30].https://www.cnjxol.com/54/202208/t20220806_9051431.shtml.

可推广的"嘉善经验"，使全县人民朝着共同富裕目标扎实迈进。

建立"一步锁定　精准画像"企业统计员数据库。针对企业统计人员变动频繁、人员信息共享不及时的"顽疾"，建立"一步锁定　精准画像"企业统计员数据库，全面推广企业统计人员备案机制，打破"信息孤岛"，实现全县企业统计人员情况的实时掌握，在基层统计人员队伍建设上形成有效的"嘉善经验"。为了实现精准掌握源头信息，统计人员数据库归集了多维度数据，包含统计人员、企业信息、信息变更三大模块，内含企业名称、统一信用代码、所属区域、法人代表等企业基本信息指标，以及统计人员姓名、学历、职称情况、统计工作年限、参加培训情况等人员信息指标。通过人员库的建立，实现统计人员的全流程追踪、全过程备案，县镇（街道）两级统计机构可以掌握每个"四上"企业的基本框架，通过信息变更模块，及时掌握企业统计员变更情况。

加快推进"统计大脑＋应用"的推广使用。嘉善县统计局根据《浙江省统计局关于做好基层统计网格》文件要求，积极推进基层统计网格智治，精准化构建四级网格，在县域范围内形成"合理布局、协同发力、动态调整"的基层统计网格智治组织体系。组建了1个一级网格、9个二级网格和60个三级网格。据了解，基层统计网格覆盖率、网格企业激活率均达到100%。

同时，积极推进"统计之家"建设，充分发挥小班化、多维度的网格活动平台作用，加大分级分层精准培训力度，不断提升基层统计人员素质。针对企业急难愁盼的问题，结合助企纾困解难等主题开展调研，形成"发现—分析—解决—反馈—跟踪"的闭环管控。

加速推进"一键报表"。"最多报一次"的"一键报表"工作是统计系统标识度很高的一项改革，其推广应用工作体现了统计系统数字化改革的能力和水平，也是减轻企业负担、提高统计数据质量等方面走在前列的重要尝试与探索。县统计局全面推进"一键报表"覆盖面，截至2022年8月，"一键报表"应用企业报送家数达818家，规上工业与规上服务业企业覆盖率均已达60%以上，提前完成省统计局月度覆盖目标。

（3）台州市统计局经验 [①]

为推进台州市"共富图"系统架构建设，加快实现共富建设的"一屏统揽"，助力打造一批共同富裕标志性成果的重要抓手，台州市统计局承接台州市共富改革子项目中"全面覆盖＋精准画像"的群体结构数据库项目，并主动承接两项省级试点项目，组织县（市、区）开展多项市级试点项目，"以点带面"助力"共富图"系统架构建设。

"瓜农天下"试点链接高素质农民群体素质库。台州市高素质农民群体数据库建设通过建立收入测算模型，根据收入测算模型对"瓜农天下"后台瓜农进行收入测算。通过与黄岩区"瓜农天下"平台对接，在平台上添加"收入"字段，进一步丰富了数字化改革应用成效。同时，台州市局在试点建设过程中，探索瓜农行业以外高素质农民界定与数据库建设，如基础资料相对完善的畜牧业、种粮业等。

"中等收入群体分类评估试点"探索群体结构数据库建设路径。台州市承接了省级试点"中等收入群体分类评估试点"，探索解决"全面覆盖＋精准画像"群体结构数据库建设过程中面临的新问题，通过住户调查数据建立收入评估模型，开展台州市中等收入群体分类识别研究，积极探索

---

① 浙江省统计局. 台州市"以点带面"助力"共富图"系统架构建设. （2022—06—07）［2023—11—30］. http://tjj.zj.gov.cn/art/2022/6/7/art_1562309_58953337.html.

群体结构数据库建设路径，为全省群体结构数据库建设提供台州经验。

县级试点"全面开花"充实"全面覆盖＋精准画像"群体结构数据库。台州市在全省率先实现县（市、区）"全面覆盖＋精准画像"群体结构数据库试点工作的"全面开花"。截至2022年6月，已组织各县（市、区）统计局共同开展旅游业从业人员、梅农群体、小海鲜养殖户、畜禽生产规模户、高素质渔民和低收入农户等9个市级精准画像试点项目，9个县（市、区）"全面开花"地为各类群体精准画像。

（4）嵊泗县民宿主体结构数据库经验[①]

嵊泗县"全面覆盖＋精准画像"民宿主群体结构数据库建设项目是省统计局共富型统计监测体系的首批试点，2022年8月成功入选了省数字政府系统地方特色应用"一本账"及省大数据局城市大脑智能模块典型案例。该应用聚焦"民宿主"这一共同富裕特色群体，以构建民宿主精准画像为核心业务，建设"民宿主精准画像驾驶舱"，集成"民宿主数据库管理平台"，打造"民宿微管家"综合应用，实现对全县民宿主多层次、多维度的分析，科学识别"扩中提低"对象，助力高质量建设共同富裕示范区海岛样板县。

创新统计方法，实现多跨集成。通过一体化智能化公共数据平台、业务部门数据批量汇集、"浙里办"端"民宿微管家"调查方式、AI模型预测等多种方式破解数据采集难题，整合文旅、市监、社保等10个业务部门数据，梳理归集了42类、148万余条数据。通过对全县民宿主群体收入、年龄、学历、户籍等指标的分层分类，构建多维度"民宿主精准画像驾驶舱"，准确分析民宿主收入结构，科学识别"扩中提低"对象。

---

① 舟山市统计局.精准描绘群体画像高效助力海岛共富嵊泗县统计局真抓实干做好共富监测试点.（2022-09-19）［2023-09-19］.http://zstj.zhoushan.gov.cn/art/2022/9/19/art_1228955829_58865543.html.

利用统计模型，破解监测难题。一是为有效破解民宿收入情况无法全面准确掌握的难题，采取"模型＋算法"等方式，通过对民宿能耗情况、营销情况、规模情况等数据进行量化，拟合特征数据与净收入，建立测算模型，科学测算民宿主年经营净收入，有效识别了"扩中提低"对象，为政府制定各项政策，促进民宿共同富裕提供了科学依据。二是先"算"一步，发挥统计预警预测作用。积极开展对未来游客走势的探索，使用 prophet 模型，基于嵊泗县历史游客人数，建立未来月度游客量预测模型，帮助民宿主提高风险防范能力，助力民宿健康运营。

开发统计应用，助力海岛共富。在"浙里办"上架的"民宿微管家"内容涉及三大功能七个模块。其中"我的民宿"和"调查问卷"两个模块从统计数据推送和民生民意传达上实现民宿统计精准触达；"民宿画像"和"民宿排行榜"两个模块从特定对象识别和产业发展多角度监测上实现民宿分析多维展现；"海岛宿记""民宿智算"以及"民宿政策"三个模块从未来游客预测和收入因子分析上实现民宿服务智能共享，为各级政府精准施策提供了数据支撑，助力海岛民宿共富。该应用 2022 年 7 月 20 日在"浙里办"上线，截至 2022 年 8 月 31 日全市 40% 以上民宿使用了"民宿微管家"，访问量达 700 余人次，采集调查问卷 400 余份，网络订单量提升 8%。

贯通统计链路，实现全域共享。市级层面，召开民宿主数据库建设嵊泗现场会，与其他县区分享建设经验，宣传推广"民宿微管家"。省域层面，"民宿主收入预测模型"上架 IRS 省域组件共享，截至 2022 年 9 月，有 3 个县区和 2 个部门申请了组件，实现了不同应用场景中的组件复用，达到了可用可推广的目标。总结实践经验，撰写并发布了《民宿主群体结构数据库建设规范》，为其他地区同类数据库建设提供参考依据。

2.精准画像数据库建设实践启示

浙江省统计局构建"全面覆盖＋精准画像"群体结构数据库，各地统计局纷纷响应，根据各县市实际情况，构建各类特色数据库，推动统计数字化改革助力共同富裕。各统计局构建精准画像数据库的经验可以给我们以下启示：

构建精准画像数据库要充分整合挖掘现有数据资源，将统计数据与大数据有机结合；强化数据互联互通，打破不同部门之间的数据壁垒，共治共享；打破信息孤岛，精准掌握信息源头，实时掌握信息变动，为实现精准画像奠定数据基础。

有了庞大的数据基础也要将其合理应用，充分发挥其数据价值。正如上述几个案例中提到的那样，各个县、市结合各自的独特的发展状况和条件，构建了不同群体、行业的精准画像数据库，为政府精准施策、产业发展、共同富裕提供了数据支撑。

通过制度创新，推进先行先试，为其他地区提供经验。要创新运用大数据、统计调查数据、其他行政记录、统计建模，以及改革统计制度方法，突破建设中遇到的关键节点和难点，并形成理论性、制度性、实践性成果，供其他地区借鉴、复制和推广，同时也能为其他群体的精准画像提供基础。

（二）精准画像在产业链中的实践经验与启示

1.精准画像在产业链中的实践经验

（1）数字化治理保障产业链安全[①]

在新冠疫情期间，产业链供应链受影响较为严重，经济下行压力增大。

---

① 浙江省经济和信息化厅.以数字化治理保障产业链安全.（2022-07-12）［2023-11-30］. http://jxt. zj.gov.cn/art/2022/7/12/art_1659736_58928895.html.

对此，浙江省政府根据党中央"疫情要防住、经济要稳住、发展要安全"的要求，全力保障产业链供应链安全稳定，畅通国民经济循环，确保经济在合理区间运行。

浙江创新性地开展了"链长＋链主"实践，以"三融五跨"方法开发建设产业链群治大协同系统，对业务流程优化再造，做到量化闭环。结合强链、补链、畅链、固链四大业务举措，谋划构建"1＋2＋4＋N"的应用架构，迭代开发"产业一链通"群治系统。"1"是指1个综合集成应用，"2"是指面向企业、政府两侧提供服务，"4"是指强链、补链、畅链、固链4个业务协同子场景，"N"是指每个子场景中若干个业务功能模块。浙江省经信厅联合浙江省科技厅、浙江省商务厅、浙江省交通厅、浙江省电力公司等15个省级单位，综合集成16个应用系统，25个功能模块（见图5-2）。

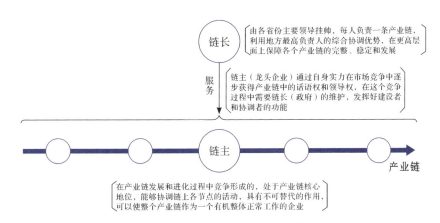

图5-2 "链长制"相关定义①

在新冠疫情防控、复工复产和经济运行调节中，浙江的产业链数字化治理探索发挥了重要作用。比如：将政府大数据成果向企业开放，给企业

---

① 尤筱.质量强国背景下"链长制"促进可持续供应链管理变革.上海质量，2022（4）:26-30.

赋能，帮助企业家感知市场变化，让沉睡的数据成为生产力。开发"链全球、链全国"助力双循环，帮助企业拓市场、找备份、寻找投资方向，截至 2022 年 7 月，累计服务企业用户超 4 万家，累计查询次数超 250 万次；通过人工智能技术筛查，"链长＋链主"机制联合审核，确认强链目标节点 65 个，补链目标节点 155 个，畅链产业情报预警 661 个，固链龙头企业 30 家。

（2）"企业码"助力产业链数字化转型[①]

浙江省借鉴"健康码"的成功经验，率先推出为企业精准服务的"企业码"，并于 2020 年 3 月 18 日在德清县正式开展试点应用。这是浙江省贯彻落实习近平总书记在浙江考察时的重要讲话精神，提升政府治理能力，深化"三服务"活动，推动企业数字化转型的又一项重大创新举措。

德清县作为浙江省"企业码"建设试点，在工业大数据平台现有数据的基础上，打通全县涉企部门数据通道，实现数据自动抓取智能匹配，以公共基础信息和企业授权使用信息为主要内容，形成各个企业专属个性化数字名片。经过前期两个月的试点运行，德清县 2000 余家工业企业申领了"企业码"，其中规上工业企业 100% 注册领码，平台访问次数达 8000 余次。

德清县结合深化"三进三服务"活动，通过多角度多维度的应用场景，加快实施企业码建设，着力打造全方位企业评价体系和县域产业经济智能运行体系，满足企业新时期发展需求，努力实现企业办事"找最少的部门、花最少的时间、交最少的材料"。企业码打通了"三服务"小管家、县企业服务综合平台、县统一政务咨询投诉举报平台的数据断点，建立了线上

---

① 浙江省经济和信息化厅.浙江率先开展"企业码"应用试点.（2020-04-23）［2023-11-30］.
http://jxt.zj.gov.cn/art/2020/4/23/art_1659217_42662260.html.

线下相结合的高效协同服务机制，能快速有效回应企业关切问题，满足企业发展需求，增强企业获得感。

"企业码"以二维码为标识，以企业基础数据仓和涉企数据供应链为数据基础，以省企业服务综合平台为应用支撑，以企业数据授权使用为突破口，以便捷、高效、精准、开放、安全为特点，围绕政策直达、公共服务、产业链合作和政银企联动等环节，通过多系统工作协同和数据资源集成利用，实现企业服务的"最多跑一次"。

由浙江省经信厅联合多部门以及阿里巴巴等企业共同发起建设的企业码，不仅是政府、社会认识企业、服务企业，助力实现企业服务的"最多跑一次"的一个智慧码，也是企业获取服务的绿色通道、产业合作的协同平台、数据驱动的应用系统。它是连接产业链企业间业务协同的重要数字化通道（见图5-3）。

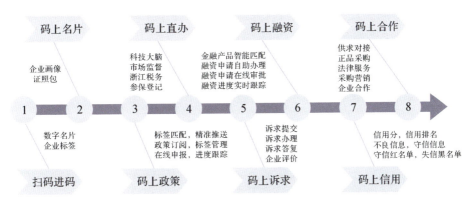

图5-3　企业码创新生态系统服务的内容[1]

---

[1] 刘道学，董碧晨，卢瑶．企业码：双循环格局下政府数字化服务企业的新探索．电子政务，2021（2）：53-63．

（3）产业链数字化精准招商 [①]

以工业经济为支撑的绍兴上虞区，产业链集群发展日渐"显山露水"，产业链精准招商已成为上虞招商引资工作的特色品牌。面对复杂多变的国际国内市场，上虞产业链精准招商面临三大问题：需要招什么？到哪里去招？怎么招？

面对这一系列问题，上虞区一方面聚焦高端新材料、现代医药等八大产业集群培育，强化"链"式思维，编制完善"产业地图"，为产业链招商精准"导航"；另一方面制订"招商方案"，使招商引资工作有的放矢。比如，根据"产业地图"，上虞区领导先后带队赴上海、江苏、广州等地开展招商，共获取招商引资项目信息271条，成功转化签约项目27个。

上虞区还专门委托浙江省发展规划研究院制定了《新材料产业链精准招商实施方案》，极大地提升了招商成功率。除了加快应用新材料"招商方案"，上虞区还着手编制《现代医药产业链精准招商实施方案》，为现代医药产业链"建补强"工作提供理论支撑。

绍兴上虞区通过精准化招商不断完善产业链，使得上虞区在受到新冠疫情影响的情况下，依然可以为招商引资工作交上一张亮眼的答卷。据上虞区投资促进中心统计，2021年1月至9月，上虞招商签约项目达43个，计划总投资277亿元，其中50亿元以上项目2个。

（4）以精准画像绘制"产业链图谱" [②]

杭州市高新区（滨江）通过对接服务杭州领芯微电子有限公司、致成

---

① 范文忠 . 按图索骥"建、补、强" 上虞以产业链精准招商赋能高质量发展 . 绍兴日报 ,2021-12-01(2).

② 洪恒飞 ,江耘 . 数字化改革引领 杭州高新区贴心助力企业发展 . 科技日报 ,2022-05-17(7).

电子等科技型小微企业，了解到许多小微企业面临着一些问题。一是多数科技型小微企业规模偏小、产品附加值偏低、核心竞争力不强，规模实力和抗风险能力较弱，这部分企业普遍存在"高技术、轻资产"的特点，在银行债权融资中存在一定困难。二是企业之间存在信息障碍，导致企业无法准确了解合作企业的技艺之长与存在的风险，而科技型中小企业往往都存在各自的技术难点，需要对接合适的企业才能将其难关攻克，所以这种信息不透明化的信息障碍，会导致科技型中小企业无法高效地与合适的企业匹配协作解决其技术难点。三是许多对外企业普遍存在的通关困难问题，以通关可视化为例，以前企业没有查询货物通关状态的途径，只能依赖货代的沟通，不仅效率低下，而且通关状态不能实时呈现。若货物通关过程中出现异常，因为信息传递不及时，企业往往处理比较滞后，即使异常能够解决，也易导致船期延误，客户项目交付延期，同时产生空舱费等额外成本，给企业造成不必要的损失。

自 2021 年浙江省全面推进数字化改革以来，源于创新创业生态需求的内生驱动，杭州高新区（滨江）以数字化改革为抓手，围绕技术、资本、服务等关键要素，构建包含"产业链图谱""技术供需对接""浙科贷"等多类应用在内的数字经济系统，实现企业服务全流程数字化变革。

杭州市高新区（滨江）通过绘制"产业链图谱"，以可视化的方式展示区域产业链上下游创新资源分布情况。结合前期企业创新积分工作试点与"按技寻企""技术供需对接"等技术的应用，截至 2021 年 12 月，已经举办了 6 场产业链协同创新活动，其中筛选并邀请企业 154 家，促成合作 42 项。该区基本形成对数字安防、生命健康、物联网产业链各个环节的创新企业、创新人才、专利的分析评价，完成对产业链节点的评价，进而提示产业链风险点，筛选一批优质强链补链企业，可以实现招引有效触达。

2. 产业链中精准画像应用实践启示

浙江省各县市实际情况和条件是不同的，面对的问题也是各不相同的，所以他们合理地结合自身的特色运用数据和精准画像手段建立相应的模型应对各自面临的问题，通过上述四个案例我们可以得到以下启示。

各地县市政府可以将政府大数据成果向企业开放，给企业赋能，帮助企业家感知市场变化，让沉睡的数据成为生产力，帮助企业拓市场、找备份、寻找投资方向。

各地县市政府需要合理应用所属区域各企业数据，充分发挥其数据价值。政府可以精准地识别"高技术、轻资产"类型的高质量新兴企业，对其精准地进行政策上的扶持；同时可以解决企业之间存在的信息障碍，使各企业根据自身特点寻找可以有力补足其缺陷的合作方，进行企业自身的优化。

实践篇

第六章

浙江省数字赋能中小企业转型升级实践

　　中小企业是促进浙江省经济和社会发展的重要力量，在吸纳就业、增加收入、推动创新、稳定社会、实现共同富裕目标等方面发挥着重要作用，也是浙江省经济发展的特色和优势所在。推动中小企业数字化转型升级是实现浙江省经济高质量发展的重要命题，是深入贯彻落实"八八战略"和数字经济"一号工程"的重要举措，也是缩小企业差距、实现共同富裕目标的重要途径。本章针对中小企业的数字化转型实践，从整体发展状况、政策支持、发展困境和误区以及相应的对策方面进行阐述，对中小企业数字化发展前景进行展望。同时，通过分析数字赋能浙江省中小企业转型升级案例，总结不同的数字化转型路径，为其他面临转型发展困境的企业提供参考。

一、中小企业数字化发展现状

以人工智能、大数据、云计算、物联网等为代表的数字技术的发展成为推动我国经济社会发展的重要引擎。国家高度重视数字技术的发展及其对赋能传统产业转型升级的重要作用，将"建设数字中国"列为加快建设创新型国家的重点任务之一。2021 年中国数字经济规模达到 45.5 万亿元，占 GDP 比重 39.8%，"数字化转型已经成为企业顺应数字经济时代所必须采取的战略选择，这不仅对企业的组织结构、生产和经营方式产生了重要影响，也在行业和宏观层面产生了深刻的经济后果"。[①]

（一）中国中小企业数字化发展

"中国中小企业数量占全国企业总数的 90% 以上，其 GDP 贡献达 60% 以上，税收贡献超过 50%，提供 80% 的城镇就业岗位，对中国经济社会发展具有重要意义。"[②]《"十四五"数字经济发展规划》提出大力推进产业数字化转型，实施中小企业数字化赋能专项行动；工业和信息化部办公厅发布《中小企业数字化赋能转型行动方案》。为了保障中小企业数字化转型工作的顺利开展并提供政策支持，2022 年，31 个省区市政府工作重点均含中小企业数字化转型，积极探索助力中小企业数字化转型升级的新模式。

根据《中小企业划型标准规定》，按照企业从业人员、营业收入、资

---

① 胡海峰，宋肖肖，窦斌 . 数字化在危机期间的价值：来自企业韧性的证据 . 财贸经济，2022（7）：134-148.

② 李刚，黄思枫 . 全球新冠疫情背景下我国中小企业生存与发展对策研究——基于数字化转型和商业模式升级应对策略分析 . 价格理论与实践，2020（7）:13-16.

产总额等指标，结合行业特点，将中小企业划分为中型、小型、微型三种类型，例如，对于工业企业而言，从业人员 1000 人以下或营业收入 40000 万元以下的为中小微型企业。企业数字化转型是指通过信息、计算、通信和连接技术组合，触发实体属性的重大变化，从而改进实体的过程[①]。根据中国电子技术标准化研究院《中小企业数字化转型分析报告（2021）》，中小企业的数字化转型整体水平分为初步探索阶段、应用践行阶段和深度应用阶段，如图 6-1 和图 6-2 所示。2021 年处于初步探索阶段的中小企业占比为 79%，相较于 2020 年下降了 10 个百分点，处于应用践行阶段的企业占比为 12%，相较于 2020 年增长了 4 个百分点，达到深度应用阶段的企业占比为 9%，相较于 2020 年增长了 6 个百分点。而处于初步探索阶段、应用践行阶段和深度应用阶段的大型企业占比分别为 48%、22% 和 30%。可以看出，虽然我国中小企业数字化转型取得积极进展，但大部分企业仍处于数字化转型初级阶段。与此同时，越来越多的企业进入应用践行和深度应用阶段，这些企业数字化探索实践的成功让人们乐观展望中小企业数字化转型后的发展前景，也会为更多处于初级探索阶段的中小企业数字化转型提供方向，坚定其信心。但是，与大型企业相比，中小企业还需进一步探索、改进和完善数字化转型之路。2021 年我国规模以上中小工业企业营业收入、利润总额同比分别增长 19.9%、25.6%；2021—2022 年平均分别增长 9.9%、16.8%，我国中小企业韧性足、活力强的优势得以体现。

[①]Vial G. Understanding digital transformation: A review and a research agenda. The Journal of Strategic Information Systems，2019，28（2）：118-144；张新，徐瑶玉，马良 . 中小企业数字化转型影响因素的组态效应研究 . 经济与管理评论，2022（1）:92-102.

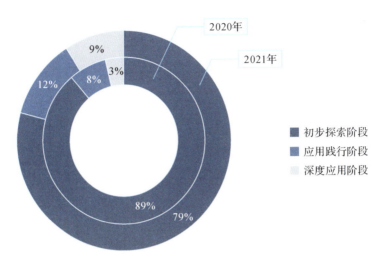

图6-1　中小企业2020年与2021年数字化转型整体水平比较

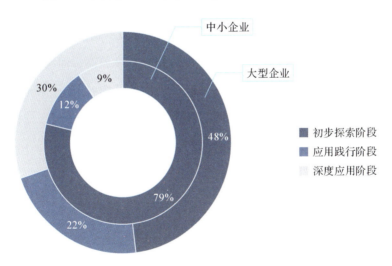

图6-2　中小企业与大型企业数字化转型水平比较

（二）浙江省中小企业数字化发展

1. 浙江省数字经济发展现状

"2021 年，浙江省数字经济增加值达到 3.57 万亿元，居全国第四，较'十三五'初期实现翻番；占 GDP 比重达到 48.6%，居全国各省（区）第一。数字经济核心产业增加值达到 8348.3 亿元，居全国第四，五年年均增长 13.3%，两倍于 GDP 年均增速。截至 2021 年，全省有数字经济高新技术企业 1.1 万家、科技型中小企业 1.8 万家，均为 2017 年的 3.4 倍，数字经济在地区经济中的支柱地位凸显，稳定基本盘、引领增长的作用更加明显，已成为浙江省经济高质量发展的金名片。"[1]浙商发展研究院和《浙商》杂志制作了《2021 数字赋能浙江高质量发展报告（企业篇）》，梳理了不同行业所处的数字化转型阶段。信息通信、金融和保险、互联网、文娱和医疗保健等行业的数字化程度较高，而纺织、服装、化工等传统制造业的数字化水平则相对较低（见图 6-3）。从行业角度来看，汽车、电子、仪器仪表、医药等对数字化转型意愿强，对设备、系统的数字化、智能化改造需求迫切，但也存在一些行业数字化转型难度大，如纺织、木材加工、金属冶炼等。[2]

---

[1] 央广网. 综合实力稳居全国前列！浙江首次编制发布《浙江省数字经济发展白皮书》.（2022–08–10）［2022–08–12］. https://zj.cnr.cn/zjyw/20220810/t20220810_525958018.shtml.

[2] 中国电子技术标准化研究院. 中小企业数字化转型分析报告（2021）. 北京：中国电子技术标准化研究院，2022.

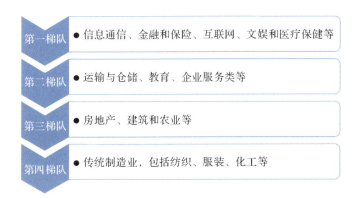

第一梯队	● 信息通信、金融和保险、互联网、文娱和医疗保健等
第二梯队	● 运输与仓储、教育、企业服务类等
第三梯队	● 房地产、建筑和农业等
第四梯队	● 传统制造业，包括纺织、服装、化工等

图6-3　不同行业所处的数字化转型梯队

2. 浙江省中小企业数字化发展现状

浙江省中小企业数量众多，是促进浙江省经济和社会发展的重要力量。浙江省统计局数据显示，截至 2022 年 2 月，浙江规模以上工业企业达到 54299 家，中小型企业占比 98% 以上。中小企业在吸纳就业、增加收入、推动创新、稳定社会、实现共同富裕目标等方面发挥了重要作用，也是促进浙江省数字经济发展的重要力量。亚太经合组织中小企业信息化促进中心发布的《2021 年中小企业数字化指数报告》显示，浙江省 2021 年中小企业数字化综合指数排名第 5 位，前 4 位分别是广东省、北京市、上海市和江苏省。在 2021 年中小企业数字化综合指数百强市排名中，杭州市、宁波市和无锡市分别排名第 3 位、第 8 位和第 11 位，浙江省中小企业整体数字化发展水平位于全国前列。同时，浙江省市场监管局发布的《2021 年浙江省小微企业成长指数报告》显示，数字经济位列小微企业成长指数第三位，指数收报于 155.84 点，同比上涨 9.92%，在所有产业中增幅扩大最为显著。

浙江省块状特色产业明显，例如，杭州市的高新技术产业和网络经济优势、温州市的轻工产品产业先发优势、绍兴市的轻纺产品产业优势、金华市的小商品及五金产业优势等各具特色，[①] 这些特色产业中小企业众多，往往是各地中小企业数字化转型试点优先选取的对象。平台经济作为新模式新业态发展迅速，赋能中小企业数字化转型。根据中国信息通信研究院的数据，截至 2020 年，价值 10 亿美元以上数字平台总价值由 2015 年的 0.80 万亿美元增长至 2020 年的 3.5 万亿美元。作为平台经济的主体，阿里巴巴、腾讯、京东、美团等互联网电商积极赋能中小企业数字化转型，通过为商户减免租金佣金，提供优惠贷款、资金补贴和流量支持等服务，极大降低了中小企业特别是小微企业数字化转型成本，培育和提高了中小企业数字化生产运营能力。[②]

3. 中小企业数字化发展政策环境

为了深入贯彻落实数字经济"一号工程"，更好地促进和支持中小企业的数字化发展，浙江省制定了一系列专门针对中小企业（包括小微企业）的相关政策，如 2021 年 9 月发布的《中小企业数字化赋能行动方案（2021—2023 年）》、2022 年 7 月发布的《推进细分行业中小企业数字化改造行动方案》。除此之外，浙江省在关于"十四五"规划、数字经济发展、制造业发展等的多项政策文件中提出针对中小企业的数字化建设目标和要求，凸显了中小企业发展在促进浙江省整体经济社会发展中的重要地位，彰显了中小企业在促进浙江省数字经济发展、产业发展和实现共同富裕目标中的价值。表 6-1 列举了部分政策文件中对中小企业数字化发展进行规划的内容。

---

① 叶文洁.企业微创新与竞争优势关系研究——基于浙江中小企业的实证分析.华东经济管理，2020（5）:20-32.
② 康芸.加快传统产业企业数字化转型.宏观经济管理，2022（6）:82-90.

表6-1　浙江省中小企业数字化发展相关政策

时间	名称	内容
2017年2月	《浙江省人民政府办公厅关于推进中小微企业"专精特新"发展的实施意见》	推动工业云和工业大数据平台向中小微企业开放平台入口以及数据信息、计算能力等资源，实现软件与服务、设计与制造、关键技术与标准的开放共享。构建网络化协同的云制造服务平台，整合利用中小微企业分散的空余制造能力，加强企业间的协同生产和对市场的实时响应。开展中小微企业数字化改造服务，分行业、分区域推广中小微企业核心装备、关键工序数字化改造方案。到2020年，全省"专精特新"培育企业装备数控化率达到50%以上
2018年9月	《浙江省数字经济五年倍增计划》	实施中小微企业"雏鹰计划"。实施中小微企业数字化赋能提升工程，以互联网思维推动产业创新服务综合体建设，促进中小微企业数字化转型，形成一批细分领域的"隐形冠军"
2019年3月	《2019年小微企业园建设提升工作要点》	推进"园区大脑"建设。研究制定数字化小微企业园建设运营标准。发挥三大电信运营商的作用和智慧园区专业服务机构的积极性，加快小微企业园"园区大脑"的系统开发和推广应用，推动小微企业园实现管理智慧化、服务平台化以及入驻企业的智能化改造和数字化转型。发挥"园区大脑"在数据采集、预测预警、分析研判、资源分配、应急处理等方面的核心功能，以及在破解银企信息不对称和小微企业融资难方面的作用。2019年争取推动100个以上小微企业园使用"园区大脑"系统，打造20个以上示范性数字化小微企业园

续表

时间	名称	内容
2019 年 4 月	《浙江省人民政府办公厅关于开展"雏鹰行动"培育隐形冠军企业的实施意见》	实施数字化改造提升工程。加快推进中小企业数字化赋能改造提升，支持企业提高研发设计、生产制造、运营管理、市场营销等各环节的数字化应用水平。深入实施"企业上云"行动，到 2022 年实现 50 万家企业上云。分行业成批量推广中小企业智能化技术改造经验，推进智能制造单元、智能生产线、数字化车间、"无人工厂"建设。到 2022 年，隐形冠军及培育企业装备数控化率达到 60% 以上
2019 年 7 月	《浙江省推进数化园区建设实施方案》	配置一定双创空间用于中小微企业数字化赋能提升，提供信息咨询、技术指导以及租金、资金、人才等方面的支持，通过信息平台、中介机构、创业导师等实现产学研的精准对接
2020 年 3 月	《浙江制造强省建设行动计划》	依托工业互联网平台，支持大企业构建协同制造体系，支持中小企业便捷获取数字化服务。开展工业技术软件化行动。推动企业上云、深度用云……开展"雏鹰行动"，实施冠军企业培育工程，引导中小企业向"专精特新"方向发展。推动民营企业提升治理水平，造就一批百年制造名企。围绕供应链整合、创新协作、数据应用等产业发展关键环节，构建大中小企业协同发展新格局。支持中小企业公共服务平台和小微企业"双创"基地建设。鼓励国有企业引领、服务、支撑先进制造业发展
2020 年 8 月	《浙江省培育建设"未来工厂"试行方案》	鼓励整合行业内中小企业产供销资源，打造云上产业链，突破工厂物理界限，实现制造资源的动态分析和柔性配置。结合市场需求开展个性化定制，实现产品设计、计划排产、柔性制造、物流配送和售后服务的整体集成和协同优化

续表

时间	名称	内容
2020 年 11 月	《浙江省数字赋能促进新业态新模式发展行动计划(2020—2022 年)》	搭建中小微企业与平台企业、数字化服务商的对接机制，鼓励开发轻量应用和微服务。支持建设数字化转型公共服务平台，降低企业数字化转型门槛。开展浙江制造拓市场系列活动，推进跨境电子商务综合试验区和产业集群跨境电子商务发展试点建设，推动企业营销渠道数字化升级
2020 年 12 月	《浙江省数字经济促进条例》	县级以上人民政府应当通过服务指导、试点示范、政策支持等方式，加大对工业互联网发展的支持力度，推进行业级、产业链级、区域级、企业级等工业互联网平台建设及应用，推动工业技术软件化，促进大型企业开展研发设计、生产加工、经营管理、销售服务等集成创新，降低中小企业使用工业互联网成本，推动中小企业普及应用工业互联网
2021 年 4 月	《浙江省小微企业三年成长计划（2021—2023 年）》	推动数字化改造。实施"十百千万"智能化技术改造行动，推进 5G、人工智能、物联网在小微企业的应用，支持小微企业建设智能生产线、数字化车间。组织开展数字化转型伙伴行动，建立小微企业和信息工程服务商对接机制，推行"上云用数赋智"服务。推进小微企业园数字化建设，提升园区数字化管理和服务能力
2021 年 6 月	《浙江省数字经济发展"十四五"规划》	推动中小企业数字化转型。发挥工业互联网平台作用，为中小企业提供低成本、轻量化、模块化的数字化改造服务。建设数字化转型能力中心，支持龙头企业和平台企业开放资源和能力，为中小企业提供研发设计、生产制造、物流仓储、检验检测、技术咨询等服务。推进园区数字化改造，实现园区管理服务数字化，赋能企业数字化转型

续表

时间	名称	内容
2021 年 7 月	《浙江省全球先进制造业基地建设"十四五"规划》	创新云量贷、数据券、企业服务券等政策，支持中小微制造业企业加快转型……聚焦中小微企业需求，开发部署高可靠、低成本、易维护的数字化解决方案
2022 年 4 月	《浙江省人民政府办公厅关于大力培育促进"专精特新"中小企业高质量发展的若干意见》	发挥省智能制造专家委员会等的作用，引导中小企业结合发展实际实施技术改造，加快建设一批"未来工厂"、智能工厂（数字化车间）。鼓励"专精特新"中小企业设立首席数据官，加强数字化人才队伍建设，提高数字化发展内生动力和能力

（三）中小企业"专精特新"发展之路

随着经济发展方式的转变和经济结构调整工作的推进，中国经济逐渐从过去要素驱动转向创新驱动，企业发展方式也从强调企业规模到注重创新能力，从"大而全"向"大而强""小而精"转变。[①]2022 年 8 月发布的《我国"专精特新"企业发展分析报告》显示，浙江省专精特新"小巨人"企业数量达到 470 家，排名第一，领跑全国，还有 2125 家省级"专精特新"企业和 282 家省级隐形冠军企业，构建起了覆盖不同梯度的中小企业发展体系。这一成就与浙江省高度重视数字经济和中小企业发展

---

① 董志勇，李成明."专精特新"中小企业高质量发展态势与路径选择.改革，2021（10）:1-11.

密不可分。^①各省份陆续公布第四批专精特新"小巨人"企业名单，据统计，浙江、广东、江苏位居前三甲，其中浙江省以 603 家位居第一，领跑全国。中央和地方都在税费方面给予"专精特新"中小企业一些奖励和补贴政策。国家给予被认定为国家级专精特新"小巨人"企业奖励 3 年最高 600 万元/家，每年 200 万元。浙江省也对专精特新"小巨人"企业给予奖补、荣誉资质、"一企一策"政策帮助、政策扶持、人才、推广、金融服务等方面的优惠政策。《关于大力培育促进"专精特新"中小企业高质量发展的若干意见》明确加大对创新、知识产权、人才、质量品牌建设、数字化赋能力度、融资支持力度等方面的支持。此外，市场化融资渠道也积极响应并给予"专精特新"中小企业一些融资优惠，央行发布的信息显示，2021 年前三季度国家级"小巨人"企业获贷率 71.9%，户均贷款余额 7582 万元，利率 4.52%^②。这些支持政策对"专精特新"中小企业的发展起到了支撑作用，也指明了中小企业数字化转型和前进的方向。

"专精特新"中小企业是具有专业化、精细化、特色化、新颖化特征的中小企业。其中，"专"对应专业化，主要表现为生产技艺的专业或专有、产品的专门用途或专业品质等特征；"精"对应精细化，主要表现为生产技艺精深、管理精细、产品精致等特征；"特"对应特色化，主要表现为生产技艺较独特、产品服务有特色等特征；"新"对应新颖化，主要

---

① 中国科学院大数据挖掘与知识管理大数据重点实验室. 我国"专精特新"企业发展分析报告，(2022−08−03)[2022−08−16].https://bdk.ucas.edu.cn/index.php/jjxtl/2843−bdk−2.

② 创头条. 第四批国家级专精特新"小巨人"正公示，浙江广东江苏继续居前.（2022−08−15）〔2022−08−16〕. https://baijiahao.baidu.com/s?id=1741219968033565232&wfr=spider&for=pc.

表现为科技创新能力强、产品服务具有较高技术含量等特征 ①。这一概念在 2011 年被首次提出，并且工信部发布的《"十二五"中小企业成长规划》中明确将"专精特新"发展方向作为中小企业转型升级、转变发展方式的重要途径，形成一批"小而优""小而强"的企业，推动中小企业和大企业协调发展。2015 年，国务院《中国制造 2025》中提出激发中小企业创业创新活力，发展一批主营业务突出、竞争力强、成长性好、专注于细分市场的专业化"小巨人"企业。2021 年，"十四五"规划提出培育专精特新"小巨人"企业和制造业单项冠军企业。同年 11 月，工信部等 19 部门发布的《"十四五"促进中小企业发展规划》提出加快培育主营业务突出、竞争能力强、成长性好、专注于细分市场、具有较强创新能力的专精特新"小巨人"企业，引导中小企业走"专精特新"发展道路。

为了深入贯彻落实国家关于中小企业"专精特新"的发展要求，浙江省制定了一系列政策推动省内中小企业的发展，部分文件如表 6-2 所示。其中，2022 年发布的《浙江省人民政府办公厅关于大力培育促进"专精特新"中小企业高质量发展的若干意见》提出，到 2025 年，累计培育创新型中小企业 5 万家以上、省级"专精特新"中小企业 1 万家以上、省级"隐形冠军"企业 500 家、国家"专精特新""小巨人"企业 1000 家，新增国家制造业单项冠军企业 130 家左右，将它们打造成为补链强链和引领经济高质量发展的中坚力量，推动"专精特新"中小企业培育发展工作继续走在全国前列。

---

① 董志勇，李成明."专精特新"中小企业高质量发展态势与路径选择.改革，2021（10）:1-11；刘昌年，梅强."专精特新"与小微企业成长路径选择研究.科技管理研究，2015（5）:126-130.

表6-2 浙江省"专精特新"政策文件

时间	发文机关	文件名称
2016 年 8 月	浙江省经信厅	《浙江省经济和信息化委员会关于培育隐形冠军，促进中小企业"专精特新"发展的通知》
2017 年 2 月	浙江省人民政府办公厅	《浙江省人民政府办公厅关于推进中小微企业"专精特新"发展的实施意见》
2019 年 4 月	浙江省人民政府办公厅	《浙江省人民政府办公厅关于开展"雏鹰行动"培育隐形冠军企业的实施意见》
2020 年 12 月	中共浙江省委办公厅、浙江省人民政府办公厅	《关于促进中小企业健康发展的实施意见》
2022 年 4 月	浙江省人民政府办公厅	《浙江省人民政府办公厅关于大力培育促进"专精特新"中小企业高质量发展的若干意见》

二、浙江省中小企业数字化转型困境和误区

企业数字化转型分为三个阶段：信息数字化、业务数字化、整体数字化转型，如图 6-4 所示。信息数字化即对企业所接触到的所有信息进行数字化体现，使其能够被放在一个平台上打通使用。这一步看似简单，但往往是难住中小企业的第一道关卡。业务数字化是非常核心的动力，能够把数据变成业绩，实实在在地为企业创造效益。整体数字化转型要求企业的采购、生产、物流、销售、管理、研发等所有部门都围绕数字化这个整体目标进行协同作战，是企业实现数字化转型的最终目标。[1]

---

[1] 2021 浙江企业高质量发展报告 . 浙商 ,2021(19):74–78.

图6-4　企业数字化转型三个阶段

　　数字化转型被证明是困难的，而且许多组织对其理解程度较低。根据麦肯锡研究报告，企业数字化转型成功率只有20%。虽然许多企业从事数字化转型，并将资源投入于智能化运营和构建，但成效并不显著。中小企业由于资源与能力有限，其数字化创新面临的壁垒比大企业更高，数字化转型进程相对缓慢[①]。相较于大型企业转型，中小企业的特性导致中小企业转型在空间和时间维度都受到更大限制，往往呈现决策灵活、整体迁移、快速转换、缺乏退路等特点，意味着其相对而言试错成本更高、风险更大、难度更大。[②]正如前文所述，2021年我国处于初步探索阶段的中小企业占比为79%，且由于缺乏资金、技术、人才、平台，仍处于价值链低端，亟须创新发展模式或借助先进技术手段走出困境，实现高质量发展。

（一）中小企业数字化转型困境

　　1. 处于下游的中小企业受原材料成本上涨影响大。数据显示，浙江省在2022年上半年的工业生产者出厂价格、工业生产者购进价格同比分别

[①] 张夏恒. 中小企业数字化转型障碍、驱动因素及路径依赖——基于对377家第三产业中小企业的调查. 中国流通经济，2020（12）:72-82；张新，徐瑶玉，马良. 中小企业数字化转型影响因素的组态效应研究. 经济与管理评论，2022（1）:92-102.

[②] 罗仲伟，陆可晶. 转危为机：运用数字技术加速中小企业群体性转型升级. 价格理论与实践，2020（6）：10-16，36.

上涨 6.8% 和 11.6%，6 月份，工业生产者出厂价格和工业生产者购进价格分别上涨 5.6% 和 9.1%，工业生产者出厂价格环比与上月持平，工业生产者购进价格环比上涨 0.2%。2022 年 3 月份，制造业 PMI 回落至 49.5，为 2012—2022 年同期最低水平。中型企业 PMI 为 48.5，小型企业 PMI 为 46.6，均在荣枯线以下。[①] 同时，外部大环境使得中小企业的发展前景充满不确定性。

2. 数字化转型基础薄弱。（1）企业数字化转型升级是一项复杂的系统工程，在软硬件改造升级、系统运维、人才培养等方面需要持续投入大量时间和资金，而大部分中小企业竞争实力有限、生存压力大、融资难，很难单纯依靠自身实力进行投资大、周期长、见效慢的数字化转型升级。（2）中小企业现有技术水平不高，在数字平台运营、系统维护、数据采集、分析和利用等方面的技术难以满足企业优化生产流程、高效管理、商务预测、精准营销等需求。（3）大部分中小企业缺乏高级数字人才，没有建立或缺乏实力建立数字化人才培养体系，无法满足企业各个环节的实际需求，制约了数字化转型升级速度。同时，中小企业存在吸纳数字化人才困境，面临招不来、用不起、留不住人才的难题。

3. 企业内部数字化转型战略部署能力弱。数字化转型不是简单的数字化改造项目，而是体制机制、管理流程、组织结构等的深刻变革，随之而来的还有新技能的学习和培训、内部人事的调整、传统企业文化和办事风格的变化等，使得没有决心进行数字化转型的企业在重重阻力下举步维艰。中小企业内部数字化转型对领导者及管理人员的要求较高，如果企业管理

---

① 中国电子技术标准化研究院. 中小企业数字化转型分析报告（2021）. 北京：中国电子技术标准化研究院，2022.

层没有系统的设计、具体的规划以及对执行过程的控制，可能出现半途而废或转型不彻底的情况。

4. 供应链整体数字化转型难。中小企业难以依靠自身力量主动开发或使用联通不同企业的数字化工具，使得企业与企业之间难以实现数据的流通和对接，供应链整体数字化转型难以实现。调查发现，虽然一些有条件的大型企业数字化建设程度较高，但受制于企业上游和下游合作企业的数字化建设程度，无法充分利用数字化基础设施进一步提升企业收益。中小型企业也由于无法跟上大企业的数字化建设步伐，面临进退两难的困境。

（二）中小企业数字化转型误区

数字经济是推动浙江省经济高质量发展的金名片。虽然中小企业整体数字化转型和发展水平有待提高，但仍需采取科学有效且符合经济发展规律的方法进行合理规划，考虑具有行业差异性的数字化需求、企业发展阶段、符合企业特征的发展路径，完善数字化转型目标评价体系，兼顾共同富裕目标，稳步实行中小企业数字化改革，最终实现产业整体数字化建设目标，促进浙江省数字经济发展以及共同富裕示范区建设。

1. 基于行业差异性的数字化转型需求方面。不同产业、不同行业、不同企业对数字化转型的需求程度不同，不能"一刀切"要求所有企业全面实施数字化转型。面对参差的中小企业转型进度，除了考虑在政策、资金、技术等方面予以支持，更应根据该行业数字化转型需求迫切程度有针对性地为不同行业制订相匹配的转型策略。同时，符合行业需求的数字化转型切入点、改革路径等也需要进一步明确。警惕出现表面积极数字化而没有实际实施的情形。

2. 基于企业发展阶段的数字化转型方面。企业数字化转型是一项长期复杂的任务，需要持续投入大量时间和资金，如果企业在当前阶段离数字化转型所要求的条件相差较远，即便有政府补贴、龙头企业带动，也难以达到预期效果。例如，一些体量和业务能力偏弱的中小企业的现阶段目标是"生存"，既缺乏改革基础，又缺乏改革动力。对于中腰部还未完全数字化的成长型企业，数字化转型是一项长期工程，需要逐步完善企业数字化的落地服务，分阶段进行。

3. 基于企业特征的数字化转型路径方面。不同中小企业的行业特征、发展阶段以及发展需求适配的改革路径不同，不能盲目要求企业选择特定的路径。数字化转型路径的选择不能忽略企业自身的需求和其所处的内外部环境，产业集群程度、企业所处的供应链环境、行业特征、企业数字化基础、组织架构、组织文化等都会影响企业所选数字化转型路径的成败，应在综合考虑内外部因素的基础上进行路径选择，并根据具体情况实时调整。

4. 数字化转型目标评价体系建设方面。不同行业数字化转型目标的量化指标、企业数字化转型目标完成度的评估评价依据不完善，难以准确衡量企业数字化建设程度，企业也对数字化转型目标及其达成度存在认知差异，无法准确衡量自身的数字化建设水平，确定下一步改革方向。例如，一些企业将实现信息数字化或业务数字化与实现数字化转型等同，或者局限于当前的数字化建设止步不前。尽管存在从数字化基础设施、研发、人才、业务、生产、财务等方面对企业改革进行评价的量化指标，但兼具行业普遍性、企业特征和发展阶段差异性的数字化转型目标达成度评估和评价体系仍有待完善。

5. 数字化转型与共同富裕目标的平衡方面。数字化转型对"做大蛋糕"的作用毋庸置疑，但是，在此过程中伴随的失业或者员工再就业、中小企业的生存和发展、改革不成功企业的后续处理、数字化转型的长期投入、企业间的"数字鸿沟"等问题如果处理不好将不利于浙江省共同富裕示范区建设以及经济高质量稳定发展。中小企业的数字化转型要兼顾发展与共富目标，统筹做好就业及再就业、收入分配、向困难人群倾斜等以"分好蛋糕"，实现人的全面发展和社会文明进步，不能只顾数字化而忽视共同富裕建设目标。

三、数字赋能浙江省中小企业转型升级案例

在数字化实践方面，浙江省一些中小企业或由当地政府和相关部门推动进行数字化转型，或基于自身需求积极探索数字化转型之路，形成了兼具普遍性和各自特色的数字化发展路径，为省内其他中小企业以及国内外相关企业的转型升级提供了经验借鉴。本节案例根据国家工业信息安全发展研究中心从全国遴选的部分浙江省中小企业数字化转型实践，划分为自外而内的六类转型路径进行阐述。

（一）应对中小企业转型困境的试点—推广路径

中小企业的数字化转型面临的诸多困境，如对数字化转型的必要性认识不足；缺乏资金、技术、人才，数字化转型基础薄弱；投入成本高，但预期收益面临不确定性；数据安全问题；企业内部改革阻力大等，导致部分企业出现"不想""不会""不敢"进行数字化转型的情形。为了克服

这一难题，浙江省江山市选择木门行业进行试点，探索建立"行业数改痛点问题梳理—服务商挂榜招贤—试点项目推进—项目成果评估—标准合同制定—依照样本推广"的行业轻量化数字工程改造路径，以期形成可复制、规范化的做法供其他行业借鉴。

江山市解决中小企业数字化转型困境木门行业试点的具体举措如下。在行业试点规划阶段，由于中国木门市场呈现"零售订单越来越少、工程订单越来越多"的趋势，数字化转型需求迫切；木门行业具有以中国木门第一家上市企业江山欧派公司为龙头、300多家量大面广的中小木门企业为基石和配套的产业集群，集群优势明显；行业整体自动化条件明显优于其他行业，基础良好，因此江山市将木门行业作为试点行业开展数字化转型。

在试点主体选择阶段，确定试点企业评选标准，即企业一把手具有强烈的数字化改造意愿；企业生产经营稳定正常；试点企业的做法具有向不同规模类型企业作相应推广的价值等。江山市有针对性地选取了年产值分别为2000万元、9000万元、3亿元的3家企业作为试点。在选择试点工程承包商时，将具备数字化工程的系统集成及综合服务能力，拥有长年积累的木门行业知识，熟悉木门工程生产工艺、流程与企业管理业务等作为选配条件，引入竞争机制，组织专家评审作为依据和参考，并由企业最终确定工程承包商。

在实践推广阶段，研制《江山木门中小型企业工厂数字化改造工程承包标准合同》，明确六大标准系统模块、技术标准、验收标准、总价款及付款方式等内容，增加"X"智能制造场景与业务的个性化选项及相应的工程款参考指导价，以提高合同样本适配的灵活性。在考虑样本推广时，根据行业共性问题和企业个性化内容，形成"6＋X"场景，其中数字化改造样本的六个场景是基本内容，X则为企业根据自身需求灵活配置部分。总结数改工程形成轻量化"6250"样本，实现企业智改零风险。引导企业根据样本进行复制推广，鼓励金融机构创新金融产品和服务为企业数字化转型提供支持（见图6-5）。

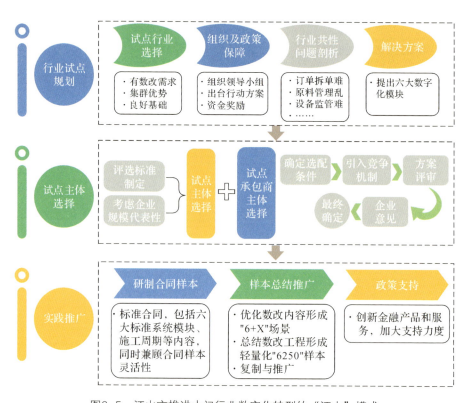

图6-5　江山市推进木门行业数字化转型的"江山"模式

（二）基于"产业大脑＋未来工厂"的特色行业试点路径

2021年7月，浙江省政府印发《浙江省全球先进制造业基地建设"十四五"规划》，提出建设"产业大脑＋未来工厂"。2022年6月，省经信厅公开征求《以"产业大脑＋未来工厂"为引领加快推进制造业数字化转型行动方案（征求意见稿）》意见建议，以进一步推进制造业数字化转型，发挥"产业大脑＋未来工厂"的作用推动制造业高质量发展。为贯彻落实相关工作部署，宁波市镇海区提出"2＋5＋X"镇海模式，围绕化工产业大脑和区域新智造2个省级项目试点，融合产业大脑和"未来工厂"建设目标，推进5个特色行业智能化改造、数字化转型，赋能"X"家重点企业开展"未来工厂"建设，探索形成"产业大脑＋未来工厂"的应用实践和系统性推进区域新智造发展的模式路径。

在具体部署时，首先，推进"产业大脑＋未来工厂"应用融合和数据贯通。其次，积极推动重点行业数字化转型，通过分级奖励政策，精准支持企业以自动化、数字化为重点的技术改造，对于轴承、紧固件等镇海特色行业企业实施数字化改造给予财政补助；率先开展行业数字化改造行动，分批次、有步骤地对轴承、紧固件、石化、液压等特色行业进行数字化改造；全区动员会、现场会、专题业务培训会等多种形式推进数字化改造工作；引进培育工程服务公司，截至2022年3月，已有成果如图6-6所示。最后，积极推动"未来工程"建设，建设数字化车间和智能工厂，为推动"未来工厂"建设培育后备力量；推动"未来工厂"试点场景建设，建设基于"5G＋工业互联网"数字工厂，培育以服务型制造、柔性制造为代表的超级工厂或以智能化生产、绿色制造为代表的"未来工厂"。

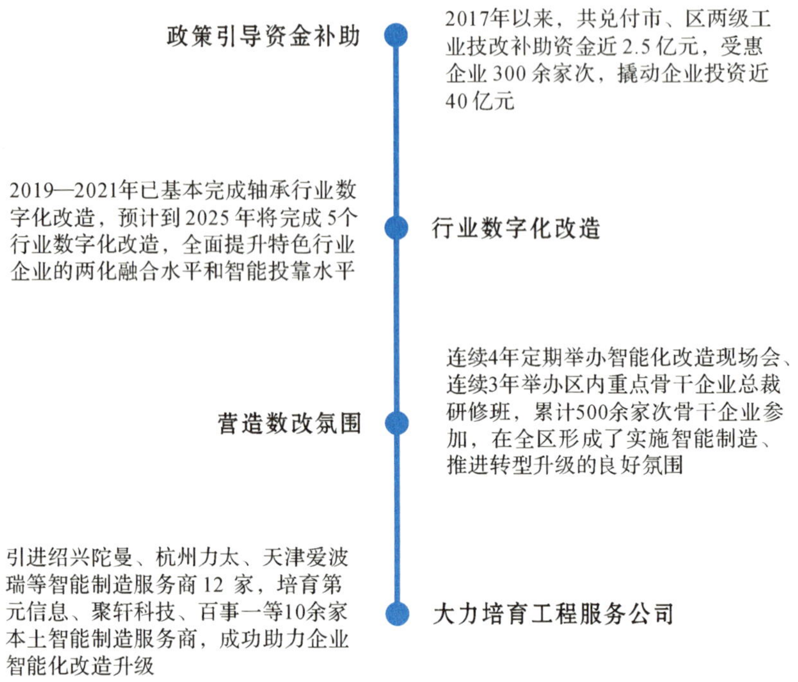

政策引导资金补助

2017年以来，共兑付市、区两级工业技改补助资金近 2.5 亿元，受惠企业 300 余家次，撬动企业投资近 40 亿元

2019—2021年已基本完成轴承行业数字化改造，预计到 2025 年将完成 5 个行业数字化改造，全面提升特色行业企业的两化融合水平和智能投靠水平

行业数字化改造

连续4年定期举办智能化改造现场会、连续3年举办区内重点骨干企业总裁研修班，累计500余家次骨干企业参加，在全区形成了实施智能制造、推进转型升级的良好氛围

营造数改氛围

引进绍兴陀曼、杭州力太、天津爱波瑞等智能制造服务商 12 家，培育第元信息、聚轩科技、百事一等10余家本土智能制造服务商，成功助力企业智能化改造升级

大力培育工程服务公司

图6-6　镇海数字化转型举措（截至2022年3月）

（三）推动特定行业数字化转型的集群化发展路径

据统计，相较于汽车、电子、医药等行业，纺织、金属、燃料加工制造等行业数字化进程排名相对靠后，这跟不同行业的产品或服务类型、数字化转型基础、改革难度等密切相关。[①] 纺织和服装行业是浙江省的传统优势产业，省经信厅统计分析信息显示，2021 年，浙江省纺织和服装行业规模以上企业实现工业总产值 10003 亿元、营业收入 10716 亿元，双双首破万亿大关，规模居全国首位，实现纺织品服装出口额 822 亿美元，居全国

---

① 杨梦培，张巍，黄琳．中小企业数字化转型路径研究．信息技术与标准化，2020（12）:68-71.

第一。在数字化转型方面，2021 年，纺织和服装行业新增省级工业互联网平台 6 个、省级"未来工厂" 3 个、省级数字化车间 / 智能工厂 24 个，新上线服装（童装）、化学纤维、织造印染等产业大脑 3 个。

与此同时，纺织行业是传统高耗能产业之一，其转型是浙江省推进"双碳"目标的重要一环，因此，该行业的数字化转型还需要注重"绿色"发展。面对纺织行业转型升级的需求，长兴以家庭织机户集群化发展、建设纺织小微企业园、搭建小微园云平台的方式逐步实现纺织行业的数字化转型升级，并在减排降耗方面实现了突破。

长兴采用家庭织机户集群化发展路径，创新形成"家庭织机户入园"模式，推进纺织小微企业园建设，引导符合条件的经营主体向小微企业园或纺织企业集聚区聚集。在行业数据共享的基础上，探索建立"大户统一接单经营＋家庭织机户独立核算代加工"和"统一小微园建设＋厂房租赁"的新模式。搭建小微园云平台，打通并利用数据为企业提供服务。图 6-7 是长兴为实现纺织行业转型升级采用的"创建纺织小微园＋家庭及大户织机入园＋织机上楼＋小微园数字化转型＋纺织行业云平台服务"组合措施。同时，长兴注重引导企业开展绿色智造技术创新和绿色智造模式创新，引进纺织印染数字化智能工厂解决方案，通过大数据、互联网等技术，对生产排程、生产工艺、产品质量实行数字化管理，在减排降耗的同时提升产品附加值。

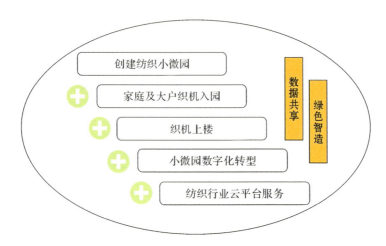

图6-7　长兴纺织行业转型升级路径

（四）基于企业需求的数字化车间改造升级

信息时代，在国际局势多变大背景下，企业通过数字化实现转型成为大趋势。通过数据的互联、共享、流动，整合企业的订单、采购、生产、存储、物流等各个方面，以优化资金流、物流、现金流，提升企业的管理、运营、治理能力，最终实现降本增效，增强企业的竞争力。中小企业根据所在行业和企业自身需求，积极探索数字化转型之路。

浙江鼎业机械设备有限公司对包装设备加工车间进行了改造升级，形成从数字化设备、数字化产线到数字化车间的全方位整合解决方案。车间以其产品全生命周期为主线，企业资源管理系统（ERP）为核心，整合了生产过程执行管理系统（MES）、产品数据管理系统（PDM）、基于产品的各设计软件及自动化生产线等软硬件系统，达到了内部互联、内外互联、虚实互联。

鼎业公司与中国移动合作进行网络部署，对产品进行模块化、标准化整合，分为生产封切机系列、袖口式包装机系列、热收缩机系列、标签收缩机系列等九大类。通过对生产装备的集成应用，实现数字化车间自动化生产线建设，打造数字化车间，实现对生产线物流、生产及设备运行等的集中监控管理，并通过数据分析优化生产线的运行过程，提高生产效率。鼎业公司进行数字化转型的具体举措如图6-8所示。

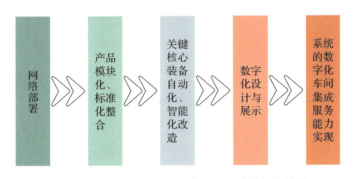

图6-8　浙江鼎业机械设备有限公司的数字化举措

（五）打通供应链的全生命周期数字化转型

在大数据时代，数据作为企业的重要资产，其地位越来越突出，越来越多的企业利用基于大数据的商务分析来增强企业的核心竞争力，然而仅依靠自身的资源和能力是远远不够的，需要去整合不同的资源以实现合作共赢。传统的"供应商—生产商—批发商—零售商"垂直供应链结构被颠覆，职能部门的界限被打破，来自不同行业、不同职能、不同地区的企业和个体形成基于互联网平台错综复杂的"供应网"。[①] 在此背景下，浙江野马电池股份有限公司从2017年开始搭建工厂物联网，后导入系统集成平台，并

---

① 陈剑，黄朔，刘运辉.从赋能到使能——数字化环境下的企业运营管理.管理世界，2020（2）：117-128，222.

逐步开展企业内部协同、供应商协同、顾客协同，打通从供应商到原料车间到半成品车间到包装车间到仓库物流的整个工厂内部生产全环节，打通顾客—企业—供应商—企业—顾客的上下游信息链接，初步实现电池全生命周期协同制造。

野马电池公司开展协同集成制造的建设目标如图6-9所示，着力于完成供应商协同、内部协同、顾客协同并完善协同OA（办公自动化）系统。在与上游供应商的生产协同方面，同佰汇科技合作定制开发了供应商管理平台，用于采购订单、标签、检验报告等管理。进行供应商品质协同，把RicheerQMS系统部署在公有云端，开放给重要材料供应商，开发数据导入模块，根据不同产品对供应商制定相应的检验计划，同时满足供需双方的需求，使双方共同受益。在企业内部，搭建可视化数据集成平台，打通企业内部信息孤岛，采用数据仓库并进行大数据分析，实现工厂生产过程的透明化。导入帆软的可视化数据平台，为部分相关决策提供数据依据，提高部门协同效率。开发客户档案APP实现顾客协同，关联销售订单号和客户产品质量计划、生产信息、检验信息等。此外，公司与第三方百旺金赋合作开发自动报关平台，可以实现出口货物报关协同。

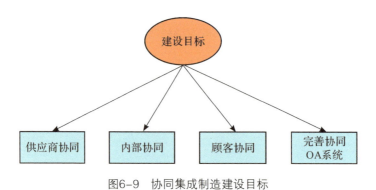

图6-9　协同集成制造建设目标

（六）基于"未来工厂"建设目标的数字化转型

浙江省经信厅在《浙江省培育建设"未来工厂"试行方案》中提出从2020年起每年探索培育建设10家左右"未来工厂"，示范引领浙江省制造业数字化、智能化、绿色化转型发展，成为制造业高质量发展和全球先进制造业基地的展示窗口。"未来工厂"是指广泛应用数字孪生、物联网、大数据、人工智能、工业互联网等技术，实现数字化设计、智能化生产、智慧化管理、协同化制造、绿色化制造、安全化管控和社会经济效益大幅提升的现代化工厂，即以数字化为核心，借助数字孪生、人工智能、大数据等新一代信息技术革新生产方式，通过"数据"驱动研发、生产、制造、营销、管理等，打通企业各个环节与流程，打造智能发展标杆企业、工厂，赋能行业发展。宁波博汇化工科技股份有限公司在2021年被选为浙江省"未来工厂"试点企业，为了实现数字化转型和绿色化制造目标，结合"未来工厂"建设，购置、升级相关设备、系统和软件，引进数字孪生技术，对工厂进行全面改造，具体实施方案如下。

博汇环保芳烃油"未来工厂"在实践中探索数字孪生技术的应用，包括产品数字孪生、工艺布局数字孪生和设备数字孪生。在智能化生产实践中，实现动态实时生产排产和调度以及对突发事件的自动预警、辅助决策和优化调度；对物资采购实施了精准化的管理；在生产执行方面实现了生产流程的全方位管控；通过建设智能物流管理系统，提高了工作效率并优化了人力资源管理；建立了装置设备全生命周期管理体系，完善对装置管理的三级巡检体系等。在安全化管控实践中，从生产安全、信息安全和作业安全方面构筑安全化管控体系。在数字化管理实践中，分别从精益制造、精准服务、风险防控以及智能决策方面进行优化，实现准时生产、降低生产成本、供应与销售管理信息化、及时响应客户诉求、及时识别和防范企业运营风险、推进企业管理与决策的可视化和透明化等实践成果。同时，在绿色化制造实践中，建设能耗管理系统模块并进行统计分析，实现从宏观用能评价到微观用能指导的能源综合管理。具体措施如图6-10所示。

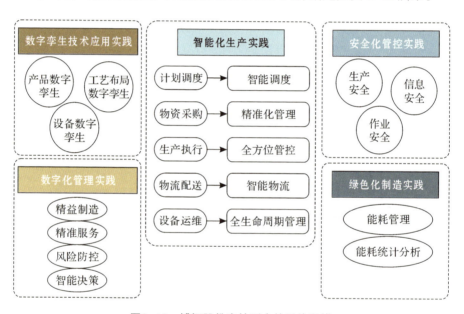

图6-10　博汇股份在转型中的具体举措

四、浙江省中小企业数字化转型的机遇和发展建议

随着数字技术快速渗透到各行各业，数据成为新生产要素，数字经济成为经济高质量发展的新引擎。2022年是浙江数字经济五年倍增计划的收官之年，也是数字经济"一号工程"升级版的开局之年，浙江打造数字变

革高地，计划实现新一轮"双倍增"，到 2027 年，浙江数字经济增加值和核心产业增加值将分别突破 7 万亿元和 1.6 万亿元。[①] 中小企业数字化转型是浙江省发展数字经济的重要一环，也是中小企业提高竞争力、创新、联通企业内外的重要选择，具有广阔的发展前景。

（一）浙江省中小企业数字化转型的机遇和发展前景

1. 浙江省出台一系列促进数字化发展的政策，为中小企业转型提供了保障。"十三五"以来，浙江省深入实施数字经济"一号工程"、《浙江省中小企业发展"十三五"规划》，不断完善促进中小企业高质量发展的政策体系，营造良好的成长氛围，在中小企业创业兴业、创新发展、提质增效、集聚发展、绿色发展、开放发展等方面取得了重要成果。《中华人民共和国国民经济和社会发展第十四个五年规划和 2035 年远景目标纲要》明确提出加快数字化发展，建设数字中国，在税收、创新、"专精特新"企业培育等方面为中小企业发展给予支持。浙江省印发《数字经济发展"十四五"规划》《浙江省人民政府办公厅关于大力培育促进"专精特新"中小企业高质量发展的若干意见》《关于推进细分行业中小企业数字化改造的行动方案》等政策文件，助力中小企业走数字化、高质量发展之路，也为"十四五"期间乃至更长时间的中小企业发展提供了支持和政策保障。

2. 数字化转型有助于企业降低成本、提高竞争力。数字技术通过降低人工成本、标准化生产和智能管理提高生产效率，降低单位产品成本。大数据、云计算等数字技术通过对海量数据的收集和分析，能作出更加精准

---

① 嘉兴在线，浙江首次编制发布数字经济发展白皮书：未来五年数字经济增加值将超 7 万亿元．（2022-08-04）［2022-08-07］．https://baijiahao.baidu.com/s?id=1740202472190539103&wfr=spider&for=pc．

高效的决策，满足个性化需求，提高产品销售能力。智能制造、3D 打印等技术使产品生产格式化、降低次品率，有助于改善产品质量。数字技术的融入有助于提高产品价值。[①] 在市场多变、消费者需求越来越个性化和多样化的今天，企业通过数字化转型降低产品成本、提高生产效率、提高消费者满意度是争夺市场的关键。

3. 数字化转型有助于提升企业创新效率。企业数字化转型程度的加深对企业技术创新具有促进作用。数字化信息平台降低了信息交换和获取的成本，加快了信息和知识传播速度，有助于提高学习效率、促进合作，提升提炼新技术和创造新产品的能力。缩短了企业和客户之间的距离，使客户积极参与产品生产和制造过程，不仅能提高客户的预期，也成为企业创新的动力源泉。通过平台企业可快速获得客户行为数据，借助数字分析技术可更好地把握客户需求，助推企业加大研发投入、促进产品技术升级以精准服务客户从而提高产品价值。此外，企业可利用数据进行风险预测，以减少研发活动中的不确定性和试错成本。[②]

4. 数字化转型有助于实现企业运营内外部协同、优势互补，提高供应链整体运营效率。数字经济使价值链治理模式由传统的消费者驱动或生产者驱动转变为平台驱动模式。[③] 工业互联网平台的泛在连接与数据采集功

① 张媛，孙新波，钱雨 . 传统制造企业数字化转型中的价值创造与演化——资源编排视角的纵向单案例研究 . 经济管理，2022（4）:116-133.

② 李寿喜，王袁晗 . 企业数字化转型与企业创新——来自电子制造业的经验证据 . 工业技术经济，2022（8）: 19-26；张国胜，杜鹏飞 . 数字化转型对我国企业技术创新的影响：增量还是提质?. 经济管理，2022（6）:82-96.

③ 裘莹，郭周明 . 数字经济推进我国中小企业价值链攀升的机制与政策研究 . 国际贸易，2019（11）: 12-20，66.

能有助于制造企业全面获取生产设备运营状态、生产流程、产品质量检测等方面的数据，能够帮助制造企业对内部生产业务流程进行实时监控，进而为企业经营管理活动提供数据支持。同时，工业互联网平台的网络互联与数据采集功能有助于制造企业获取产业链上下游各环节数据资源，后者可为企业提供设计协同、制造协同、管理协同、供需对接层面的智能化支持。[①]

（二）浙江省中小企业数字化发展建议

针对中小企业数字化转型发展困境，浙江省在金融、税收、基础设施、人才、平台建设等方面制定了一系列保障措施和支持政策，并采用补贴和奖励措施鼓励中小企业积极参与数字化转型建设。但是，中小企业的数字化转型不可能一蹴而就，需制订针对中小企业的长期发展规划以实现"十四五"规划和数字经济建设中关于中小企业高质量发展的目标，促进共同富裕。根据前述中小企业发展误区，浙江省应根据产业和数字经济发展需求，根据行业、企业发展阶段以及改革意愿，鼓励、支持、吸引一部分有需要、有条件的企业实行数字化转型。对于现阶段不适合或者不愿意改革的企业采取开放态度，实现企业个性化、人性化、差异化发展。具体措施如下。

1. 制定行业分类数字化指导性意见。根据中小企业发展总体规划制定行业分类数字化指导性意见，根据企业改革的必要性和可行性，将不同行业划分为亟须进行数字化转型的行业、需要分阶段进行改革的行业、暂时

[①] 郑勇华，孙延明，尹剑峰. 工业互联网平台数据赋能、吸收能力与制造企业数字化转型. 科技进步与对策，2023（11）：19-30.

不急于或不需要进行改革的行业等类别。针对不同类别，结合行业协会和企业共性需求，对该行业的数字化转型实施路径、数字化建设难点、改革过程中面临的问题、改革后的升级维护等问题提供指导性意见，并为企业保留一定的个性化调整空间。

2. 构建企业阶段性数字化发展框架。根据不同行业的数字化转型需求制定总体目标，为企业改革方向提供指引，并结合行业特征、企业发展生命周期、数字化建设难度等因素细分为阶段目标。根据企业发展阶段和当前的数字化建设水平，明确其所处的数字化转型阶段。根据企业的数字化建设基础、达到下一阶段所应具备的条件、改革难度等，确定企业在该阶段的数字化转型目标以及实现途径。企业的阶段目标应尽可能明确和具体，为企业完成该目标以及目标完成情况的考核提供基础。

3. 建立改革案例库并提供相关培训。收集不同行业、不同规模、不同类型企业的数字化转型案例并构建案例库，完善每个案例的企业特征、数字化建设基础、改革路径、改革难点和解决方法、改革前后对比等要素，提高企业的数字化意识，增强中小企业的改革动力和信心。鼓励企业"模仿"与其类似案例的改革路径，减少试错成本，降低中小企业改革的门槛，缩小企业间的"数字鸿沟"。根据每个案例为企业提供相关培训，并在培训中注意通用性和个性化的协调，使"路径"更适配中小企业自身发展需求，尽可能保留企业特色。

4. 完善数字化转型达成度考评体系。根据不同行业数字化转型的阶段目标，建立科学的数字化转型达成度评估指标体系，采用一系列定性和定量指标评估每个阶段企业数字化建设关键环节的达成百分比，明确企业改革中的不足以及进一步发展的方向。建立数字化转型达成度评价指标体系，结合企业特征、改革的难处、评估情况等，总体评价企业的阶段数字化建设，提供奖励给评价较好的企业，帮助评价不好的企业克服出现的问题。同时，动态调整并逐步完善评估和评价体系，以适应企业需求和数字化发展需要，警惕"数字误区"。

5. 强化数字化风险防控体系。根据共同富裕目标建立针对企业数字化转型的风险防控体系，及时防范可能出现的不利于目标实现的风险。体系内容包括：妥善处理企业数字化转型中的人员安置问题，避免突然性的大规模裁员；为失业人员提供更多的就业机会和生活保障；为需要适应企业数字化发展需求的人员以及再就业人员提供系列数字化培训；为面临生存困境的中小企业减负，提供更多的市场机会；设立数字化转型相关保险险种，为数字化转型不成功的企业提供保障；为改革成功企业后续数字化设备升级提供信贷支持等。

第七章

浙江省数字赋能农业转型升级实践

　　农业是人类的"母亲产业"。社会生产的发展首先开始于农业，在农业发展的基础上才有工业的产生和发展。没有农业的现代化，就不可能有整个国民经济的现代化。然而，受到传统小农模式等因素的制约，农业产业的数字化进程与其他产业相比显得滞后。农业产业的数字化转型和高质量发展需要充分考虑农业产业本身的特点、发展现状与存在的问题进行合理分析，有针对性地制定相关对策。同时，也要充分利用浙江在数字经济领域的引领作用，在不断探索与实践过程中，总结经验，持续推进农业数字化、智能化发展。

一、农业发展现状与大数据下的农业发展

　　数字赋能农业产业需要与中国长期存在的"大国小农"基本国情、农

情紧密结合。我国农业产业的数字化仍然处于较为初级的阶段，数字农业应用的渗透率还非常低。作为传统的小农模式经济，农业产业中存在自然灾害影响大、人均耕地面积小、部分粮食进口依赖严重、化肥和农药等化学产品使用不规范等问题。这些都是数字赋能农业产业转型升级中需要重点关切的问题。

（一）浙江农业产业现状与存在问题

浙江省素有"鱼米之乡"之称，气候多变，种质资源丰富，历史上孕育了以河姆渡文化、良渚文化为代表的农业文化。浙江山地和丘陵占74.63%，平地占20.32%，河流和湖泊占5.05%，耕地面积仅208.17万公顷，故有"七山一水二分田"之说。浙江耕地面积在全国耕地面积中的占比也非常少，一直维持在1.5%左右。

根据2022年浙江统计年鉴数据，2021年浙江农业总产值为3579.21亿元。其中，种植业产值1697.86亿元（占比为47.4%），林业产值168.25亿元，牧业产值402.74亿元，渔业产值1188.32亿元（占比为33.2%），农林牧渔专业及辅助性活动产值122.04亿元。[①]

小农模式是当前我国农业的主流模式，这也导致农业难以实现规模化、产业化和标准化经营。相对的低水平发展困境也是当前浙江农业面临的问题，具体表现在产业基础薄弱、生产方式落后和产出效率低下等方面。

1. 产业基础薄弱

从浙江实际情况来看，由于耕地面积少、农户经营规模小等先天不足，

---

① 浙江省统计局. 2022年浙江统计年鉴.（2022-10-11）［2023-04-25］. http://tjj.zj.gov.cn/col/col1525563/index.html.

以种植业产值占优势的农业产业基础较为薄弱。产业基础的薄弱直接影响农业的产业化和市场化，使得很多现代科技等创新要素的投入缺乏动能。另外，也导致农业基础设施投资不足，进一步影响农业生产及经营管控，以及对整个农业产业的结构和体系的优化。农业产业基础的薄弱也会影响农业产业链的韧性，使得抵御外界风险的能力下降。

2.生产方式落后

浙江由于地形地貌条件等多种因素的限制，再加上缺乏科学的发展规划，整体的农业生产方式较为落后。许多地区的农事活动仍然依赖于人力，无法大规模使用现代化机械机具和设备。农业生产方式与农业经济发展密切相关，相对落后的生产方式也将阻碍大规模农业生产目标的实现，导致农业经济竞争力受到较大影响，最终阻碍农业经济的革新及发展。[①]

3.产出效率低下

农业生产方式的落后会导致农业生产效率的降低，使得投入产出效率低下。此外，农业资源利用效率不高也是农业产出效率低下的一个重要影响因素。在新形势下，要促进农业产业健康、快速和高效发展，就必须设法提升农业资源的使用效率，特别是在日常的农业生产过程中大力普及和推广现代农业生产技术，还需注重对农业资源应用方式的持续改进，对农业生产环境加大保护，以提升浙江农业产出效率，推进浙江农业产业实现高质量发展。

（二）大数据下的农业发展机遇

基于现代农业的先发优势和规模优势，部分西方发达国家首先将大数

[①] 胡文斌.新时期中国农业经济现状及发展对策.世界热带农业信息，2022（3）：76-77.

据技术引入现代农业生产活动中，对农业生产模式进行结构性优化与改进。在农业服务市场中，一些引入大数据技术应用的供应商为农产品相关的种植或养殖户提供各种信息技术咨询服务、知识管理，也为农业监管部门提供信息技术支持、预测农产品市场供需情况。步入新时代，我国农业产业也获得了前所未有的快速发展机遇，包括大数据应用等各类先进科技被逐渐引入农业领域。

随着共同富裕、乡村振兴和生态环境保护等战略和计划的实施和逐步深入，农业产业数字化和智能化转型升级的动力也得到进一步增强。浙江省内各级政府以及农业农村主管部门也开始对区域内的数字化农业生产项目提供资助或技术支持。杭州、宁波等地区陆续开始建立数字化农业示范区。地方财政部门每年拨付专项基金用于农业信息化、数字化建设，重点扶持技术含量高的农产品生产加工企业、农村合作组织，让这些种植或养殖大户获得用于购买信息化技术设备与数据分析服务所需的资金。

通过在示范区构建覆盖范围较广的物联网体系，形成对示范区的全天候实时检测和控制，将农业生产过程总的数据进行采集并传输到云服务器。进一步地，通过对采集的农情数据进行处理、建模和分析，可以预测农作物的长势与产量、农用物资的需求，不断提升农业生产管理与决策水平。在数据技术时代，大数据技术对于农业数字化智能化转型升级具有重要作用。通过引入大数据技术推动农业产业发展的必要性主要体现在以下两点。

1. 提升农业产业链的稳定性

传统企业组织在进行业务的统计分析时，不仅可用数据量少、精度低，而且无法做到实时分析和支持经营决策。随着云计算与大数据技术被逐渐应用于农业领域，农产品种植或养殖户、生产加工和流通企业组织等可以借助大数据技术采集农作物或养殖动物在不同阶段的生长情况，搜索和分析市场信息。通过全面掌握相关数据并对其进行充分挖掘，就可以有效调节和控制农业生产规模、优化产品种类；通过与上下游的供应商、经销商的信息集成，消除生产与流通之间存在的信息不对称性；通过与农业相关监管部门、合作机构、行业协会以及农资和设备供应商进行信息共享与集成，给相关方提供准确的决策依据，更好地维持农产品供应链和农业产业链的稳定。

2. 提高农业产业资源配置效率

传统农业大多采用粗放式生产模式，单位生产率较低，导致大量不可再生农业资源被浪费。例如，农业生产活动中化肥与农药的用量由于仅依赖经验无法实现精准投放，浪费严重。为提升农业生产作业过程中的技术含量与管理水平，通过引入对关联数据进行采集、存储、传输和分析的技术，建立精细化管理模式来控制农药的用量；通过在生产基地安装有关传感器和物联网设施，借助 5G 或 NB–IoT 等现代通信技术就可以检测土壤环境的变化，实时掌握农作物生产情况，及时对可能发生的旱涝灾害等自然灾害作出反应；同时，借助大数据分析技术对土壤中各类营养成分的含量进行分析，并根据农产品生命周期特征制订施肥计划，适时添加土壤中稀缺的硒、铁等微量元素，不仅可以持续改进和改良农作物的品质，也可以在生产领域中达到合理利用和配置技术资源的目的。

先进的数字化管理模式可以实现数据在线分析、自然灾害自动化监测预警、可视化数据展示，将异地分布的农业生产数据汇集到监控中心或数据中心，能够实现对农业生产过程中各类农作物的产量进行早期评估，对病虫害、极端气候、人为管理误差等进行监测预警，对农业市场多数产品的供求关系、大宗农产品的价格变化趋势、进出口贸易额度变化等进行精确预测，使得农业生产活动具备一定的前瞻性。

然而，目前的农业大数据大多来源于产业调查、现场勘查，未能建立自动化的数据采集、传输和存储机制，也导致获取农业产业中实时信息或数据的难度较高。此外，大数据技术的应用成本相对较高，数据也容易受到主观因素、自然环境因素的干扰；农业大数据相关科研成果在农业领域的转化率和普及程度也相对较低，无法形成区域示范效果，适合农业生产经营的数据产品和服务种类较少。农业大数据难以形成稳定的、具有增值效应的农业产业服务形态，使得浙江现代农业大数据的发展和应用与其在国内领先的数字经济相比要滞后许多。①

二、数字赋能农业转型升级的思路与对策

国家和各级地方政府相继出台了多个关于"数字中国"和"数字乡村"的政策与措施，对于如何实现乡村振兴战略提出了要求，也为农业数字化提供了一些思路。农业产业的数字化转型与其他产业相比显得滞后，需要结合农业产业的特点，厘清农业数字化发展现状与存在的问题，有针对性地制定相关对策。

（一）数字农业的内涵

数字农业主要是指利用计算机技术等现代信息技术实现数字化、网络化、自动化管理的现代农业模式。数字农业概念是美国"信息高速公路"和"数

---

① 迟宗荣. 大数据下农业发展现状及前景分析. 河南农业，2022（8）：57-58.

字化地球"等概念的引申。一般认为数字农业是指将遥感、地理信息系统、全球卫星定位系统、计算机技术、通信和网络技术、自动化技术等与地理学、农学、生态学、植物生理学、土壤学等基础学科有机地结合起来，实现对农作物、土壤从宏观到微观的实时监测，定期获取农作物生长发育、病虫害、水肥状况信息以及相应的环境信息，生成动态空间信息系统，达到合理利用农业资源、降低生产成本、改善生态环境、提高农作物产量和质量的目的。

数字农业的主要内容包括：（1）各类数据库的建设，如作物种质资源数据库、家畜家禽品种资源数据库、农业统计资料数据库、农村经济基础资料数据库、农业科技文献数据库等；（2）元数据标准建设，可以提高系统查询检查速度，提高系统分析效率；（3）监测系统建设，包括作物长势监测、土壤肥力监测、土壤墒情监测、病虫害监测、农业气象灾害监测等；（4）模型库建立，包括水稻、小麦、玉米、棉花等生长发育模型，作物生长与环境关系模型，水土流失及水土保持模型等；（5）决策支持系统建设，包括数据分析、建模、预测等。

数字农业的支撑技术包括：（1）全球卫星定位技术，用于农田土壤、苗情、病虫害信息采集等；（2）地理信息技术，用于农田土地管理、作物苗情、病虫害发生发展趋势、作物产量等信息的地理统计处理和图形转换等；（3）遥感技术，用于作物产量预测、草场产量预测、海洋捕捞量估测、农业灾害预报、农业资源调查和监测等；（4）农业模型技术，通过建立数字模型，指导作物管理、育种、施肥、灌溉等；（5）计算机网络技术和虚拟现实技术等。数字化农业将从根本上改变农业生产方式落后、规模小、不稳定、可控程度低的弱点，为人类提供崭新的农业生产模式。

数字农业也是当前数字乡村建设的重要内容，是加快农业农村现代化进程的迫切需要，是促进乡村振兴的重要力量。浙江省农业信息化工作起步较早，在 2005 年创建了浙江农民信箱，开发政务信息交流、农业技术咨询、农产品市场营销等系统，搭建了浙江农民的网上社会。随后，大力实施信息进村入户工程，建设村信息服务站，方便农民办事。伴随数字技术创新应用和数字浙江的推进，农业数字化转型不断加快，推动了农业发展方式转型，提升了现代农业发展水平。

随着数字技术广泛应用于种植、养殖等众多领域，全方位融入农业经营管理、农产品流通、行业监管、为农服务等方方面面，数字农业内涵进一步拓展。新的数字农业是在"互联网＋"大背景下，将数据信息作为关键要素，按照数字产业化、产业数字化的要求，综合运用物联网、云计算、大数据等先进技术，以透彻感知、高效传输、智慧决策为主要特征，对农业对象、资源、环境、过程和产品进行数字化表达、智能化控制、信息化管理的农业形态。数字农业具备的生产智能化、经营网络化、管理高效化、服务便捷化等特征，成为转变农业生产模式、优化农业产业结构、升级为民服务能力的重要手段。①

（二）农业数字化的特点

1. 农业数据的采集

农业数据范围包括农业产业运作过程中有关的数值气象数据、环境数据、生物信息（营养、水分、叶片、根系等）及农业社会信息数据等，是农业数字化的基础。农业数据的采集主要指通过传感器技术、RFID 技术、

---

① 蔡元杰．浙江数字农业发展现状与对策．新农村，2020（4）：5-7．

3S（GPS[①]、RS、GIS）技术以及人工标注或网络爬虫等方式获取的 web 数据等。其中，环境数据指主要利用温度、湿度和光照等传感器进行实时监测和采集的数据；生物信息数据主要利用人工监测结合设备检测，利用计算机视觉和视频计算技术等进行作物形状、颜色、纹理等特征信息的非接触式监测和采集，这也是生物信息数据监测的方向。融合 3S 技术、航空监测技术及物联网技术的天空地监测系统也将为采集更全面的农业数据提供技术支撑。

2. 农业数据的传输

农业数据的采集点分散，且往往因地形地貌等环境复杂性，传统的有线网络传输方式在农业数据传输中难以普及，因此农业产业中信息通信技术主要基于无线模式。这也是农业产业中大数据应用发展较晚的原因之一。无线传感器网络（wireless sensor networks， WSN）和移动通信网络是目前两种重要的信息传输形式，分别适用于近距离无线通信和远距离无线通信。WSN 的近距离通信具体应用有蓝牙、Wi-Fi、ZigBee 等技术，具有低成本、高可靠和自组织等特点。尤其是 ZigBee 技术在农业 WSN 中扮演了越来越重要的角色，与蓝牙和 Wi-Fi 技术相比，具有低速率（20—250kbps）、低功耗的特点，适合农业传感网近距离（10—100m）通信。在农业产业远距离通信场景中，GPRS（2.5G）是比较成熟的通信技术，具有持续在线、价格较低等特点，在当前农业数据传输中广泛应用。以 5G（第五代移动通信技术）和 IPv6（互联网协议第 6 版）为代表的新一代通信和互联网技术为数字农业的发展提供了更加可靠、安全和高效的网络技术支撑。

---

① 本章 GPS 指以北斗为主的广义全球定位系统。

3. 农业数据的处理

农业数据具有地域性、周期性、时效性和综合性等特点，非线性、不确定性问题在农业数据处理中显得尤为突出。利用数字化技术处理农业数据主要体现在数据挖掘、算法、视频和视觉图像处理技术等方面。在获取农业目标数据的基础上，利用大数据技术，采用相关算法和模型，实现对时间序列上的数据对象进行预测和评估，或采用智能控制手段和方法对农业生产过程进行干预，其中的视频计算、视觉图像处理、人工智能和机器学习算法和智能控制技术是重点。云计算能够实现数字农业所需的计算、存储等资源的按需获取，为农业大数据的处理、分析和利用提供支持。综合利用大数据、云计算和物联网技术，由局部到整体、由经验到知识、由功能到智能等循序渐进地构建现代农业产业数字化服务平台。

（三）农业数字化现状与存在的问题

1. 国外发达国家现状

国外发达国家在数字农业领域的相关研究在 20 世纪五六十年代起步，历经了农业数据定量化、农业数据的计算机处理、知识工程及专家系统、信息网络综合应用等阶段，在农业数字化的研究上已经达到比较高的水平，并已经进入实用阶段。具体体现在农业生产中大量应用计算机处理农业数据、建立各类数据库系统、开发和运用农业知识工程及专家系统、应用标准化网络技术、开展农业信息服务网络的研究与开发，等等。

比较典型的应用有：作物的生长发育模型与模拟，如美国的模拟玉米、小麦、水稻等作物生产的 CERES 模型系统，荷兰的 SWAN5 系统能够在作物生长模拟模型和土壤水分、养分转移过程模型研究的基础上实现整合；对施肥机械和植保机械等利用 GPS 和 GIS 技术进行相关的作业；在计算机视觉方面,美国较早研制了高速高频计算机视觉水果分级系统,应用于苹果、橘子、桃等的产品分级。

2.国内现状

我国农业存在耕地高度分散、生产规模小、时空差异大、量化和规模化程度低、稳定性和可控程度低等问题。为改善农业生产状况,我国在20世纪90年代出现了基于经验推理的专家系统,在温室控制方面研制了使用工控机进行管理的植物工厂系统,可以视为我国农业数字化的起步阶段。2003年,国家863计划启动实施了"数字农业技术研究与示范"重大项目。如今,我国已经初步拥有了数字农业的技术框架。

《数字农业农村发展规划(2019—2025年)》指出,加快发展数字农情,利用卫星遥感、航空遥感、地面物联网等手段,动态监测重要农作物的种植类型、种植面积、土壤墒情、作物长势、灾情虫情,及时发布预警信息,提升种植业生产管理信息化水平,这对我国农业数字化的发展具有提纲挈领的指导作用。[①]

总的来说,我国数字农业尚处于起步阶段。缺少相应的基础研究及精确农业发展支撑,关键技术研发成本相对较高且针对性差。数据采集和监测手段相对落后、速度慢、精度低,不适宜推广和应用。缺乏相应的农业产业标准化体系,所开发各类应用平台系统无法进行有效的数据交换、共享和使用。

3.浙江现状

作为数字经济强省,浙江向来重视农业信息化、数字化及其应用。

---

① 农业农村部.农业农村部负责人解读《数字农业农村发展规划(2019-2025年)》.(2020-01-22)〔2023-04-25〕.http://www.gov.cn/zhengce/2020-01/22/content_5471507.htm.

1998 年，全省第一个农业信息化平台——衢州农技 110 平台是信息化农业的初级形态。进入 21 世纪，信息技术基础设施不断完善，互联网、物联网设备升级换代加快。浙江于 2005 年 9 月开始实施"百万农民信箱工程"，至 2006 年短短一年时间系统便拥有百万用户。2008 年，依托农民信箱平台实施万村联网工程建设，覆盖全省所有行政村。2013 年农民信箱"云平台"建成，用户承载量 500 万人，可同时在线 5 万人、运行 10 个专业平台；2015 年，推出掌上农民信箱。截至 2021 年 8 月，系统拥有 286 万实名注册用户，掌上农民信箱用户 35.2 万，年均发送邮件 8.5 亿封、短信 14.6 亿条，日点击量超 200 万人次。

全省以数字浙江建设为契机，把农业数字化改造作为转变农业发展方式、推进农业现代化的重要内容来抓，促进数字化技术由点及面、由浅入深与农业生产、农产品流通、为农服务、行政监管等融合，数字农业呈现蓬勃发展的态势。2020 年，全省已建成 9 个国家级农业农村信息化示范基地。2019 年 4 月，农业农村部发布《2019 全国县域数字农业农村发展水平评价报告》，浙江德清、平湖等 20 个县（市、区）获评"2018 年度全国县域数字农业农村发展水平评价先进县"，12 个项目获评"2018 年度全国县域数字农业农村发展水平评价创新项目"，分别占全国总数的 20% 和 12.5%。

数字技术应用领域广泛，种植业、畜牧业、渔业、加工业、服务业等产业，以及农业企业、农民合作社、家庭农场、种养大户、农业经营服务组织等主体，均有数字技术应用。同时，农村电子商务发展迅速。2018 年，全省实现农产品网络零售 667.6 亿元，同比增长 31.9%，形成了一批以淘宝"特色馆"为典型的第三方农产品电商平台，共有 1253 个电子商务专业村和 130 个专业镇，分别占全国的 37% 和 32%，各项指标均居全国第一。

　　浙江数字农业领域快速发展得益于在基础支撑能力的强化、农业生产数字技术应用示范与推广，以及对数字农业发展新动能的充分挖掘等几个方面的努力。在强化数字农业基础支撑能力方面，一是通过进一步夯实农业农村信息基础，以综合性网站、基层科技公共服务平台等为抓手，搭建农业信息化服务体系，先后建成农民信箱、浙江农业等应用平台；二是构建现代农业数据中心，依托省电子政务云，整合各级农业部门数据资源，集成畜牧管理、农机监理、质量追溯、扶贫开发、美丽乡村、渔业渔政等多领域数据，建立全省农业大数据中心；三是建立农村信息服务体系。按照"有场所、有人员、有设备、有宽带、有网页、有持续运营能力"的标准，利用村便民服务中心、农民信箱村级联络站、新型农业经营主体，以及银行、通信、电商服务网点等，大力推进益农信息社建设。

　　在示范推广农业生产数字技术应用方面，一是在种植业推广设施农业环境监测、智能控制、智能灌溉等技术，采集大棚中的土壤温湿度、二氧化碳浓度、光照强度等环境因子，自动调控风机、遮阳网、喷滴灌等设备，建立智慧生产管理体系，实现节本增效；二是在畜禽养殖上，以智能化环境控制、精准化饲喂管理、疾病防控、资源化利用等为重点，推进畜禽圈舍通风温控、精准上料、粪污处理等数字化设备集成应用，打造了一批国内领先的数字化牧场；三是在水产养殖上，推广水体环境实时监控、饲料精准投放、病害监测预警、循环水装备控制、网箱升降控制等技术，推动传统养殖模式向数字化水产养殖模式转变。

　　在充分挖掘数字农业发展新动能方面，一是大力发展农村电子商务，深入实施电子商务进万村工程，打造"农业企业＋网店""农户＋协会（公司）＋平台"等农产品电商模式，打造电商产业集聚区和农业创业孵化器、创业园、创业基地，培育"互联网＋"现代农业新主体；二是推动农业新产业、新业态发展，推进传统产业数字化改造，加快数字技术与乡村资源要素、特色产业融合，培育创意农业、共享农业、体验农业、认养农业、个人定制、农商直供等新业态。[①]

4. 浙江农业数字化存在的问题

浙江数字农业虽然发展较快，但与乡村振兴、数字乡村建设目标相比仍有较大的发展空间，主要体现在以下四个方面。

（1）数字农业发展统筹力度不强

数字农业涉及产业链上多个环节，与农业企业、家庭农场、种植或养殖户等多类主体密切相关。由于历史的和现实的问题，对数字农业发展进行统筹和规划，构建一系列政策、标准和规范等支撑体系的难度较大。在数字农业建设过程中，由于农业产业链涉及较多的监管部门，各级政府、企业组织和种植养殖户等各方定位不够明确，作用无法得到充分发挥、协同推进机制不健全。农业数字化平台建设、系统开发、技术应用、设施改造需要大量的资金投入，财政支持力度有限；而农业经营主体往往缺乏投资的实力，造成一些数字化服务企业和营运机构还处于观望状态。

（2）数字技术应用深度不够

基于农业产业链的分布性、季节性和复杂性，各相关主体应用数字技术的广度和深度极不平衡。种植业主体较多地应用生长环境监测方面的数字技术，但病虫害监测和诊断、产量预测、农机具调度等方面的数字化技术应用较少；养殖业主体更多的也是在生长环境监测中配备了通风和在线监管等设施，较少把数字技术应用于动物疫病监测、饲料投放等过程。此外，

---

① 蔡元杰．浙江数字农业发展现状与对策．新农村，2020（4）：5-7．

涉农信息服务以在线查询为主，缺乏诸如农业优新品种推介、病虫害防治等的智能化专家服务系统，在农情监测与市场分析等方面的服务能力还有待进一步加强。

（3）数字技术标准不够统一

作为数字农业的重要支撑，相关规范与标准体系需要完备。但在目前农业生产管理、农产品电子商务、农业产业服务平台等应用系统中，由于缺乏统一的规范和标准，既无法实现产业链中的信息集成，也无法与国内外众多开放的农业智能服务系统等实现信息共享。不同区域、产业、主体间农业应用系统和设备互不联通，"信息孤岛"和重复建设现象较为普遍，甚至存在同一个生产基地内多个物联网系统间不兼容的现象。

（4）复合型人才不足

在全省的数字化改革进程中，复合型人才不足问题是各产业数字化的痛点问题，在农业产业数字化中显得尤其突出。各级农业科技人员队伍普遍缺乏数字化人才，导致对数字化系统构建、技术应用的指导服务能力欠缺。农业生产经营主体数字技术掌握程度也较低，是数字技术应用和推广的主要障碍。农业相关生产经营企业由于缺少专业人员，数字化技术应用难以到位、设备设施正常运维难以落实。此外，数字农业相关的第三方咨询服务体系尚不健全，在数字经济领域的优势没有更好地赋能农业产业。

（四）农业数字化相关政策与对策

1. 相关支持政策

国家出台的多个政策围绕"数字中国""乡村振兴"和"数字乡村"进行部署，其中都提到了农业数字化。农业数字化不仅是数字中国的重要组成部分，也是实现农业农村现代化这一乡村振兴战略总目标的重要途径。这些政策的出台不仅强调了农业数字化的必要性，也意味着全面实现农业生产数字化的大好时机的到来。表 7-1 为 2014—2022 年出台的涉及数字农业的相关政策。

表 7-1　2014—2022 年涉及数字农业的相关政策

年份	国家文件	与数字农业相关内容
2014	关于全面深化农村改革加快推进农业现代化的若干意见	建设以农业物联网和精准装备为重点的农业全程信息化和机械化技术体系
2015	关于加大改革创新力度加快农业现代化建设的若干意见	加快农业科技创新，在生物育种，智能农业、农机装备、生态环保等领域取得重大突破
2016	关于落实发展新理念加快农业现代化实现全面小康目标的若干意见	大力推进"互联网＋"现代农业，应用物联网、云计算、大数据、移动互联等现代信息技术，推动农业全产业链改造升级。大力发展智慧气象和农业遥感技术应用
2017	中共中央 国务院关于深入推进农业供给侧结构性改革加快培育农业农村发展新动能的若干意见	实施智慧农业工程，推进农业物联网试验示范和农业装备智能化。发展智慧气象，提高气象灾害监测预报报警水平
2018	中共中央 国务院关于实施乡村振兴战略的意见	大力发展数字农业，实施智慧农业林业水利工程，推进物联网试验示范和遥感技术应用
2019	中共中央 国务院关于坚持农业农村优先发展做好"三农"工作的若干意见	强化创新驱动发展，实施农业关键核心技术攻关行动，培育一批农业战略科技创新力量，推动生物种业、重型农机、智慧农业、绿色投入品等领域自主创新

续表

年份	国家文件	与数字农业相关内容
2019	数字乡村发展战略纲要	夯实数字农业基础；推进农业数字化转型；推进农业装备智能化；优化农业科技信息服务
2020	中共中央 国务院关于抓好"三农"领域重点工作确保如期实现全面小康的意见	依托现有资源建设农业农村大数据中心，加快物联网、大数据、区块链、人工智能、第五代移动通信网络、智慧气象等现代信息技术在农业领域的应用
2020	数字农业农村发展规划（2019–2025年）	构建基础数据资源体系；加快生产经营数字化改造；推进管理服务数字化转型；强化关键技术装备创新；加强重大工程设施建设
2021	中共中央 国务院关于全面推进乡村振兴加快农业农村现代化的意见	发展智慧农业，建立农业农村大数据体系，推动新一代信息技术与农业生产经营深度融合
2022	中共中央 国务院关于做好2022年全面推进乡村振兴重点工作的意见	推进智慧农业发展，促进信息技术与农机农艺融合应用；拓展农业农村大数据应用场景

2. 加快数字农业发展的对策

（1）强化数字农业顶层设计

全面贯彻《数字乡村发展战略纲要》，按照走在前列的要求，把发展数字农业作为数字浙江、数字乡村建设的重要内容。按照产业数字化、数字产业化的发展方向，强化整体规划和顶层设计，完善体系架构和总体框架。着眼于城乡数字化融合，强化城市数字化对农业农村的带动作用，推动城乡信息基础设施和技术应用一体化，缩小城乡"数字鸿沟"。突出市场需求导向和政府引导，以需求促建设，以建设促应用，以应用促开发，推动农业生产经营管理，以及产品营销各领域的数字化协同发展。坚持平台系统开发和场景应用同步，区域整体解决方案与点上推广应用同步，完善建设机制、创新管理与运作模式，制订相关政策、标准和评价体系，加快实现在农业生产经营、农业资源环境、农产品安全监管、农产品电子商务、农村公共服务等领域重点突破，推进数字农业向纵深发展。

（2）夯实数字农业发展基础

加快农村网络基础设施建设，扩大移动通信信号覆盖范围，推进农村"三网融合"，提高乡村光纤覆盖面。推动5G技术应用，加快实现重点农业园区、重要农产品生产基地和农产品加工企业5G信号全覆盖。搭建和完善智慧乡村云平台，推进农业农村大数据中心建设，统一数据规范标准，从农业生产管理、农产品营销、行业监管等方面，进一步优化业务应用系统开发。鼓励各地、有关企业开发特色化应用系统，打造专业化应用平台。着力在平台融通、数据互通、信息沟通上做文章，促进平台系统综合集成，数据资源互联互通，实现共建共享。按标准加快建设村级益农信息社，并打造一批服务效果明显、持续运营能力强、农民群众口碑好的示范站点，全面提升农村信息服务能力。

（3）加强数字技术研发推广

聚焦数字农业前沿领域、关键环节、核心技术，强化高校、科研院所和企业的作用，完善协作开发机制，开展联合攻关。推进物联网、环境感知、动植物生理特征监测识别、数据传输、数据处理、终端应用等设施设备开发，加快智能化农机装备研究，制订完善数字农业相关基础标准，强化数字技术支撑。加强数字农业国际合作，加快先进设施装备引进示范。大力推进农业物联网、互联网等技术，积极推动农业生产经营各环节数字化改造，实现生产管理过程的精准化、智能化、科学化。

（4）开展数字农业试点示范

实施数字农业示范工程，选择有代表性的地方和农业生产经营主体，开展数字农业应用示范，形成一个区域有一批示范领域、一个产业有一群示范主体的局面，打造有一定影响力的可看可学的数字农业品牌。在点上，组织开展数字农业工厂试点创建工作，选择一批有一定规模、有一定数字技术应用能力的种养业主体，探索农业生产管理全程数字化建设路子；在面上，选择一些市县从机制创新、政策创设、技术应用等方面开展示范，创新整建制解决方案，探索区域数字农业发展新路子。

（5）加强数字技术人才培养

加强农业信息技术的复合型人才培养，特别是在农业物联网、互联网、大数据等领域培养一批应用管理一线实用人才。结合实施"两进两回"，鼓励大中专毕业生、科技人员投身现代农业、投资创办农业数字化服务组织、农产品电商企业，扩大农业信息化技术推广队伍。切实加强农民培训，特别是组织新型农业经营主体、现代农业园区建设业主、返乡创业青年等进行数字技术教育培训，不断提升应用能力，为加快农业数字化转型打下坚实基础。[①]

（6）统一数据技术体系，构建信息共享机制

为促进大数据技术的普及应用，提升我国现代农业生产的技术含量，大数据技术供应商与科研机构必须逐步统一农业大数据技术设备的信息搜集标准，集中技术资源推进数据标准化研究，重点研发数据搜集技术和转

[①] 蔡元杰.浙江数字农业发展现状与对策.新农村，2020（4）：5-7.

换技术，做好农业生产信息编码，并为不同阶段产生的农业数据添加防伪标志，为设备添加自动分析与智能数据加工功能。通过完善数据核算标准与质量检测标准，生成正确率较高、具备突出应用价值的农业数据，让行业内不同技术供应商所提供的设备在数据结构、信息分析标准等不同层面保持一致，规范农业数据的管理与保存方式，建立完善的农业信息安全防护体系，让农户与农业研究专家可依托数据分析设备，检索、搜寻自身需要的农业信息。

为提升技术资源利用效率，农业管理部门应当着手建立覆盖多个领域、无门槛的数据共享机制，实现从上到下、从微观到宏观的农业数据搜集目标，允许作为个体的农户与农业企业定期在数据库中上传、发布信息，整合与农业生产有关的各方面信息资源。数据服务供应商应当不断扩大服务范围，主动在农业市场中开拓全新的服务领域，推出高质量的信息服务，寻求不同类型的信息用户。通过搭建综合性农业数据平台与服务网络，促使互联网信息化技术与农业产业发展进行全面结合，创造出一种以互联网平台为基础的新型农业模式。农业管理部门应当要求数据服务供应商面向各行业开放农业信息资源目录，让农户了解到最新的数据分析标准。[①]

（7）提高农业企业的新媒体能力

在移动互联时代，互联网是信息传播的有力助手。农业企业应充分利用互联网平台，提升企业品牌竞争力。在传统销售模式下，大部分企业都只是面对自身周围的"小市场"。浙江数字化发展处于全国领先地位，更需要通过各种线上宣传方式，宣传企业品牌，在企业内部制订相关的品牌推广计划，有计划、有组织地进行线上宣传。这种模式较以往传统的靠口

[①] 迟宗荣.大数据下农业发展现状及前景分析.河南农业，2022（8）：57-58.

口相传建立的企业品牌形象更有效，对于企业品牌的形象宣传更有利，有利于推动农业企业由身边的"小市场"向全国甚至全球范围内的"大市场"转变。此外，农业企业还可以充分利用互联网大数据分析技术，根据客户的特定偏好，筛选企业自身经营范围内的定向客户，进一步地挖掘我国农业企业的潜在市场，同时根据客户喜好，增强与客户之间的黏性。①

三、数字赋能农业产业的探索与实践

在"新基建"战略的带动下，数字技术逐渐渗透到农业产前、产中和产后的各环节，也进一步推动了人工智能与农业产业的加速融合，助力农业产业数字化转型升级、提质增效。2020年农业农村部印发《数字农业农村发展规划（2019-2025）》对新时期数字农业建设的总体思路、发展目标、重点任务等作出明确部署，描绘了中国数字农业发展的新蓝图。规划要求到2025年基本建成天空地一体化观测网络、农业农村基础数据资源体系、农业农村云平台。加强数字农业"新基建"，赋能"新农业"，推动农业高质量发展已然是大势所趋。

（一）农业数字化服务平台的规划与标准体系

农业数字化服务平台充分整合区域农业信息资源，服务于整个农业系统。平台的规划与建设，将改变农业产业数字化相对落后的局面，推动浙江数字化改革进程。农业产业链的分布性和复杂性、服务对象的广泛性，决定

---

① 史俊超．"互联网＋"背景下我国农业企业发展现状及优化建议．经济研究导刊，2022（10）：19-21；周翔．杭州农业发展现状和转型升级持续发展对策．农业与技术，2017（7）：161-162．

了企业无法独立完成数字化服务平台的规划与建设工作。应当由政府有关部门牵头，相关部门从提高农业服务水平、建设公共服务平台的角度探索并全面规划和设计农业数字化服务平台，解决重复建设的问题。

农业数字化服务平台采用云服务模式，政府委托第三方对基础云设施和云环境进行管理。针对农业数字化服务平台的部署，可以将农户、农产品相关生产加工企业以及政府相关监管部门的需求进行集中管理，有针对性地提供不同的云计算应用和服务。同时，开放 IaaS 和 PaaS 层的能力给具备技术实力的企业进行定制开发，从而使中小企业和农户能够享受更加多元化的应用服务。

对于政府监管部门和内部用户而言，其在农业数字化服务平台上的相关服务被部署在私有云上，即与互联网物理隔离的专网上。政府对数据的安全性和服务质量有着优先的控制权。基于私有云的部署方式，有利于对重要且敏感的数据进行保护。而对于农户或者相关企业用户而言，农业数字化服务平台是被部署在公有云上的。政府通过组建云计算中心，向各大企业、科研机构，甚至是有实力的农户提供数据存储和平台开发、测试等服务。公有云的部署方式，能够最大限度地促进资源的共享和业务间的协调。采用这种私有云与公有云结合的混合云服务方式，可以极大地保障关键数据的安全性和稳定性，又不会限制和影响服务平台的开放性和扩展性。

为了使得农业数字化服务平台更好地被应用，各级政府主管部门在构建平台所需高效的新型基础设施的同时，需要着重强化对有关人员长期的培训，以适应平台知识体系的逐渐形成和不断完善。此外，也需要重视和制定通用性、规范性和结构性的标准体系。政府主管部门还需要针对农业大数据中的隐私、安全和服务标准等，全面研究、分析并建立相应的标准体系和法律法规，以解决现有信息系统开发、服务平台建设中存在的众多问题。

基于云计算的特性，农业数字化服务平台能够为用户提供集成化的农业信息和共享服务。对于大型的面向整个产业的复杂平台系统，其标准体系的建立已不再局限于其自身的建设，也需要考虑其他的相关领域，如社会治理、电子商务、科学研究、在线教育与培训等标准规范。支撑农业数字化服务平台的标准体系包括基础数据标准与接口标准，业务统一建模标准，农业产业链标准，信息资源元数据标准，平台运行、维护及服务标准，文档的交换与格式标准等（见图7-1）。

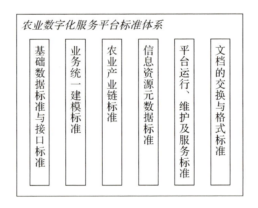

图7-1　农业数字化标准体系

1. 基础数据标准与接口标准

任何一个平台系统的应用均应规范和统一基础数据标准和接口标准。基础数据标准主要包括了数据元与数据编码。在农产品信息服务平台中，数据元对应的是在农业整个产业链的生产过程、流通过程、交易过程以及监管过程中实体和事务涉及的所有数据单元。唯有通过一定的规则对来自不同数据源及不同类别的数据进行标准化，方可有效地对数据进行组织、识别和应用，进一步实现数据资源在不同业务、不同组织和不同用户间的共享。通过对数据进行统一编码，可以依据数据资源的不同特征或属性作分类，按一定的方式或规则标识和识别事物，实现事物间的数据资源共享和集成。由于平台系统的开放性，异构分布应用的多样性和多元化，所以也需要有统一的系统间接口标准的支撑，以实现数据资源的充分集成和共享。

2. 业务统一建模标准

业务统一建模标准主要是针对农业科研领域专家的需求。通过采用业务统一建模语言、方法、技术和规范，就可以实现对农业的整个产业链或农产品供应链的跨企业边界、复杂的业务流程的抽象、分析和优化，有助于建立和持续改进农业产业领域的服务水平。从大数据分析的角度来看，建立业务统一建模标准，也便于构建农业大数据分析模型以及流程关键绩效评价指标体系，帮助政府或企业决策者提高管理水平和决策水平。

3. 农业产业链标准

构建农业产业链标准需要根据农产品供应链和农业行业运行特点和需求来统一规划和设计。农业产业链标准包括了不同类型农业领域的生产管理、农产品加工生产及包装、农产品仓储、农产品物流与运输、农产品配送与分销、农产品销售、农业科技推广以及农业科研等方面的细分标准。农业产业链涉及面广，建设的策略需要统筹规划、局部突破。可以考虑基于某个业务过程由点到面逐步展开和扩充。

4. 信息资源元数据标准

作为特殊的一类数据标准，信息资源元数据标准是构建数据仓库的重要组成部分。它是从数据仓库中提取符合一定标准的数据形成关于数据元素的集合，即关于数据的数据。在农产品信息服务平台中，关于农产品质量安全数据、农产品生产过程中的环境数据、农产品交易过程数据、农产品综合服务信息等就是典型的元数据类别。对此类数据进行标准化就能够清晰地解释数据仓库中各类数据的特征。在农产品信息服务平台中，建立信息资源元数据标准对数据仓库中的数据资源进行合理组织和说明，有助于平台相关用户快速理解和分析数据资源，实现数据资源共享，挖掘数据资产的价值。

5. 平台运行、维护及服务标准

平台的稳定运行离不开对服务的监测和软硬件环境的维护。对平台进行运行和维护需要有一定的资质且需要经过主管部门的授权。更要依据合理的技术标准、维护程序、评审规范和评审指南，对平台的数据类标准中的各个数据项作实时动态的管理和维护。此外值得注意的是，相关的技术规范和运维服务标准需要及时更新和持续改进。

6. 文档的交换与格式标准

农产品信息服务平台的运行过程会涉及大量的各类文件、文档交换，需要基于统一的格式规范和标准。服务平台中的相关业务涉及的各类电子文档是按照一定的技术规范对文件的结构、文件的内容和具体描述内容进行处理形成的文档。目前看来，可扩展标记语言（extensible markup language，XML）是事实上被广泛使用的电子文档格式标准，主要是因为该语言中的数据元和构成文档的相关代码拥有较强的层次结构。

基于云计算的农业数字化服务平台是软硬件的结合体，还需要构建强大的安全策略来保证平台中的数据和信息资源的安全。因此，在农业数字化服务平台建设过程中需要从物理安全、网络安全、信息安全、安全管理和服务，以及应急管理等几个方面考虑。①

（二）"浙食链"的应用与推广

1."浙食链"的推出与应用

2021 年 3 月 15 日，"浙食链"系统正式上线运行，标志着浙江省食品安全进入了从农田（车间）到餐桌全程监管的新阶段，也是浙江农业数字化应用领域的一个重要实践与探索。"浙食链"系统的全称是浙江省食品安全追溯闭环管理系统，它是在"浙冷链"基础上扩展而成的。该系统集成了农产品 / 食品从农田（车间）到餐桌全过程中生产、流通和交易数据，全面整合原有食品安全综合治理数字化协同应用，打通"信息孤岛"，打造食品安全"1266"全链条闭环管控体系。所谓"1266"意为建立 1 个追溯链条，围绕农产品 / 食品安全从农田（车间）到餐桌闭环管理、从餐桌到农田（车间）溯源 2 个目标，构建厂厂（场场）阳光、批批检测、样样赋码、件件扫码、时时追溯、事事倒查等 6 个运用环节，实现一码统管、一库集中、一链存证、一键追溯、一扫查询和一体监管等 6 项功能。"浙食链"系统颠覆了以往传统分段监管的模式，以农业产业数字化改革实现监管过程优化、系统性重塑和社会共治。

消费者在购买商品时，通过支付宝或者微信扫一扫食品包装上标有"浙食链"的二维码（即"浙食链"追溯码）后，就可以得到该食品的生产加工状况、企业自检结果、监管抽检结果等信息；如果该食品的监管抽检结果为不合格，监管部门将在"浙食链"系统中召回该批次产品，警示消费者避免食用；如果消费者购买的食品存在质量问题，当购买的票据丢失、

①沈超 . 基于云计算的农业数字服务平台构建策略研究 . 杭州：浙江工业大学学位论文，2017.

商家不予理赔时，监管部门就可以追溯到销售的商家并维护消费者权益；对于生产、加工和流通企业，可以在食品流转过程中通过扫描"浙食链"追溯码做出入库管理、流通交易等凭证；执法人员在日常监管过程中，通过扫"浙食链"追溯码完成相关票证检查、食品追溯以及食品安全风险处置等工作。

2021年以来，浙江省市场监管部门以数字化改革为牵引，以防范化解重大风险为导向，全面提升食品安全监管水平。全省各地纷纷出台创新举措，依托"浙冷链""浙食链"等系统推动食品安全追溯体系建设；依托"阳光厨房""浙江外卖在线"和"外卖封签"等应用打造现代化网络餐饮治理体系；依托"阳光工厂"等实时监测食品生产加工过程以及质量安全管理情况等。①

"浙食链"推出后在省内取得了良好的应用效果。如杭州市余杭区的杭州农副产品物流中心承担了杭州市75%的农产品供应量，并辐射长三角周边城市。2021年以来，余杭区市场监管局以"浙食链"推广工作为抓手，充分发挥其在食品安全数字化治理中的优势，全面提升治理效能。②嘉兴海宁市加快实现食品安全全过程全链条全生命周期高效监管，截至2022年1月将1326家食品生产经营主体纳入"浙食链"管理，540家食品生产经营单位激活并使用"浙冷链"。温岭市市场监管局持续推进学校食堂"阳光厨房"建设，引导校园食材配送单位"浙食链"应用，截至2022年1月，实现全市317家学校食堂"后厨操作可观、食材来源可溯、食安管理可查"。2021年，

① 浙江全力推进数字化改革构建食安智慧共治格局.中国市场监管报，2022-01-13（6）.
② 连待待，王正心.杭州余杭区打造"浙食链"推广应用最佳试验田.中国食品安全报，2021-08-26（2）.

绍兴市上虞区市场监管局高质量完成区级民生实事"食品安全提升工程"，建成食品生产企业"阳光工厂"61家，高效率上线全程可追溯"浙食链"企业109家。以广覆盖、全提升为着力点，紧抓生产源头。金华市武义县市场监管局重点加大了对进口水果的监管力度，推动进口水果"浙食链"上链管理，进一步落实进口食品"浙食链"赋码工作。[①]

　　2."浙食链"的进一步推广[②]

　　"浙食链"对于农业数字化的影响还在延续。2022年5月19日，浙江省市场监督管理局与国际物品编码组织（GS1）、中国物品编码中心共同签署三方联合声明，推动浙江省率先建设全球二维码迁移计划（global migration to 2D，GM2D）示范区，共同推进"浙食链"成为GM2D在全球的首个推广应用项目。GM2D是由GS1于2020年底提出的一项全球性倡议，也可以认为是商品编码信息的一场革命。因为二维码比传统的条形码包含更多的信息量，在商品生产与流通管理过程中可以记录包括生产批次、生产日期等信息。食品二维码无疑可以便于生产加工者、消费者和监管部门更加便捷地实现各自需求，是实现农业产业数字化的重要基础。但是GM2D倡议在全球范围内并没有实质性、大范围推广和应用。

　　浙江省市场监管部门在全国率先运用二维码打造食品安全追溯体系，研究制定二维码的编码规则、标准和技术方案。通过开发上线"浙食链"，将二维码技术广泛应用于食品安全治理中。首创性提出源头治理、溯源管控、信息共享、社会共治、交易结算等"一码、一体、一链"综合集成新模式，

---

① 浙江全力推进数字化改革构建食安智慧共治格局. 中国市场监管报，2022-01-13（6）.
② 浙盐集团. "浙食链"成为GM2D全球首个推广应用项目.（2022-05-20）［2023-04-25］. https://mp.weixin.qq.com/s/b8LFAenC-KB7cWkzxGgXsA.

得到国际编码组织称之为"惊喜"的高度评价和充分认可。

浙盐集团作为首批"浙食链"系统试点单位，2021年以来借助全省数字化改革契机，将"放心浙盐"质量追溯系统深度融入省"浙食链"系统并实现二码合一，实现从盐场到车间到餐桌的全过程质量监控和闭环管理，达到"追溯有保障、监管更有力；用盐有保障、食盐更放心"的目标。精准的质量追溯能力、敏锐的市场监控能力，切实保障了全省居民"舌尖上的安全"，不仅在全国盐行业首屈一指，在食品行业领域也处于领先地位。浙盐集团着眼于"小场景、大服务"，通过数字化改革服务百姓民生，"放心浙盐"质量追溯系统入选2021年全国首届企业数字化转型场景名单，"数字浙盐"入选为浙江国资国企"一件事"最佳改革实践案例。图7-2为"放心浙盐"追溯码应用场景。

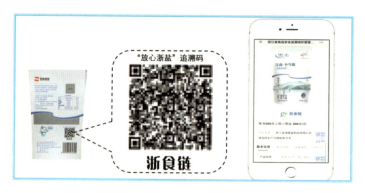

图7-2　"放心浙盐"追溯码应用场景①

示范区建设将把"浙食链"作为GM2D推广应用项目，分为三个阶段进行，到2025年底实现浙江省食品行业商品编码由一维条形码向二维码过

---

① 浙盐集团．"浙食链"成为GM2D全球首个推广应用项目．（2022-05-20）［2023-04-25］．https://mp.weixin.qq.com/s/b8LFAenC-KB7cWkzxGgXsA.

渡迁移并全链条使用，实现二维码仓储物流、读取结算，并逐步推进商品二维码应用到食品外的其他快消品领域，共同将浙江打造成为 GM2D 全球示范区域。

通过对商品二维码的推广、实施和应用，消费者可以获取真实、全面的产品生命周期相关信息，并实现产品可追溯和供应链相关过程的可视化。同时，通过引入数字化技术，不仅保障了消费者的知情权，也实现了数据资产价值的挖掘与增值，全社会共享数字经济带来的红利。此外，通过示范区建设催生现代商业系统的重塑，进一步推动产业链、创新链、供应链全面融合，推进产业链现代化，对于以数字经济为核心的现代经济体系建设具有重要作用。

（三）睿坤科技智慧农业探索

数字农业的本质是利用"数据＋算法"加速农业产业的智能化生产、网络化协同和服务化延伸，进而实现效率提升和成本节约。这也为我国农业产业的绿色化生产、集约化经营和个性化供应提供了可行的发展途径。各级政府和一些企业组织在数字农业领域加大投入，取得了积极的成效。但农业行业内仍然存在一些问题：对病虫害的识别依靠传统的技术和经验方式并不稳定；农业产业链联系松散，上下游缺乏有效的集成和信息共享；基层植保站、政府主管与监管部门服务效率低、数据传输慢；农业产业大脑建设缓慢，决策难以优化等。

成立于 2018 年的杭州睿坤科技有限公司，将自身技术优势与在农业领域中积累的植保经验相结合，把 AI 深度学习等技术应用到农业种植生产等环节中，通过智能服务和产品在农业数字化领域进行了积极的探索和尝试。

睿坤科技从一开始的害虫防治到农业产业服务平台，用智能服务深度赋能传统农业。

睿坤科技将全球领先的 AI 图像识别技术应用于农业领域。2019 年 6 月推出农户智慧种植服务平台——慧植农当家（现为"植小保"），用人工智能技术赋能植保领域，降低种植成本，重塑智能化病虫害识别服务。对于从事农资农技服务的企业，睿坤科技打造农资企业服务平台——大当家，利用慧植农当家中采集的农户需求数据赋能产业链前端，连接农资农技服务企业与终端种植户。在此之后，针对中国植保站信息化数字化水平落后、工作效率不高等问题，睿坤科技开发了睿宝 APP 以及用于田间调查的小型化硬件设备，将软件与硬件相结合，建立智慧植保田间调查服务系统。从对数据的采集利用到综合分析，睿宝的投入使用可以极大地减轻植保站工作人员的工作负担，提升工作效率。在农事数据持续积累的基础上，睿坤科技开发了面向政府的数字农业产业平台，为农业相关部门提供辖区内作物健康状况及病虫害实时大数据，提供决策依据。睿坤科技的服务与产品体系结构如图 7-3 所示。

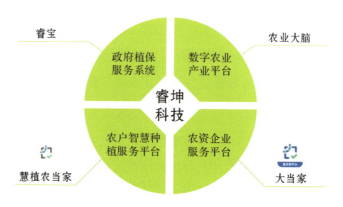

图7-3 睿坤科技服务与产品体系

1.AI种植智慧服务平台（ToC）——慧植农当家APP（现为"植小保"）

经过多年研发，睿坤科技开发的慧植农当家APP涵盖15个科属52种作物，病害（含生理性病害与药害）675种，害虫及危害状639种，杂草39种，天敌15种。主要病虫害的田间识别准确率超90%。通过APP可直接向农户发送推荐用药方案，精准直达。此外，有3481位认证专家，为农户提供一对一远程在线诊断服务,5分钟快速响应。支持一键呼叫和在线下单。平台累计用户50余万人，周活跃率15%，用户平均次日留存率15%，用户平均周留存率25%。2021年度用户总识别数160余万次。用户覆盖全国所有省/区/直辖市，以及海外6个国家。

2.田间调查服务系统（ToG）——睿宝

睿宝APP作为一个为各级植保站打造的智能服务，采用智能服务平台技术、数据整合技术等实现了对各级植保工作各个相关环节的数据管理、数据上报等工作，极大地提升了治理主体间的沟通与协作效率。通过睿宝，负责数据采集阶段的基层植保站工作人员使用睿坤科技研发的硬件——云台与延长杆，方便又快捷地记录实验植株与农田的情况，即时云存储相关实验数据，随时随地使用数据、查看相关的数据分析结果；通过睿宝，负责数据分析阶段的农业相关监管人员可以更好地了解各地种植资源分布情况、收成情况，进行在线数据记录分析，为广大农户提供更好的种植建议。

3.农资企业服务平台（ToB）——大当家

随着农业服务竞争的加剧，目前许多农资企业存在了解市场需求难、业务及客户管理难等问题。对于农资经销商，大当家为其提供了库存管理、人员管理等信息化服务，帮助其建立数字化应用系统，提升农资企业的内部协作及管理效率，将农资企业的产品、服务及营销场景进行更好的线上线下整合。通过与农资经销商的合作，将产品和服务下沉到农资零售商处，帮助其精准掌握市场或农户需求的同时，有利于优化经销商的库存管理等。对于农资零售商而言，大当家把零售商附近通过慧植农当家 APP 采集的病虫害识别记录精准实时地共享给零售商，帮助其掌握市场或农户的需求，进一步将有关的物资、活动、专家以及各自服务直接推送给农户，助力行业各相关用户更好地服务于终端种植户，提供更高效、优质的农业服务，实现各方效用的最大化。此外，大当家还利用工具赋能、专家服务、内容生产等三种业务赋能构建连接用户的服务网络。

4. 数字农业产业平台——农业产业大脑

睿坤科技通过"1＋3＋4"数字化体系尝试构建农业产业大脑。1 是一个农服大数据服务中心，睿坤科技结合物联网、大数据、移动互联技术等建立数据仓库体系，涵盖病虫害预警、环境监测等服务内容；3 是睿坤科技研发的三种数字化终端设备，即病虫害定量采集手持设备、AI 智慧种植服务移动端和小型化智能硬件设备等，用户使用该三种工具可以实现数据的实时采集、传输与存储服务。4 是指四套运营服务体系，即专家技术服务体系、社会化服务体系、农产品质量安全追溯体系、金融服务支持体系等。数字农业产业平台对农资供应商、农户和政府等三方业务进行紧密地融合，形成一个可持续、互惠的运营模式。

物联网技术让农业生产更高效，大数据让农业产业实现高质量发展，人工智能对农业产业资源进行合理优化和配置。以物联网、大数据和人工智能为核心的智能服务创新模式正加速农业产业的数字化并引领农业产业的高速发展。

四、农业数字化的未来发展

在传统农业向现代农业的持续演进与快速发展中，应该始终坚持农业科技创新在推动农业现代化发展中的引领地位，把握新时代农业科技创新和现代农业的发展方向。农业产业的数字化，是实现智慧农业、精准农业的基础，也是未来实现生态农业、循环农业和绿色农业的重要保障。

（一）数字技术对农业产业的推动作用

随着数字技术与移动互联技术的不断完善，物联网、人工智能、大数据和区块链等在农业领域的应用可以有效地解决当前农业生产、流通和科研领域的问题，推动农业产业数字化转型和智能化升级，加速农业现代化水平的提升。长期以来，国家鼓励和推动农业数字化建设，加强对农业产业链和供应链的监测、预警和综合服务，持续推进农业数字化和智慧化。

人工智能可以促进农业生产过程的精细化发展，为农业生产带来价值增值服务。人工智能可以应用于农业生产过程中的土壤分析、水利规划，对生产过程进行监管，对农产品进行质量安全检验等，逐步实现农业自动化生产和智能化管理，有效提升农业生产质量和效率。实践表明，人工智能极大地改变了传统农业生产方式，促进了农业生产水平快速提升。人工智能技术应用于农业领域可以使得养殖户/种植户从作物耕种、畜禽养殖、防虫防病、施肥浇灌以及农作物采收等劳动强度高的农事生产活动中解放出来，其变革是深远和广泛的。

借助各种农业机械和机具、农业机器人等智能化设备替代种植户和养殖户的工作，可以有效降低农业从业者的劳动强度、减少人工成本，在一定程度上提升了农业产业的经济效益。另外，在农产品生产与加工、农产品质量安全检测等工作中，应用人工智能技术可有效地提升相关工作的效率与工作质量，使得农业生产能够为社会大众提供更加优质、安全和放心的农产品。

随着5G网络快速普及与发展，物联网、区块链等技术也越来越多地应用到农业领域中，促进了农业生产模式的变化。大数据技术能够实现对农业生产过程中的大量数据进行实时采集、处理、存储和分析，目前已经应用于农业产业的不同环节并发挥重要作用。大数据技术、物联网、区块链等技术，进一步采集、处理和分析农业产业链中相关的数据，可以充分挖掘数据资产价值、合理地制定方案并辅助决策。此外，通过这些技术实现对农业生产过程的有效监管，提高了对农业产业的监管能力，帮助政府及市场主体制定了准确、科学的决策。①

（二）数字农业发展的主要趋势

随着乡村振兴战略的深入实施，我国农业农村的信息化、数字化程度也越来越高，农业的生产、农产品销售与流通、农业服务与管理等方面都进一步地融合，逐渐形成一种符合我国当前发展阶段特点的农业产业链与供应链模式。未来，农业产业的发展必然是通过引入各种新的前沿技术，以全面的数字化、智能化实现农业产业链整体最优化为目标，推动现代农业新发展、新突破。

1.农业生产全过程的数字化

物联网技术的应用改变了传统农业生产经营和管理模式，实现对农业

---

① 张宇，张玉．浅述我国现代农业发展趋势．农业开发与装备，2021（10）：84-85.

生产全过程的数字化控制与管理。无论是种植业中的育苗、播种、施肥、灌溉、病虫害防治，还是养殖业中的水产 / 畜牧品种培育、饲料投放、环境管理、疫苗和疾病防控等，都能够做到科学、精准、有效监管与控制。特别是现代农业的推进和农业数字化不断深入，为农业生产质量的提高和生产效率的提升提供了更多动能^①。数字经济在农业产业中的不断渗透，通过"农业数据＋电商＋金融"的整合实现对农业产业链全过程的服务。随着人工智能、大数据、物联网等技术服务于农业产业，农业技术与农业产业深度融合，推动农业生产经营提质增效的同时，形成服务于农业产业的数字化、智能化生态体系。

2. 农产品流通的数字化进程加快

我国陆续发布的《中共中央 国务院关于抓好"三农"领域重点工作确保如期实现全面小康的意见》《乡村振兴战略规划（2018—2022 年）》《数字乡村发展战略纲要》等文件指出，加快农产品批发市场的数字化转型，探索农产品电商与传统农产品业态融合创新。一些创新型行业企业的投入加快了农产品流通过程的数字化转型升级步伐。2021 年是我国农产品电商进入高质量发展的一年，也是农产品新媒体营销快速发展的一年。农产品交易、仓储、物流配送、分销、销售和支付等流通环节的数字化，以及与之相适应的治理、监管过程的数字化，加速了农产品流通过程的数字化进程，逐步形成高效、安全、绿色、智能、生态的农产品产销体系。

3. 农业多元化公共服务将更加完善

数字农业的实施为农业产业的高质量发展提供新的机遇。以需求为导

---

① 王菲. 数字化对我国农业经济发展的影响探析. 南方农业，2019（30）：94-95，97；胡青. 乡村振兴背景下"数字农业"发展趋势与实践策略. 中共杭州市委党校学报，2019（5）：69-75.

向，物联网、云计算、大数据和人工智能等技术将持续与农业产业深度融合，为探索服务模式与组织模式的创新提供了条件。特别是诸如"农资＋服务""科技＋服务"和"互联网＋服务"等多层次、多类型、多元化的专业性服务，将进一步完善农业多元化公共服务体系，强化农业产业数字化的发展。社会化农业综合服务平台的建设，必将推进小型农户、经营大户、农产品生产加工企业、农村合作社、农资企业等实体间的信息共享与应用集成，深刻变革传统农产品供应链运营模式。农业多元化公共服务体系必将从更广范围、更深层次挖掘农产品价值增值空间，助力乡村振兴战略的发展。

（三）推动农业数字化的重要意义

农业数字化已经成为农业产业高质量发展的必然选择。在乡村振兴背景下，农业数字化要始终坚持人民立场，全面加强农业农村新型基础设施建设，构建完善的农业农村数字化发展格局，加快云计算、大数据、物联网和人工智能等技术与农业产业的深度融合，发挥农业数字化的价值和作用，实现乡村经济振兴。

1. 发挥数字化在农业产业发展中的作用和价值

在农业数字化过程中，通过构建完善的数据感知网络，建立适应性强、全覆盖、高分辨率的遥感观测平台，加强对农田、水利和数值气象等信息的集成，可以为种植业、水产养殖业、畜禽养殖业、园艺花卉等农业产业提供可靠、精准、科学的监测数据。同时，构建完善的物联网体系和智慧化农业生产控制体系，可以加快整个农业产业链的发展，实现数字化赋能农业产业发展。

2. 推进农村数字经济产业的融合发展

在乡村振兴背景下，深入实施农村电子商务工程，积极探索新媒体营销模式，构建产供销一体化数字化服务平台，建立农产品流通服务体系，可以极大地推动农村经营主体的快速发展。同时，通过加强多元化产业联动与协同发展模式，如"数字平台＋文旅"产业融合模式的建设，创新农业经济发展模式，打造乡村旅游与数字经济融合的新业态，强化对农业农村资源的整合、优化和利用。此外，基于移动互联采用直播、文创、电商等积极探索农业发展新模式和新业态，拓展乡村经济产业链，推进乡村经济的振兴。①

3. 以数字经济赋能农业产业链

在农业产业发展过程中深度融合大数据等技术，实现农业生产、加工、仓储、运输、配送和销售等环节整合，对农业产业链各过程和资源进行高效的组织、协调与控制。同时，建立农业大数据公开与共享平台，对农产品全生命周期中的相关信息和数据资源进行整合，根据不同用户需求实现数据共享，以不断提升农业产业发展质量，推动农业产业的转型升级。② 数字农业是农业产业未来发展的必然趋势，积极加强数字技术与农业产业的深度融合，实现农业产业链各过程数字化、智能化和多元化发展，是推进乡村振兴的核心手段之一。③

---

① 于敏 . 数字农业的战略意义及实践策略探析 . 农家参谋，2020（16）：30，32.

② 隋明，郑刚，唐贤华，等 . 乡村振兴战略背景下农村经济发展路径探析 . 南方农机，2019（11）：76.

③ 王刚 . 乡村振兴背景下数字农业发展路径研究 . 南方农机，2021（24）：96-98.

第八章

浙江省贸易数字化建设实践

贸易数字化是指以贸易为龙头、以产业为基础、以服务为保障、以平台为支撑、以数据为驱动的贸易、生产、服务协同发展的全流程数字化（见图8-1）。2019年11月，《中共中央 国务院关于推进贸易高质量发展的指导意见》提出要大力提升贸易数字化水平，形成以数据驱动为核心、以平台为支撑、以商产融合为主线的数字化、网络化、智能化发展模式。推动企业提升贸易数字化和智能化管理能力，大力提升外贸综合服务数字化水平。2021年3月，《中华人民共和国国民经济和社会发展第十四个五年规划和2035年远景目标纲要》再次强调要"提升贸易数字化水平"。贸易数字化是为了让贸易中的各个环节都用上各种各样的数字技术，让贸易更加便捷。贸易数字化充分利用数字化的特征，通过在线连接，连接各个相关主体，再进行海量数据的沉淀流动，最终运用智能化的应用来完成贸易的包括生产、营销、物流、仓储、跨境、支付等多环节的全流程。

图8-1　贸易数字化

一、贸易数字化发展现状

（一）国际贸易的态势

1.国际发展现况

UNCTAD（联合国贸易和发展会议）数据显示，2010—2020年，全球通过数字形式交付的服务出口规模从1.87万亿美元增长至3.17万亿美元，年均增速5.4%。而2020年数字贸易占全球服务贸易出口的比重达63.55%，不仅展现出了极强的生命活力，也凸显了数字贸易的主导地位和时代趋势。由中国通信研究院发布的《全球数字经济白皮书（2022年）》显示，2021年全球47个国家的数字规模增加值达到38.1万亿美元，同比增长 15.6%，说明数字经济为经济发展增添了新动能。[①]

在新冠疫情期间，人们的生活发生了翻天覆地的变化，巨大的冲击让消费的方式也发生了显著的改变，数字化的技术手段突破了疫情所带来的困境，贸易数字化帮助解决人们消费购物的难题，在促进经济复苏上也起到了较好的作用。对于西方国家来说，网络购物为消费者提供了更多元的选择、更安全的消费环境，从而形成一种新的消费习惯。同时随着跨境电商平台如亚马逊、eBay 等的迅速发展，国外市场对中国商品的需求不断扩大，因而越来越多的企业进行贸易数字化转型。WTO 在 *World Trade Report 2020: Government policies to promote innovation in the digital age* 中指出，各成员正在推进数字化转型升级，新一代信息技术的推广应用扩展了服务贸易数字化的范畴，世界正向数字化和信息化转变。[②]

2. 贸易数字化促进国内国际双循环

全球一体化的大趋势下，世界各国的经济互相开放，互相联系，互相依赖，让贸易联动更具可能性。贸易数字化在全球范围内，有效推动国内循环和国际大循环有效联动发展。[③] 数字化推动了数字服务融入和改变全球价值链，数字服务在价值链中的收益和比重也在不断增加。在贸易数字化下，贸易内涵和本质发生着变化，不仅实现对外贸易全流程的数字化转型，也实现了全产业链、全价值链、全供应链的数字化转型，这种变化让全球

---

① 人民邮电报.全球数字经济白皮书（2022 年）发布数字经济为世界经济发展增添新动能 .（2022－07－29）［2023－03－26］. https://www.cnii.com.cn/gxxww/rmydb/202207/t20220730_400751.html.

② WTO.World Trade Report 2020: Government policies to promote innovation in the digital age.（2020－11－23）［2023－03－26］.https://www.wto.org/english/res_e/publications_e/wtr20_e.htm.

③ 戴翔，谈东华.贸易数字化：双循环有效联动的新引擎.国际贸易，2022（1）：18－25.

生产要素分工也发生着深刻的变化，从生产、分配、交换到消费的全过程都发生了一定程度的变化，促进了国内国外一体化的进程。

3.贸易数字化新趋势

贸易数字化是数字经济时代发展的趋势，通过数据的传递获得更有时效性和价值的市场信息，资源将不断被优化配置，进而催生更多的数字化需求，贸易数字化将成为推动全球经济增长的重要支柱，有着广阔的发展前景。而数字交易的范围也将不断扩大，贸易数字化中的经济服务化、数字服务化将进一步拓宽数字贸易的范围，创新整个闭环产业链，衍生出贸易新模式、贸易新业态，在各个领域发挥着创新作用，推动传统产业的数字化转型进程。贸易数字化大大加快了传统行业数字化转型的进程。最重要的是，贸易数字化的不断发展，将重构国际贸易规则。各国都制定出符合本国发展利益和需求的数字贸易规则主张，希望能在今后的国际数字贸易竞争中获得更大的优势。当前，全球数字贸易体系还未建成，数字贸易规则也未统一，但贸易数字化的全球趋势日趋成熟，各国都将积极提升数字化水平，大力推动贸易数字化，这也将助力形成更加普惠公平的国际贸易新秩序。

（二）国内发展的现状

我国是世界上最大的发展中国家，有着充足的内需和外需，是助推贸易数字化和智能化转型的有利条件。《"十四五"对外贸易高质量发展规划》明确把"提升贸易数字化水平"列入十大主要任务，并围绕贸易全链条数字化赋能、服务贸易数字化进程、贸易主体数字化转型和营造良好的政策环境四个方面作出了全方位、多层次、系统性的部署和安排（见表8-1）。

表 8-1　政策发展

年份	政策	内容
2019	《中共中央 国务院关于推进贸易高质量发展的指导意见》	提升贸易数字化水平。形成以数据驱动为核心、以平台为支撑、以商产融合为主线的数字化、网络化、智能化发展模式。推动企业提升贸易数字化和智能化管理能力。大力提升外贸综合服务数字化水平
2020	《国务院办公厅关于推进对外贸易创新发展的实施意见》	大力发展数字贸易，推进国家数字服务出口基地建设，鼓励企业向数字服务和综合服务提供商转型
2020	《国务院关于印发北京、湖南、安徽自由贸易试验区总体方案及浙江自由贸易试验区扩展区域方案的通知》	国际商务服务片区重点发展数字贸易、文化贸易、商务会展、医疗健康、国际寄递物流、跨境金融等产业，打造临空经济创新引领示范区
2022	《国务院关于印发"十四五"数字经济发展规划的通知》	数字经济是继农业经济、工业经济之后的主要经济形态……促进数字技术向经济社会和产业发展各领域广泛深入渗透，推进数字技术、应用场景和商业模式融合创新……到 2025 年，数字经济迈向全面扩展期，数字经济核心产业增加值占 GDP 比重达到 10%

1. 三大发展优势

我国有着较好的贸易数字化发展优势，超大规模市场、数字基础设施、产业规模优势都支撑贸易向数字化、智能化转型升级（见图 8-2）。同时，人口红利加快了国内外市场的深度融合。根据第七次全国人口普查公报，我国劳动年龄人口总数达 8.8 亿人，占全国总人口的比例约为 62%。与此同时，我国拥有一个超大规模的消费市场。据统计，我国 2022 年社会消费品零售总额达到 44 万亿元，位列世界消费市场之首。中等收入群体的不断增长扩大，促进整个消费规模不断扩大，支撑我国经济水平的不断提高。

图8-2　中国三大发展优势

　　我国已经建成全球规模最大、技术领先的网络基础设施，赋能贸易数字化的进一步发展与建设。第五届数字中国建设峰会期间发布的《数字中国发展报告（2021 年）》指出，截至 2021 年底，已建成 142.5 万个 5G 基站，总量占全球 60% 以上，我国 5G 用户数量达到 3.55 亿户，千兆光网覆盖 4 亿多用户家庭，千兆用户规模达 3456 万户，行政村、脱贫村通宽带率达 100%，数字经济规模总量为 45.5 万亿元，稳居世界第二，占国内生产总值比重为 39.8%，是推动经济增长的主要力量之一。

　　我国有较强大的产业规模优势。在现代各类产业发展中，我国具有新型产业发展的比较优势，在新能源领域，我国的光伏、电池、核能和风能等产业都已达到世界领先的位置。庞大的产业资本注入新型产业中，资源的全力倾注支持让我国新型产业的发展相较于外国保守的战略选择更具有竞争优势。同时，我国超大的市场规模和数字基础设施的完善建设也为产业发展提供了更广阔的市场空间，形成产业规模优势，为贸易数字化的实践建设提供有利的发展条件。

2. 三大主要发展形式

贸易数字化是实现对外贸易全产业链、全价值链的数字化转型，因涉及产业链的全过程，所以贸易数字化有较多的表现形式，目前最主要和常见的具体形式可分为三大类，分别是数字营销、外贸大数据和跨境电商。

数字营销是用数字化手段将产品说明、促销、客户意见调查、客户服务等各种营销活动整合在一起，进行专门化的沟通，最终达到最大的营销效果的贸易环节。根据中国海关总署公布的数据，2022 年我国货物贸易进出口总值达 42.07 万亿元，较 2021 年增长了 7.7%。

外贸大数据使我们可以更好地获取进出口的外贸数据信息，了解全球范围内供应商和消费者的需求情况，预判未来的全球市场发展趋势，第一时间掌握全球市场的运行轨迹，准确地分析目标市场需求，全面提升企业的竞争力，获得竞争优势，在外贸舞台上绽放中国光彩。

跨境电商是贸易数字化建设的重要形式之一。电子商务在国际贸易的影响力和关键作用日益凸显，是中国出口贸易的必然发展趋势。跨境电商的形式有助于减少经济成本，推动全球贸易便利化，提高国内群众福祉，助力于打造良好的营商环境，推动经济可持续的健康发展。随着数字经济的强劲发展，国际人均购买力的进一步提高，物流、网络等基础水平的夯实和完善，未来中国的跨境电商仍将保持较高的复合年均增长率。

3. 发展不平衡性

我国政府高度重视贸易数字化发展，给企业提供了便利的条件，在长三角、珠三角或者福建沿海，一系列政策优惠、规模庞大、服务完备的跨境电商园区吸引了大批商家入驻。

但我国数字贸易发展存在不平衡性，在国际大循环中未发挥出较强的优势，在"走出去"和"引进来"上，数字经济的国际合作相对于国内发展来说是不足的，数字贸易和数字经济的发展、服务贸易的地位是无法匹配的。在贸易数字化中，跨境电商的发展态势较好，我国是全球最大的跨境电子商务零售出口经济体，但数字服务贸易仍有较大的发展空间，虽然增速较快，但是与全球平均水平比还存在一定差距。同时，数字经济的结构不平衡特征较明显，服务行业占比较大，但文化、信息通信等行业规模相对较小。

（三）浙江省的情况

《数字中国发展报告（2021年）》显示，浙江、北京、上海、广东、江苏、山东、天津、福建、湖北、四川等地区数字化综合发展水平位居全国前10名。浙江数字化综合发展水平居全国第一。[①]浙江省作为全国数字经济领域的领跑者，全力抓好数字化改革，做强做优做大数字经济，打造全国数字经济先行示范省和全球数字变革高地。2021年浙江省先后出台《浙江省数字经济促进条例》《浙江省推进数字经济发展2021年工作要点》《浙江省数字经济发展"十四五"规划》等文件，大力推进数字产业化、产业数字化和治理数字化，全面支持数字经济发展。据浙江省商务厅公布的统计数据，2022年浙江省实现进出口4.68万亿元，增长13.1%，其中出口3.43万亿元，增长14%，增速居全国前列。

1. 发展成果

浙江积极探索数字贸易综合服务平台"义乌小商品城Chinagoods"，帮助中小外贸企业实现产品、服务出海，降低外贸综合成本，帮助中小外贸企业抵御风险。该平台上线两年即帮助超6万家实体商铺入驻，整合上

---

① 人民邮电报.国家网信办发布数字中国年度发展报告.（2022-08-04）［2022-08-24］. https://www.cnii.com.cn/rmydb/202208/t20220804_402152.html.

下游200万家中小微企业500多万种商品品类，助力中小外贸企业走出去，激发国际市场活力，助力数字经济的蓬勃发展。同时，浙江省绍兴市越城区推出"一码找订单"服务，对线下展品赋二维码，扫码建立线上实时询盘洽谈，实现"线下产品展示＋线上实时洽谈"高效对接，最终促成订单成交，这是外贸企业境外参展的新模式，助力外贸企业开拓海外市场。

　　同时，浙江在物流方面实施多举措，保障国际物流链的畅通①，在港口方面，通过数字化技术将宁波舟山港港口功能和船务资源前移，提升开放能级；通过数据线上线下链接，对符合条件的进出口货物实行"船边直提"和"抵港直装"的服务，大大提高通关效率。

　　2. 发展痛点

　　虽然浙江走在贸易数字化建设的前列，起着示范表率的作用，但其贸易易数字化建设中仍存在一些短板与痛点（见图8-3）。

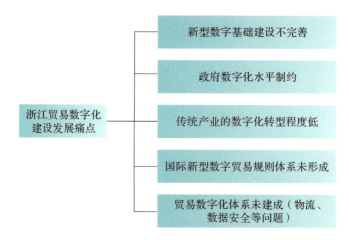

图8-3　浙江贸易数字化建设发展痛点

---

① 屈凌燕，魏董华. 浙江：数字化转型畅通国际贸易链. 经济参考报，2022-06-30（6）.

一是新型数字基础设施建设不完善制约数字贸易的运行效率。从发展基础、产业支撑、承接能力、创新发展这四个维度来看，浙江在后三方面的建设仍需加强。二是政府数字化水平制约数字贸易服务能力。政府数字化转型与经济数字化转型相辅相成，在贸易数字化建设过程中，海关的审批效率等仍有待提升，浙江在网上政务方面的服务能力仍有待加强，公共数据开放等方面仍未成功进行数字化转型，制约数字贸易发展速度。三是传统产业的数字化转型程度低，制约了数字贸易发展速度。四是传统国际贸易规则制约数字贸易全球化，国际新型数字贸易规则体系仍未形成。在贸易全流程中出现的规则模糊、空白、不适等问题，制约数字贸易的进一步发展；[①]五是贸易数字化体系不健全，海外仓、物流、支付等领域全产业链的配套和服务仍需要进一步完善，数据贸易安全问题仍待解决，欺诈行为、假冒行为等将会极大降低消费者对数字贸易的信任程度，降低消费者对数字贸易的使用率，阻碍贸易数字化的进一步发展。

二、浙江贸易数字化建设

（一）数字化建设要素辨析

打造以数字贸易为标志的新型贸易中心，是浙江省数字贸易先行示范区建设工程中的关键环节。基于该背景，浙江省商务厅、中共浙江省委网信办制定了《浙江省数字贸易先行示范区建设方案》（下文简称为《方案》）。本小节以《方案》提及的数字贸易"新"重要建设任务为浙江省贸易数字

---

① 浙江省公共政策研究院.发挥制度领先优势，建设"全球数字贸易中心".(2022-03-03)［2023-03-26］.http://www.ggzc.zju.edu.cn/2022/0317/c54181a2508026/page.htm.

化建设要素的分类依据，分别从贸易新基建、贸易新业态、贸易新场景、平台新能级、治理新体系[①]五方面剖析浙江贸易数字化建设实践现状（见图8-4）。

图8-4　贸易数字化建设要素

1. 数字贸易新基建

2018年12月，中央经济工作会议首次提及"新型基础设施建设"（以下简称新基建）概念，并将其内涵定义为5G、人工智能、工业互联网、物联网的建设。而后，从2019年政府工作报告中"加强新一代信息基础设施建设"的提出，到2020年3月中共中央政治局常务委员会"加快5G网络、数据中心等新型基础设施建设进度"的建议，再到2020年6年国家发改委将新基建细分为信息基础设施、融合基础设施、创新基础设施三部分并明确各自范围。这些表明新基建是支撑国内经济转型和发展新动能的关键。

浙江作为数字经济先发地，率先捕捉并把握了数字新基建中所隐藏的机遇。其建设数字新基建的动作，主要从如下三方面进行考虑：第一，新

---

① 浙江商务厅. 浙江省数字贸易先行示范区建设方案. （2020-11-02）［2023-03-26］. http://www.zcom.gov.cn/art/2020/11/2/art_1384587_58926633.html.

基建兼顾了短期需求和长期供给。从短期来说，新基建是当前的投资热点，其能够提高居民投资消费的热忱；从长期来看，新基建能够在减弱供需双方信息不对称的基础上极大提升消费者的消费体验，为数字贸易的发展提供长期的技术支持。[①] 第二，新基建优化了资源要素的配置。数字新基建以数字技术作为支撑，其通过链接数据来有效对接需求与供给信息，引导产业链各环节的协调发展，降低了资源错配的可能性，[②] 进而助力浙江数据资源体系的完善和"云上浙江"的建设。第三，新基建推动了浙江产业的高质量发展。数字新基建的落地将实现基础设施的更迭升级，有利于各行业产业通过数字化赋能实现5G、人工智能等新技术的融合发展，[③] 以此推进浙江省现代化数字贸易体系的构建，加快浙江省贸易数字化的建设进程。

2. 数字贸易新业态

根据赛迪智库信软所数字化转型研究团队所发布的《数字经济新业态新模式发展研究报告》，数字贸易新业态是以信息通信技术为基石，以满足消费者多元个性需求为目标，从现有产业及相关领域延伸出的商业新形态、业务新环节、价值新链条、产业新组织，其包括线上完成的实物商品贸易和数据、数字产品、数字化服务等构成的数字服务贸易。为促进浙江数字贸易新业态的健康发展，发挥数字经济新引擎的作用，浙江正在实践四个数字贸易新业态建设战略。浙江企业探索跨境电商领域，是生存发展的较佳路径。然而充分发挥跨境电商的新优势必须健全基于第三方的支付

---

① 王绍媛，杨础瑞. 借力新基建驱动中国服务贸易高质量发展研究. 国际贸易，2022（1）：88-96.

② 伍先福，李欣宇. "新基建"赋能国内大循环的内在机制研究. 金融与经济，2022（7）：62-74.

③ 王晓虹，王卅，唐宏伟，等. 构建"新基建"国家战略的技术底座——"信息高铁"综合试验场建设的实践与思考. 中国科学院院刊，2021（9）：1066-1073.

结算体系，建立相适应的物流运输通道、培养和引进跨境电商领域的高素质人才，出台跨境电商优惠补贴政策来应对因支付体系不健全导致的消费者回避使用第三方支付平台的消极态度，因跨境交易物流运输链不完善产生的产品可能遭受破坏的风险损失，因跨境电商人才供需不平衡致使的产业发展进程阻碍问题，因资金技术的匮乏引起的中小企业的投入不足的现状。图 8-5 为 2017—2021 年浙江跨境电商进出口的情况。

图8-5　2017—2021年浙江跨境电商进出口总额

　　助推数字文化走出去。数字文化是依托数字化信息采集、处理、传输技术对文化内容进行数字化转换、传播之后的共享信息，依托数字文化产生的新模式包含数字动漫、数字文创、数字藏品等。就 2021 年上半年而言，浙江全省数字文化贸易进出口额为 78 亿元，以动漫为主要内容的数字文化产业在其中作出了重要贡献。①

---

① 浙江在线.授牌啦！全国唯一的数字文化贸易功能区落户浙江.（2021-09-04）.［2023-03-26］https://www.zj.gov.cn/art/2021/10/18/art_1229576450_59130935.html.

文化数字化并不只是使用数字技术将文化原封不动地留存下来，而是以数字赋能传统文化，实现传统文化的推陈出新和更广泛的传播。但是目前，数字技术为传统文化赋能尚存在争议：如何对数字文化资产进行估值与定价？其交易方式和交易路径如何？如何认定数字文化产品或服务在网络环境中的下载、使用、流传是否构成侵权行为？互联网环境中如何保护个人的著作权不受侵犯，抑或是侵犯之后如何获得应有赔偿？解决这些问题需要通过完善的规则来规范用户的行为，从而保障数字文化的健康发展和可持续流传。[①]

推进生活数字化融合发展。数字生活是依托于数字技术而产生的生活方式，能够帮助居民获得更便利的消费体验。[②]数字化生活打破了居民原有生活的时空边界，为其更加丰富多元的日常生活创造可能性；与此同时，数字化生活使得居民处在更加平等的消费关系当中，能够较为公平地触达更多的就业机会，获得更高的消费品质。[③]为进一步推动生活数字化，应当使用必要的前沿数字技术来帮助企业在数字化生活服务提供的过程中实现数字化升级，通过数字化管理工具将居民的需求信息进行系统梳理，以此帮助企业更精准洞悉消费者的偏好，助力其更好地打造以居民需求为导向的产品，不断优化居民个性化的消费体验。

加快数字云服务发展。全球化趋势的进程中，区域优势在城市与城市间的竞争中所发挥的作用不如以往，取而代之的是链接全球的优势。而早

① 张峰，赵乾宇.对"疫后新常态"数字化生产与生活问题的辩证思考.学习论坛，2020（7）：51-61.

② 宋健.疫情常态化下的数字化生活场景与远景.人民论坛，2022（2）：34-37.

③ 林晓珊.新型消费与数字化生活：消费革命的视角.社会科学辑刊，2022（1）：36-45，209.

在 2017 年，浙江省就已经洞察到数字云的经济优势，并在当时先后出台了《浙江省"企业上云"行动计划（2017 年）》《浙江省深化推进"企业上云"三年行动计划（2018—2020 年）》来大规模推进"云上浙江"建设。根据浙江省数字经济发展领导小组办公室发布的工作情况通报[①]，2019 年浙江省新增上云企业 8.84 万家，累计上云企业已经达到 37.78 万家。由此可见浙江企业的上云意识不断增强，产业发展成效喜人，但总体而言，浙江的企业上云建设仍处于早期发展阶段，如何实现上云企业的深度覆盖和云端技术的深度应用？具体措施应当围绕云产品和云解决方案的供给和配套措施完善完备程度出台，为全省数字经济的发展提供更有力、更高质量的支持。

3. 数字贸易新场景

《方案》中提及数字贸易新场景的建设任务主要从数字制造、数字应用、贸易数字化、展览数字化四方面入手。制造场景的数字化基于用户个性化需求，实现了产品、流程、会计等信息的分析规划和资源重组，其有别于过去的手工制造的效率低下和集成化制造的产量提高，而是为企业带来呈指数级增长趋势的产能递增。数字应用场景涉及贸易企业的运营、营销、生产等场景，其中营销场景的数字化因互联网社群的快速发展得到了广泛应用。在社群用户、产品、场景的紧密连接中，场景营销向用户展现了产品能够提供方案来解决其在不同场景中所遭遇的问题，有效地在消费者心中树立起产品良好的品牌形象。

贸易数字化是数字贸易新场景下的建设任务。学者认为贸易数字化主要有两层含义：一层是内涵为"数字服务的贸易"的数字贸易，另一层是

---

① 浙江省经济和信息化厅. 浙江企业上云势头喜人，累计上云企业已达 37.78 万家 . (2020-06-01）〔2023-03-26〕. https://jxt.zj.gov.cn/art/2020/6/1/art_1657979_44422991.html.

将数字技术与各个产业领域进行深度融合，从而实现对外贸易全产业链、全价值链的数字化、网络化和智能化转型。[①]推动数字技术在贸易中的应用，将数字化技术赋能于贸易开发、协商、执行、交付、售后等全流程，实现了经济主体在贸易评估和认定过程中的数字化监督管理以及货物在流转过程中的数字化动态追踪管理，将为浙江数字贸易发展提供多维度的保障和支持。

最后一个场景建设任务是会展行业的展览数字化。展览数字化的优势在于参展成本的降低，线上会展的筹备能够节约承包商的场地租赁成本、布置成本、宣传成本等会展筹备开销，避免参展人员因差旅、产品运输、宣发物料等开支预算不足而拒绝参展，既革新了服务模式，又提高了参展人员的积极性。另外，展览数字化还打破了时空的限制，全球参展人员能够无障碍参与；实现了参展数据的实时整理分析，快速助力企业营销活动的开展及计划调整；避免线下展会服务资源的浪费，打造绿色环保的会展经济。

4. 数字贸易平台新能级

数字贸易平台伴随着互联网技术和应用软件的成熟而产生，其通过促成供需主体之间的交易来赚取收益。2019 年，浙江启动了口号为"万亩千亿"的数字贸易新产业平台建设，以期建设万亩空间左右、千亿产出以上、以重量级未来产业为主导的高能级产业平台。2022 年，浙江省"万亩千亿"新产业平台的累计数量为 27 个，其产业类型主要集中于数字经济、生物医药、航空航天、新材料以及智能制造设备等领域[②]，具体平台名录如表 8-2 所示。

---

① 谈东华，戴翔. 贸易数字化：双循环有效联动的新引擎. 国际贸易，2022（1）：18-25.
② 金梁. "万亩千亿"新产业平台能级显著提升. 浙江日报，2022-07-13（4）.

表 8-2　浙江省"万亩千亿"新产业平台名录

批次	平台名称
第一批	杭州万向创新聚能城产业平台
	杭州紫金港数字信息产业平台
	杭州大江东航空航天产业平台
	宁波杭州湾新区智能汽车产业平台
	嘉兴中新嘉善智能传感产业平台
	绍兴集成电路产业平台
	台州通用航空产业平台
第二批	杭州钱塘新区高端生物医药产业平台
	宁波北仑集成电路产业平台
	温州瑞安智能汽车关键零部件产业平台
	嘉兴南湖微电子产业平台
	绍兴滨海新区高端生物医药产业平台
	衢州高端电子材料产业平台
第三批	宁波国家高新区工业互联网产业平台
	温州乐清智能电力物联网产业平台
	湖州吴兴智能物流装备产业平台
	湖州长兴智能汽车及关键零部件产业平台
	绍兴上虞先进高分子材料产业平台
	金华义乌智能显示材料产业平台
	金华金义新区信息技术应用创新产业平台

续表

批次	平台名称
第四批	杭州余杭未来网络产业平台
	湖州南浔光电通信产业平台
	绍兴诸暨智能视觉产业平台
	丽水特色半导体产业平台
	宁波江北功能材料产业平台
	金华东阳新材料产业平台
	嘉兴海宁泛半导体产业平台

"万亩千亿"新数字贸易平台填补了浙江部分地市高新产业的空白，成为带动区域经济发展的新能级。为进一步扩大产业平台的带动效应，浙江明确各地区产业的优势，把握好区域未来发展的异质性，作出正确的平台布局规划；依托大数据工具及企业适配模型来帮助地方快速触达目标企业，精准化高效率地实现产业链企业的引进，确保项目的适应性和可落地性；利用数字化工具对引进产业作集群化管理，根据各产业主体的相似性和互补性来构建产业生态系统，为各主体提供良好的发展环境，支持其更高质量的发展。

5. 数字贸易治理新体系

2021 年 11 月 1 日，中国商务部部长王文涛代表中方向《数字经济伙伴关系协定》（Digital Economy Partnership Agreement，DEPA）保存方新西兰正式提出申请加入 DEPA。[①] 在该背景下，浙江提出要建立数字贸易治理

[①] 黄家星. 国际数字贸易规则碎片化：现状、成因及应对. 太平洋学报，2022（4）：70-82.

新体系是对国家宏观政策号召的响应，也是创造域内数字贸易透明化和公平性竞争环境的必要手段。①然而浙江数字贸易治理体系的建设尚处于概念阶段，未给出实际的法律或参考文件。因此，目前的数字贸易秩序存在管理混乱的问题：在数字贸易进行过程中，企业与消费者同时创造了数据的场景下，谁是数据的拥有者？数据如何进行处理？如果数据可以进行买卖，交易的形式和路径是怎样的？是否存在敏感数据需要作加密处理？涉及跨境贸易时，如何处理国家、地区之间数字贸易治理体系的异质性？以上种种问题都需要用规范的制度来应对。②

（二）数字化建设实例解读

1.滨江互联网小镇

（1）滨江互联网小镇概况

滨江互联网小镇是高新区（滨江）为响应建设特色小镇号召，推动产业链和创新链融合发展，打造共同富裕实践样板，围绕数字电商、数字制造、数字健康等行业新业态，依托领军企业所打造的一个具备从互联网核心技术研发到互联网应用完整产业链的高新技术特色小镇。滨江互联网小镇自入选特色小镇创建名单以来，至2021年已连续四次特色小镇考核优秀。③

（2）滨江互联网小镇贸易数字化建设要求

①政策

浙江省自2015年公示了第一批省级特色小镇名单后，又出台了《关于

---

① 赵龙跃，高红伟.中国与全球数字贸易治理：基于加入DEPA的机遇与挑战.太平洋学报，2022（2）：13-25.

② 陆易涵，曹斌.论政府数字化转型过程中存在的问题.互联网周刊，2022（10）：56-58.

③ 滨江互联网小镇：打造全球"互联网＋"创新创业高地.浙江日报，2021-12-22（12）.

加快特色小镇规划建设的指导意见》等一系列特色小镇扶持政策。与此同时，杭州市出台了《关于加快杭州市特色小镇规划建设的实施意见》，进一步细化了相关支持政策，其中规定了包括土地要素保障、财政支持、人才引进、投融资鼓励等实质性扶持政策。

第一，土地要素保障。

将特色小镇建设用地纳入城镇建设用地扩展边界内，同时对需新增建设用地的，由各地先行办理农用地转用及供地手续，对如期完成年度规划目标任务的，省里按实际使用指标的50%给予相应配套奖励。同时杭州市提出给予符合战略性新兴产业、先进制造业及信息经济产业要求的项目用地出让起价优惠。

第二，财政支持。

对特色小镇新增财政收入上交市部分前三年全返、后三年返回一半，同时对特色小镇公共技术平台和众创空间按市既有政策给予支持，对特别重大的公共科技创新服务平台可采取一事一议予以扶持。

第三，人才引进。

特色小镇引进的各类人才可享受市委、市政府人才新政27条。如"对引进的高层次人才按照不同层次，分别给予60万—100万元购房补贴；各类人才创办的企业申请认定为高新技术企业，对符合税法规定的研究开发费用，形成无形资产的按其成本150%摊销，未形成无形资产的按当年研发费用实际发生额的50%加计扣除"等，从人才自身和相关企业角度均给予了充分的优惠。

第四，投融资鼓励。

自特色小镇全面推广以来，从国家层面和各省级层面均就其融资给予了较大的支持。其中，住建部、中国农业发展银行发布了《关于推进政策性金融支持小城镇建设的通知》，明确指出中国农业发展银行需为小城镇建设提供综合性金融服务，拓宽小城镇建设的融资渠道。2019 年，浙江省印发了《浙江省特色小镇产业金融联动发展基金组建运作方案的通知》，为滨江互联网小镇入驻企业的融资渠道打开新的局面。

②配套基础设施

第一，交通设施。

滨江互联网小镇邻近机场、火车站等大型交通枢纽，距离杭州站车程仅 15 分钟，杭州萧山机场、杭州东站均在半小时车程范围内。

通过收集滨江互联网小镇的交通数据及一万余份的问卷调查数据，利用大数据分析，互联网小镇规划并形成了 7 条公交车路线，个性化的城市网络交通系统为园区内的员工提供了便捷的交通。

第二，人文环境。

小镇不仅依托产业优势，建设了互联网博物馆、网络安全主题公园等特色文化设施；同时打造了网易蜗牛图书馆、江虹艺术馆等文化地标，为小镇居民提供丰富多彩的文化体验，满足园区内居民的文化需求。

小镇中建有江一公园、江二公园，在满足园区内居民休闲娱乐需求的同时加强了小镇绿化。2020 年，小镇依托自然景观优势，打造北塘河两岸海棠跑道，进一步提升了小镇人文环境氛围。

除了上述最为重要的交通设施和人文环境这两大配套基础设施外，小镇内有多家幼儿园、附属于杭师大的九年制公办学校、龙湖天街和中南乐游城等购物中心、下沉式足球场、滨江体育馆等满足居民教育、娱乐、健身全方位日常需求的基础设施。

③业态

滨江互联网小镇实现了互联网核心技术从研发到应用的全产业链整合，既有省级重点实验室、省级工程研究中心、博士后科研工作室等重点科研平台，又汇聚了阿里巴巴、网易（杭州）、华为（杭州研究所）这类耳熟能详的"大厂"，所涉行业覆盖科技研发、电子商务、数字文娱、智慧医疗等多个领域。

④场景

比如滨江互联网小镇建设了一条芯片的数字化供应链，将"供应商（芯片技术研发者）—生产商（芯片制造者）—使用者"连接起来，将会出现这样的场景：芯片使用者在供应链平台上提出需求，由研发者针对使用者的需求研发出相应的芯片软技术，将其销售给生产商进行批量化生产，所有的流程均可通过数字化供应链平台完成。

⑤平台

滨江互联网小镇搭建了高科技创新企业的研发平台，各科研机构、创新研发型企业以及大型互联网公司均可以在此找到自身定位并实现产业上下游联动，在互联网小镇范围内完成贸易数字化的第一步。

同时，滨江互联网小镇亦以"互联网平台"为基础，实现产业集聚和跨界融合，打造良性循环的互联网生态圈。

⑥治理

滨江互联网小镇的治理依赖于大数据、AI等信息技术，由政府平台通过使用前述技术手段，高效率、低成本实现小镇的持续稳定运转，即以互联网机制治理互联网小镇。比如智慧公交，通过大数据技术，实现"云公交、云调度"功能；比如智慧物流，通过物流机器人或无人送货车实现精准物流运输。

⑦保障

滨江互联网小镇的稳定运转有赖于健全的政策支持、完善的基础设施，强大的互联网技术更是为其提供了强有力的保障。

（3）滨江互联网小镇贸易数字化路径分析——基于城市数字化转型BTE 三维模型

①理论基础

第一，"B"即业务（business）。城市转型发展的核心，涉及产业发展、民生服务、政府治理的各项业务，着眼于业务效率提升和资源的优化配置；

第二，"T"即技术（technology）。城市转型发展的工具，围绕数据核心要素，综合应用 5G、人工智能、大数据、区块链、物联网等新一代信息技术。

第三，"E"即环境（environment）。城市转型发展的沃土，涵盖区域体制机制改革、投融资模式、商业与运营模式等。

城市数字化转型不仅仅是业务、技术、环境的简单叠加。"业务—技术—环境"三个维度的因素相互协同、互为促进，推动城市数字化转型全面发展（见图 8-6）。①

---

① 城市数字化转型顶层设计指南（2022-01-14）［2023-03-26］. https://scie.szstandards.com/achievements//2021-12-23/322.html.

图8-6　BTE三维模型

②滨江互联网小镇贸易数字化路径

第一，业务（business）。

在民生服务方面，滨江区互联网指挥部为保障互联网小镇企业发展提供了多方位的辅助业务，包括及时回应解决企业反馈问题，为企业提供宣传、培训服务。将"三服务"落到企业急需处，对于企业反馈的问题，做到协调解决，记录反馈，认真解释。提升企业经营能力，联合市场监督管理局、区科技局为企业员工提供培训服务，提高互联网小镇中员工对于专利、商标等知识产权、小镇科技企业孵化器等扶持政策的了解。①

第二，技术（technology）。

以高新技术产业的发展为滨江互联网小镇的重点，着力于网络基础架构、信息通信技术等关键领域。依托阿里巴巴、网易、华为杭州研发中心等行业领军企业，吸引众多数字产业，在滨江互联网小镇形成数字化产业集聚。有利于加强数字企业之间技术合作，加快互联网小镇数字技术发展。

通过搭建人才培养、科技创新平台——北京航空航天大学杭州创新研究院，加快了滨江互联网小镇企业"创新技术成果转化"，助力了滨江互联网小镇的数字技术发展速度的进一步提升。

---

① 互联网小镇：深化服务　推进企业创新创业（2019-08-05）［2023-03-26］. http://news.hhtznews.com.cn/html/2019-08/07/content_2_6.htm.

第三，"E"即环境（environment）。

在投融资模式方面，国家层面和省级层面给予了较大的支持。其中，住建部和中国农业发展银行发布了《关于推进政策性金融支持小城镇建设的通知》，明确指出中国农业发展银行需为小城镇建设提供综合性金融服务，拓宽小城镇建设的融资渠道。2019年，浙江省印发了《浙江省特色小镇产业金融联动发展基金组建运作方案的通知》，为滨江互联网小镇入驻企业的融资渠道打开新的局面。

在改革优化方面，以交通改革为例。滨江互联网小镇依托杭州城市大脑滨江平台，利用大数据分析，针对小镇早晚高峰拥堵的现象做出改革，大幅度改善拥堵情况，为完善小镇数字化改革树立了典范。

2. 考拉海购（杭州）科技有限公司

（1）考拉海购（杭州）科技有限公司简介

考拉海购（杭州）科技有限公司（以下简称考拉海购）成立于2015年，是一家以跨境进口为主的会员制电商，主打官方自营与全球直采的理念。考拉海购成立一年便与30多个品牌达成了合作，并凭借着高质量产品以及良好的服务在成立一年之时成了国内首家获得"B2C商品类别电子商务交易证书"的企业。2017年后，考拉海购投资研发了WMS、考拉跨境先知平台等一系列数字化工具，实现了贸易数字化的技术升级。2019年，阿里巴巴以20亿美元收购考拉海购，对企业内部结构以及技术支持相关内容进行了大规模的融合、转移、升级，使得考拉海购的贸易数字化实现了多方位升级。2021年考拉海淘的市场份额占比与天猫国际仅差4.3%，以22.4%的

占比在中国跨境电商进口零售市场位居第二。^①

（2）考拉海购（杭州）科技有限公司贸易数字化路径

①企业内部

第一，依托现有资源，实现技术升级。

考拉海购在成立之初，企业的技术支持仅专注于为业务的扩展作支撑，企业技术优势弱。回答服务商的问题、核对仓库存储、跨境通关申报等工作都是人工完成，企业员工工作量大，效率低。

随着考拉海购业务的不断扩大，企业的贸易数字化转型升级迫在眉睫。考拉海购在其业务实现了大幅度的增长后，开始自主研发订单异常问题自主查询、仓库比对、短信邮件自动编写发送等工具，并在2017年开始投资研发WMS等一系列的数字化处理平台，实现了售后、仓储等贸易环节的部分数字化。

2019年考拉海购被阿里巴巴收购后，考拉海购开始了为期4个月的全方位云化改造，完成了从网易数据中心、网易云到阿里云的全面转移。此次云化改造涉及销售、仓储、物流客售等贸易环节，使得考拉海购的技术支持全面依托阿里云，不仅能为考拉海购每年节省2000万成本，还使其研发效率得到大幅提升。

第二，利用数据能力，搭建研发中心。

"数字化新品研发中心"是考拉海购在2021年宣布建立的产品研发中心。该研发中心依托企业数据能力，融合大数据分析、云计算等多种技术，联合多方品牌，帮助品牌方精准获得用户反馈，了解消费者需求，加快新

---

① 2021全球及中国跨境电商运营数据及典型企业分析研究报告（2022-04-16）［2023-03-26］.
https://baijiahao.baidu.com/s?id=1700609363086571162&wfr=spider&for=pc.

品研发效率。新品研发完成，考拉海购会借助其会员模型，帮助品牌新品以最快速度打入消费者内部，不仅能够收获产品的第一批用户，还为产品的口碑传播助力。

②企业外部

第一，建立仓储体系，提高物流效率。

对于考拉海购这类的跨境电商而言，物流效率是影响消费者满意度的重要因素。为实现物流效率的提升，物流仓储中心的广泛分布及物流仓储系统的数字化不可或缺。

在保税仓建立方面，考拉海购成立以后，在杭州、郑州、宁波、重庆等地建立了多个保税仓，同时在宁波搭建了全国最大智慧保税仓——考拉1号仓，在天津搭建了华北智慧物流中心项目——华北第一大仓，在香港建成了国际物流仓储中心。美国的国际物流仓储中心已初步建成，并计划开通韩国、日本、澳大利亚等国家地区的国际物流仓储中心。截至2019年6月，考拉海购已经拥有超过100万平方公里的保税仓资源。①

在物流仓储系统方面，以考拉1号仓为例。考拉1号仓全面采用自主研发的WMS管理系统，覆盖电商业务全流程，结合物联网IoT＋大数据的智能算法，动态调整仓内各工位的任务分配。另外，考拉1号仓运用多层穿梭车、环形穿梭车、自动化包裹分拣机、箱式输送设备等智能自动化仓储物流设备，仓储效率相较于普通跨境仓库可提升30%，真正意义上实现了贸易流程中仓储物流环节的数字化转型升级。②

---

① 网易考拉海购简介：为何发展快（2016-03-19）［2023-03-26］. https://www.163.com/tech/article/BJANNUIR00092594.html.

② 网易考拉：如何打造快慢结合的物流供应链体系（2016-10-15）［2023-03-26］. https://www.sohu.com/a/www.sohu.com/a/116237342_162522.

第二，加强数字化营销，实现品牌推广。

数字化营销是企业利用大数据，进行数据的管理、分析和挖掘，获取用户画像，根据用户画像实现营销内容精准推送的营销手段。

依托爱奇艺等媒体平台，以信息流广告的方式，根据平台自身目标客群，实现广告精确投放。考拉海购在 2018 年赞助了《奔跑吧 2》《向往的生活 2》等一系列热门综艺节目，推动关键词"网易考拉"在百度的搜索量实现了大幅度提升。

利用电视节目流量，匹配热门综艺受众，借助"口令红包"等数字营销形式，与观众产生互动，实现热门综艺流量向考拉海购平台的引流，将电视观众转化为平台消费者。

借助平台原有消费者，通过"赠送亲友卡""好友助力"等社交化的传播方式，实现同圈层推广，以极低的成本精准化推广。

在考拉海购平台内部构建"Like 社区"，以用户分享为主要内容，主打"种草经济"，通过精确化推送，商品内容化，实现商品广告在平台内部的传播。

3. 杭州海康威视数字技术股份有限公司案例分析

（1）杭州海康威视数字技术股份有限公司简介

杭州海康威视数字技术股份有限公司（以下简称海康威视）成立于2001 年，是一家专注技术创新的科技公司。海康威视是中国电子科技集团公司 52 所为抓住视频监控由模拟向数字转型的历史机遇而建立的，由此而言海康威视从创立之初就在进行数字化转型。在企业成立的 20 余年间，海康威视利用自身技术优势，借助国家政策扶持，紧抓数字化转型机遇在生产制造、物流仓储等贸易环节实现了数字化转型升级。截至 2021 年底，公司累计拥有授权专利 5799 件，拥有软件著作权 1528 份。[①]

（2）杭州海康威视数字技术股份有限公司贸易数字化路径

①企业内部

第一，产品数字化转型。

在大数据、AI、物联网等信息技术快速发展的背景下，海康威视为在市场竞争中取得优势，启动业务组织架构变革，将国内八大创新业务根据服务对象的不同，划分为 PBG（公共服务事业群）、EBG（企事业单位事业群）、SMBG（中小企业事业群）三大业务群，全面覆盖"中小企业—大型企事业单位—公共服务"多层次市场客户。

PBG 致力于公共服务行业，围绕"AI 全域赋能、数据价值深化"，不断拓展"硬件、平台、算法、模型、服务"的产品宽度，全面开拓公共安全、交通出行、城市治理、民生服务、生态环保等领域的智慧业务。

EBG 定位于助力用户数字化转型，主要依托智能物联、物信融合技术能力，围绕产品、解决方案和服务体系持续创新，为大型企业和事业单位的数字化转型提供一站式解决方案。如学校数字化管理、智慧物流服务、智慧农业物联网领域均有海康威视的身影。

SMBG 以中小企业为目标客群，为其打造泛安防产业互联网，并提供数字信息系统的建设。

第二，生产过程数字化。

海康威视利用大数据、AI 以及物联网技术，打造智能仓储系统、智能化生产线、智能分拣系统以及数字化月台，实现从"原材料存储—生产—分拣发送—厂区内物流调配"的全流程智能化，极大降低了人工成本

① 海康威视公司简介 .[2023-04-25]. https://www.hikvision.com/cn/aboutus/CompanyProfile/.

和人工作业失误率，提升产品生产质量和效率。

第三，内部管理数字化。

海康威视用大数据手段来进行财务风险的识别和管控，建设数字化、全协同的质量管理体系，完善内部运作风控机制，加大内部反腐败和廉洁建设的力度，尊重和保护知识产权。

②企业外部

第一，销售渠道数字化。

海康威视依托一、二级经销商，联合数量庞大的线下合作伙伴，如安防从业者、中小企业用户等，建设海康云商平台，打通经销商和指定厂商的沟通服务渠道，实现厂商销售渠道的数字化转型。同时，海康威视将云商平台与定位于B2C的海康互联平台互联互通，打通了海康威视线上销售渠道。

第二，供应链数字化转型。

海康威视通过打造"供应商认证管理平台""智慧工厂""云商平台＋海康互联"等多个平台，打通了"供应—生产—销售"的供应链全流程数字化进程，推动了上游供应商和下游销售商的联动，提升其对于市场变化的反应速度。

海康威视通过产品、生产过程、内部管理和销售渠道的数字化，在全面实现自身数字化转型的同时，致力于为客户提供数字化转型的专业服务方案，是贸易数字化转型较为典型的案例。

4. 数字贸易综合服务平台"义乌小商品城 Chinagoods"

2020年10月21日，2020"数创义乌，贸易未来"Chinagoods平台正式上线发布会在义乌国际博览中心盛大举行，义乌市场官方网站——"义乌小商品城"正式全面开启数字化转型发展的新征程。

浙江省积极推进数字浙江建设，努力实行数字化变革。作为浙江数字化转型的支持者和践行者，义乌小商品城始终走在前列，致力于让贸易更简单，迫切需要一个线上线下相结合的综合性服务平台，为中小微企业赋能，Chinagoods 平台应运而生。

平台依托于义乌市场 7.5 万家实体商铺资源，服务产业链上游 200 万家中小微型企业而存在，以贸易数据整合为核心驱动，对接供需双方在商品产出设计与交易往来等各个环节的需求，致力于实现市场资源有效精准配置[①]，为义乌市贸易主体提供各种各样较为全面的一系列公共服务，助力中小微企业数字化转型升级，创造良好营商环境，为中小微企业保驾护航，是义乌市数字贸易的重要载体。

通过 PEST 模型对 Chinagoods 进行全面分析：

政策层面：直播电商展现出其蓬勃的生命力，在推动消费、促进就业、创造经济新增长点等方面的作用日益凸显，地方层面乃至国家对其重视度与日俱增，呈现出"中央重监管，地方重扶持"的政策特点。美通社在 2021 年 3 月 17 日指出：据不完全统计，2020 年全国有 33 个地区（含省、市、区）出台了直播电商扶持政策，多地政府还明确提出要打造"直播电商之都""直播经济总部基地"，掀起了一波发展直播电商经济的热潮（见表 8-3）。[②]

---

① 屈凌燕，魏董华．浙江：数字化转型畅通国际贸易（2022-06-14）［2023-03-26］．https://baijiahao.baidu.com/s?id=1735593234066529620&wfr=spider&for=pc.

② 电商主播利好不断 Chinagoods 推出超级供应链服务（2021-03-17）［2023-03-26］．https://baijiahao.baidu.com/s?id=1694458123126392603&wfr=spider&for=pc.

表 8-3　2021 年电商行业部分相关政策

政策名称	发布单位	主要内容
《关于推进电子商务企业绿色发展工作的通知》	商务部办公厅	综合运用规划、标准、资金、投融资等政策导向，推动电子商务企业绿色发展，建立健全绿色电商评价指标
《社交电商企业经营服务规范》	中国服务贸易协会、浙江省电子商务促进中心等	规定了社交电商服务体系、社交电商服务要求、基础保障服务要求、交易过程服务要求和客户关系服务要求等
《网络交易监督管理办法》	市场监督管理总局	通过网络社交、网络直播等网络服务开展网络交易活动的网络交易经营者，应当以显著方式展示商品或者服务及其实际经营主体、售后服务等信息，或者上述信息的链接标识
《浙江省国内贸易发展"十四五"规划》	浙江省发展改革委、省商务厅等	鼓励各类新兴业态和模式进社区，鼓励加强线上线下商品、服务的整合，发展社交电商、直播电商等新兴业态，提升社区商品智慧化水平

经济层面：国家统计局数据显示，全国居民人均可支配收入逐年增加，2022 年超 3.6 万元，比上一年增长 5.0%，人均消费支出高达 2.45 万元。整体而言，人民生活水平不断提高，日益增长的可支配收入刺激消费需求（见图 8-7）。

图8-7　2016—2021年收入支出情况对比

注：数据来自国家统计局。

社会层面：从社会大环境来看，直播电商逆市上扬成为弥补销售损失的重要手段。随着中国直播电商市场规模的扩大，直播将渗透到电商的各个领域并保持较高速增长，直播市场的转型加上内容的多样化、个性化与互动效果的提升，证实了直播市场仍有较大的发展潜力（见表8-4）。

表8-4　2017—2022年中国直播电商市场规模及预测

年份	直播电商市场规模 / 亿元
2017	190
2018	1330
2019	4338
2020	9610
2021	12012

注：数据来自中商情报网。

技术层面：第50次《中国互联网发展状况统计报告》显示，截至2022年6月，中国网民使用手机上网的比例达99.6%，手机仍是上网的最主要设备；网民中使用台式电脑、笔记本电脑、电视和平板电脑上网的比例分别为33.3%、32.6%、26.7%和27.6%。[①]"数字"作为发展关键词，集团顺应潮流，侧重于数字服务，作为数字改革的先锋——Chinagoods更是聚集了多方资源，具有较大的发展潜力。

综上分析，政治、经济、社会、技术等因素的共同影响下，直播电商仍具有较大的市场上升空间，并且会在未来几年持续增长。Chinagoods着眼于发展直播电商，成为该市场的新入场者，拥有无限的可能。

Chinagoods平台的成功启示我们：数字化转型不可盲目，要以自身资源和发展为基础，积极前瞻研判贸易新趋势，利用各项政策机遇，坚定地朝某一方向发展，万不可操之过急和随波逐流，同时要有属于自己的创新之处，能在发展浪潮中站稳脚跟，更重要的是要确保实施数字化转型带来红利和更好的发展前景，而不是反向消耗已有成就。

三、浙江贸易数字化展望

当今世界正经历百年未有之大变局，科技快速发展，大数据时代的到来改变了我们的生活现状和习惯，数字革命来势汹汹，贸易也迎来了属于它的数字化转型，贸易数字化面临新的发展机遇和挑战。

---

① 第50次《中国互联网络发展状况统计报告》发布．（2022-09-01）［2023-03-26］．http://www.gov.cn/xinwen/2022-09/01/content_5707695.htm.

（一）浙江省贸易数字化的发展机遇

1.政策层面

在历年的政府工作报告中，数字化发展越来越多被提及，数字经济占有越来越重要的地位，全面推进发展工业互联网，协同推进产业数字化和数字产业化成为国家发展的重要战略。作为互联网大省、改革开放领军省份的浙江，是数字中国战略思想的重要实践地，是中国发展数字经济的积极支持者和拥护者，"数字浙江"早早被提上日程，在信息革命时代，浙江逐渐从数字经济的跟跑者发展为领跑者。

"十四五"规划中也着重说明要发展数字化，并显示出对于企业数字化转型的重视，浙江贸易数字化正赶上浪潮。浙江着重发挥工业互联网平台作用，为中小企业提供低成本、轻量化、模块化的数字化改造服务，打造全球数字贸易中心，发展跨境电子商务、数字服务贸易，同时中央也对浙江提出了"努力成为新时代全面展示中国特色社会主义制度优越性的重要窗口"的新目标新定位，数字贸易得到政策方面的大力支持。

除此以外，在 2022 年 1 月 1 日正式生效的《区域全面经济伙伴关系协定》（Regional Comprehensive Economic Partnership， RCEP）也为浙江省贸易数字化带来新的机遇，这一协定进一步打开了我国与东南亚地区的经济贸易往来，并通过跨境贸易与投资的便利化和自由化，大大降低了成员国之间交易往来的成本，包括制度性交易成本和市场性交易成本，有利于商品的流入与流出，同时这一协定能够帮助浙江更加全面具体地了解国内生产情况，明确自身定位，建立更加全面灵活的布局和要素的分配，为发展提供强有力的动力支撑。

2. 法律层面

我国已出台了《网络安全法》《数据安全法》和《个人信息保护法》等一系列重要法规和政策文件，初步形成了支持和推动数字贸易发展的法律体系框架[①]，并且我国目前正逐步健全数据资源的确认、开放、交易和流通的相关制度，推动规则、制度、管理等标准的开放，积极参与数据安全、数字货币、数字税等国际规则的技术标准制定，为数字贸易更好地发展贡献中国力量。法律体系的健全与完整以及相关规则的全球兼容性与标准化，将为中国迈向全球数字贸易发展高地提供坚实的保障。

3. 技术层面

随着对信息世界的探索，信息技术蓬勃发展。我国在互联网、无线宽带等方面居世界前列，5G、超算、量子通信等新技术世界领先，建成了面向全球重点国家的信息高速通道以及全球最大规模的光纤和移动通信网络；另外，区块链相关专利申请量和中国人工智能专利申请量位居世界第一，其他各种技术的相关专利申请数量也在不断增多，丰沛的技术能量既为数字产业化提供了充足资源，同时为数字服务平台构建打下了坚实基础。[②] 云计算、物联网、大数据、人工智能、区块链等数字技术为数字贸易赋能，进一步提升跨境贸易的数字化水平，提供更加多样化的服务，能够满足电商产业链各方面的综合需求。

---

① 九个关键问题了解《网络安全法》、《数据安全法》、《个人信息保护法》三驾马车 . （2022-01-27）［2023-03-26］. https://cn.ceibs.edu/new-papers-columns/20835.

② 国家互联网信息办公室《数字中国发展报告（2020 年）》. （2021-07-03）［2023-03-26］. http://www.gov.cn/xinwen/2021-07/03/content_5622668.htm.

（二）浙江省数字化建设面临的挑战

1. 新型数字基础设施建设不够完善，制约数字贸易运行效率

从国家层面来说，中国虽然在数字经济方面的发展如火如荼，但数字基础设施建设相对于美国等发达国家仍明显滞后，通信基础设施供给能力不足，城镇之间、东西部地区之间存在发展不平衡现象。

从省政府层面来说，浙江省在我国新型数字基础设施建设领域有着局部优势，但仍存在全局性不足。赛迪研究院发布的《我国各省区市"新基建"发展潜力白皮书2020》显示，从发展基础、产业支撑、承接能力、创新发展四个维度、12个具体指标（经济实力、财政基础、投资能力；工业基础、企业集群、营商环境；人口基础、土地利用、用电成本；创新人员投入、创新资金投入、创新成果）综合评估了各省区市"新基建"的发展潜力，总体情况下，浙江得分结果低于广东、江苏、上海、北京四个地区，全国位居第五；分类情况下，浙江也仅仅在发展基础维度得分反超，位居全国第一，其他三个维度均有待进一步加强。[①]

2. 我国在国际贸易治理中话语权较弱，传统国际贸易规则限制数字贸易全球推广

全球尚未形成被世界各国广泛认可的多边数字贸易规则体系，仅有的以世界贸易组织（WTO）主导的贸易规则在跨境电商贸易流程、支付税收、个人隐私、知识产权、平台责任认定和监管治理等方面面临新的问题和挑战，规则不适应、模糊和空白的情况亟待解决。虽然我国在WTO积极提交电子商务议案，努力推动多边数字贸易规则的协商和完善，但由于国内数字贸

---

① 我国各省区市"新基建"发展潜力白皮书（2020-04-14）［2023-03-26］. https://dsj.guizhou. gov.cn/xwzx/gnyw/202004/t20200414_55950997.html.

易经验不足，相关规则和实践稍显滞后，导致在国际治理中处于较为弱势的地位，没能推动议案的通过。浙江省具有数字贸易发展领先优势，但要想更高层次发展则需加强标准和规则意识。

3. 数字贸易发展结构性失衡，传统产业数字化限制数字贸易发展速度

近年来，浙江在推进数字贸易发展中取得相对较优的成绩，但在发展过程中存在结构性失衡问题。数字贸易的模式主要为依托互联网平台的跨境电子商务，在数字展览、数字文学等数字化产品及大数据、云计算、软件服务等数字贸易领域发展较为落后，同时以民营经济为主的大部分制造业仍处于起步阶段，世界经济论坛和麦肯锡咨询公司共同评选应用第四次工业革命尖端技术的先进制造基地——"灯塔工厂"中，阿里巴巴是浙江省唯一入围企业，截至 2020 年浙江省未有传统制造业入围。[①]同时，浙江内部地区之间的传统产业数字化程度也有所不同，杭州和宁波两地具有明显的优势，区域经济增长明显，而其他地区相对经济增长乏力，造成区域间的"数字鸿沟"问题。

4. 政府数字化转型滞缓，制约数字贸易服务能力

数字政府是适应信息时代公共治理和公共服务需求的政府自我革新，政府的数字化和经济的数字化转型之间相互促进。浙江省政府在数字化转型进程中表现出"治理超前"的前瞻能力，从顶层设计入手，重点关注数据开放、数据安全、"互联网＋政务服务""互联网＋监管"等领域，但具体推进起来未达到预期目标，服务能力和公共数据开放水平仍有待加强，面向公众开放的数据项仅占归集数据项的 8.1%，这使得数据开放平台互动

[①] 白皮书全球"灯塔工厂"网络：来自第四次工业革命前沿的最新洞见 .（2019-12）［2023-03-20］. https://www3.weforum.org/docs/WEF_Global_Lighthouse_Network_CH.pdf.

反馈不够及时，数字贸易相关企业对于外界的了解能力受限，存在时间和认知差异，不能够准确作出相应调整，从而导致数字贸易服务能力和运营质量有待提高。[1]

5.数字经济发展不平衡带来的多方因素限制国际市场数字贸易发展

各国之间在数字化发展方面存在差异，数字经济发展不平衡，存在严重的数字鸿沟，有着譬如基建不完善、互联网覆盖不足、工业化水平较低等问题，同时各国之间的数字化人才供给情况也有所不同[2]，这些差异均在一定程度上为浙江省企业与当地进行数字贸易往来带来挑战。

（三）我们的倡议与策略

1.加强新型数字基础设施建设，驱动数字贸易模块竞争力增长

加大力度进行新型基础设施建设，对数字基础布局如国内大数据、云计算、区块链等进行调整，对新的产业链进行重构，推动传统产业向智能化、数字化转型。[3]解决地区之间的发展不均衡问题，弥合数字鸿沟，释放数字贸易竞争潜能，向全球产业链中高端方向努力。

2.积极探索总结数字贸易规则，参与并引领国际贸易规则实践

基于浙江省丰富的数字贸易实践经验积累，由省政府牵头成立研究小组，与相关企业、平台达成合作，深入沟通，并借助以往平台治理方案"eWTP"，起草更加细致且标准化、更具有兼容性的贸易规则，为国家制

---

① 陆易涵，曹斌.论政府数字化转型过程中存在的问题.互联网周刊，2022（10）：56-58.

② 徐慧超，张曼芮，陆香怡，等.数字化对于国际贸易发展及竞争格局的影响.调研世界，2022（6）：11-12.

③ 翟华锋.数字经济背景下我国数字贸易面临的机遇、挑战及对策研究.产业创新研究，2021（20）：88-90.

度和国际规则提供参考。在"一带一路"和 RCEP 国际贸易场景中进行具体的实践和完善，并积极参与各种国际贸易规则协议的制定，提升国际话语权，指导国际数字贸易更好地发展。

3. 加快数字化发展进程，积极推进制造业与数字贸易融合发展

数字化的发展首先离不开相关高科技人才的努力，应加大对科技创新的投资力度，夯实人才和技术基础，加快关键核心技术攻关，打造发展优势。[①]政府也应加大对于传统产业数字化转型的补贴支持力度，尤其加快传统制造业的数字化转型，改善数字贸易结构性失衡，加强产业内部以及其他产业间的融合发展，实现新旧动能的转换，培养产业集群，打造数字产业化发展引领区。

4. 提升政府数字化贸易服务能力，改善数字营商环境

数字政府的本质是基于数据共享的业务再造，协商解决目前数据开放力度不足问题。结合"最多跑一次"改革，借助区块链推动政府数字化转型，实现多个单位部门数据的贯通和融合应用，推动"去中心化"政府业务流程再造，改善平台治理、延迟反馈、数据安全等问题，为数字贸易提供更加及时完整的信息，更好地服务于大众。[②]

5. 制定并完善国内数字贸易法律法规，营造良好制度环境

我国目前数字贸易立法落后于实践，在多个领域表现不成熟，可借鉴欧美国家的先进经验，搭建相关法律框架。同时可借助 RCEP 选择重点领域分行业制定实施方案，主动探索制度创新，支持地方先行先试，实现与

---

① 徐慧超，张曼芮，陆香怡，等 . 数字化对于国际贸易发展及竞争格局的影响 . 调研世界，2022（6）：11-12.

② 陆易涵，曹斌 . 论政府数字化转型过程中存在的问题 . 互联网周刊，2022（10）：56-58.

RCEP 的有效对接，营造出适合数字贸易企业存在和发展的制度环境。

6. 建立国际紧密合作关系，推动数字贸易全球化发展

积极实施"走出去"和"引进来"策略，深化与"一带一路"合作国家和 RCEP 成员国以及其他各国的贸易合作往来，面对数字鸿沟，坚持发展导向，利用我国已有经验助推其他国家发展，实现互惠共赢，构建人类命运共同体。充分发挥浙江省在数字经济发展中的比较优势，搭建全球化供应链布局和全球数字贸易共享网络，推进全球供应链示范企业和供应链标准建设，支持跨境电商发展，拓展海外市场品牌宣传渠道，实现"双循环"发展格局的进一步建设和数字贸易的全球化。